한반도
그랜드
디자인

한반도 그랜드 디자인
2013 대통령 프로젝트

초판 1쇄 발행 • 2012년 10월 10일

지은이 • 김석철
펴낸이 • 강일우
편집 • 박대우, 김상하
조판 • 신혜원
펴낸곳 • (주)창비
등록 • 1986년 8월 5일 제85호
주소 • 413-120 경기도 파주시 회동길 184
전화 • 031-955-3333
팩시밀리 • 편집 031-955-3400 영업 031-955-3399
홈페이지 • www.changbi.com
전자우편 • human@changbi.com

한반도 그랜드 디자인

2013 대통령 프로젝트

김석철 지음

창비

『한반도 그랜드 디자인』 발간에 부쳐

백낙청

문학평론가, 서울대 명예교수

김 석철(金錫澈) 교수는 『희망의 한반도 프로젝트』(창비 2005)에서 한반도의 공간개편을 위한 종합적 구상을 밝힌 바 있다. 그 무렵 이미 도시설계 경력이 40년에 육박했고 대형 프로젝트를 담은 저서들을 펴낸 바도 있었지만, 종합적인 국토전략 구상을 제시하기는 그때가 처음이었을 것이다. '서울 비전플랜 2020' '경주 통합신도시와 영남 어반클러스터' '새만금 바다도시와 호남평야 도시연합' 등 창의적인 개별 구상들도 많았거니와, 무엇보다 국토 전체를 놓고 수도권 세계화와 지방권 자립화를 동시에 추구하는 발상의 전환이 인상적이었다. 이는 또한 한반도를 넘은 '황해도시공동체'의 비전과 직결된 것이었는데, 여기서도 개별적인 '차이나 프로젝트'의 독창성뿐 아니라 동아시아 내지 동북아시아 지역유대의 형성을 국가단위의 결합보다 "사람들과 물자와 문화가 국경과 무관하게 실제로 오가는 정도에 따라 성립하고 확대 또는 축소되는 새로운 단위의 지역"(앞의 책에 실린 나의 서문, 7면)을 상정한 것이 특별한 의미를 지녔다.

그런데 이번 책 『한반도 그랜드 디자인』을 내며 저자 스스로 지적하듯이, 『희망의 한반도 프로젝트』는 "한반도라 하면서도 남한만을 다룬 것이라 남북한을 함께 다루는 한반도 구상을 평생의 숙제로 남겨둔 것"(본서 14면)이었다. 이제 그 숙제에 본격적으로 착수한 김석철은 남북이 공동으로 수행할 공간구축 사업을 '2013 대통령 프로젝트'의 주요 항목으로 다룬다. 제1부 3장 '북한 도시건설'이 그것인데 이는 다시 두개의 큰 프로젝트로 구성된다. 그중 하나가 연전에 발표한 남북한 동서관통운하요, 다른 하나는 오래된 구상이지만 최근에 구체화한 회심의 기획 '두만강 하구 다국적도시'다. 나아가 "남북한을 함께 다루는 구상"은 이들에 국한되지 않고 직간접으로 전권을 관통하고 있다.

이러한 범한반도적 구상의 진전은 '흔들리는 분단체제'에 대한 저자의 인식이 깊어지고 구체화된 결과일 것이다. 게다가 스스로 보수주의자라고 하면서도 분단체제의 동요기를 기득권에 대한 위협으로 느끼기보다 "또 하나의 역사적 선택의 시간"(본서 230면)으로 수용하는 전향적 자세 덕분이기도 하다. 바로 그런 자세로 인해, 혹여 김석철의 구상들이 우리의 고질적 토건주의를 멋지게 치장한 것이 아닌가 하는 의문이 확실하게 풀린다. 사실 지금은 그러한 의문을 어느 때보다 진지하게 추적할 때다. 이명박정부의 맹목적인 토건주의는 국민들의 폭넓은 반대정서를 야기했고 뒤늦게나마 국민적 반성의 계기를 제공했다. 김석철에게는 특히 안타까울 것이, '한반도 대운하'라는 엽기적 구상이 '4대강 살리기'라는 몰상식하고 파괴적인 토건사업으로 귀결함으로써 크고작은 운하 건설에 남다른 애착을 가진 김석철 같은 사람에게 매우 난처한 상황이 조성된 것이다. 하지만 대한제국 시기에 잠시 손댔다가 곧바로 일본의 식민지 경영에 맞춰 변형되었고 박정희시대에 와서 남북대결을 전제로 개편된 국토의 인프라 건설작업을 분단체제가 요동치는 오늘날 범한반도적이자 동아시아적·전지구적인 안목을 갖고 다시 수행할 필요성은 엄연하다. 이 과정에서 낡은 패러다임 자체를 바꾸려는 기획을 신판 토건주의로 오해해서는 안될 것이다.

『한반도 그랜드 디자인』이 기존 사고의 일대전환을 촉구한다는 사실은 농촌 및 농·축·수산업에 대한 저자의 특별한 관심에서도 드러난다. 『희망의 한반도 프로젝트』에서도 그 점은 두드러졌고, 책의 출간 후 저자와 대담한 경제학자 이일영(李日榮)은 "김석철이 정책당국이나 사회과학자들을 부끄럽게 하는 것 중 하나가 농촌을 살릴 대안을 열심히 제시하고 있다는 점"(『창작과비평』 2007년 봄호 도전인터뷰: 본서 302면)이라고 평가한 바 있다. 김석철의 그런 노력은 이번 책에서 한층 본격화된다. 제1부 1장의 '지방분권정부' 논의의 대전제가 지방권에서는 농·축·수산업의 발전이 가능하며 그것이 커다란 경제적 자산일 수 있다는 인식이다. 그리하여 저자는, "지역 균형발전을 논하면서 농식품업에 대한 대안이 없는 것이 우리의 국토와 미래에 대한 이해수준의 한계다"(본서 41면)라고 주장하며, 유럽의 소도시들을 둘러본 소감을 다음과 같이 피력하기도 한다.

인구 10만~20만의 도시도 대도시 못지않은 경쟁력과 아름다운 자연을 가진 인간공동체를 만들 수 있는데 왜 우리는 대도시만을 추구해온 것일까. 대도시는 해결해야 할 문제적 인간공동체이지 추구해야 할 대상이 아니다. 진정한 도시설계가라면 농촌과 지방도시를 중심으로 전국을 다루어야 한다는 생각이 들었다.(본서 101~2면)

실제로 '2013 대통령 프로젝트'의 중요 내용으로 제시된 지방권 통합공항과 세종시 대안, 그리고 대도시 부산의 세계도시화 방안 들이 모두 이러한 철학에 기초하고 있다. 그렇다고 그가 수도권 같은 대형 메트로폴리스의 중요성을 간과하지 않음은 물론이다. 서울시의 뉴타운사업에 대한 대안에서 보듯이(제1부 2장 2절), 밀집형 개발이 필요한 경우는 오히려 더욱 본격적인 밀집화를 통해 "크루즈형 도시산업·주거지역"(본서 172면) 건설을 제안하기도 한다.

여기서 '한반도 그랜드 디자인'의 내용을 길게 소개할 생각은 없다. 그것이 참신할뿐더러 실은 얼마나 치열한 현실적 계산을 포함한 구상들인지를 실감하기 위해서는 글과 그림을 모두 정독하는 길밖에 없을 터이다. 저자는 "한반도 구상은 시각형식의 세계다"(본서 26면)라고 강조하며, 생각을 문장으로 정리하고 표현하는 것이 자신의 장기가 아님을 거듭 내비친다. 내가 보기에 시각형식의 전문가이면서 그만한 문장력을 갖춘 이도 드물다는 생각이긴 하지만, 김석철이 문필가이기 전에 설계가인 것은 어김없는 사실이다. 특히 독자는 '한반도 그랜드 디자인'의 성패가 김석철의 말이 아니라 그가 그려내는 설계도면─물론 이 책에 수록된 것 외의 더 자세한 그림들을 포함해서─에 달렸음을 기억할 필요가 있다. 저자가 도면에 열심히 그려넣은 세부항목들에 대해 글로 설명하는 일을 소홀히할 때도 있기에 더욱이나 그렇다. 앞서 "글과 그림을 모두 정독"할 것을 촉구한 것도 그 때문이다.

설계가와 문필가의 차이에 대해 그동안 내 나름으로 느낀 또 한가지가 있다. 글쓰는 사람은 세상에 어떤 생각을 내놓고서 그것이 당장 실행되지 않더라도 글로 발표한 것 자체로 만

족할 수 있다. 반면에 설계가는 단일 건물이라 해도 시공주를 잘 만나 제대로 건축을 해야 설계한 보람이 살아난다. 더구나 도시설계의 경우에는 훨씬 큰 실력자──대개의 경우 정부 당국자──의 도움이 있어야 한다. 그러다보면 차라리 반민주적일지라도 힘세고 결단력 있는 위정자를 선호하는 성향마저 생길 수 있다. 김석철과 나 사이에도 이른바 보수와 진보의 차이라기보다 그러한 직업적 체질의 차이가 존재함을 느낄 때가 더러 있는데, 그 점에서도 이번 책은 조금 달라진 면모를 보여준다. 저자는 끝맺는 말에서 지난날의 이런저런 공들인 대안들을 회고하면서, "그러나 40년 집념의 궤적은 보람되지 않았다"(본서 460면)고 술회한다. 여의도 마스터플랜을 시작으로 열심히 만들어낸 이런저런 설계들이 왜곡되거나 무시되고 심지어 흉물이 되기도 했다는 것이다. 물론 그렇다고 그가 체념하고 물러서는 것은 아니다. 오히려 "국민이 깨닫고 소망하면 새로운 역사의 장이 열린다"(본서 15면)고 다짐하고 있다. 그런데도 이번 책에 '2013 대통령 프로젝트'라는 부제를 단 것은 이들 대안이 최고결정권자의 역사의식과 성심으로만 실현될 수 있음을 냉철하게 인정한 것일 뿐이며, 당장 뉴타운문제 해결에도 요구되는 획기적인 발상의 전환을 가로막는 기득권 세력 '그들'에 대한 신랄한 비판의식(본서 164면)은 그의 꿈이 권력 잡은 사람 아무나든 설득해서 이룰 수 있는 성질이 아님을 말해준다.

어쨌든 2012년의 대선국면에서 많은 뜻있는 국민이 호응하고 진정한 변화를 지향하는 후보들이 수용하여 2013년 이후 새로운 세상의 일부를 이루도록 하려는 간절한 염원을 담고 있는 것이 『한반도 그랜드 디자인』이다. (나로서는 좀 부끄럽게도 저자는 이 책이 졸저 『2013년체제 만들기』에 대한 '화답'이라고 말하는데, 2013년 이후에 대한 염원이 실현되려면 당연히 그에 걸맞은 공간전략도 있어야 하는만큼 어쨌든 반갑고 고마운 '화답'이다.) 실은 『희망의 한반도 프로젝트』도 다가오는 17대 대통령선거를 염두에 두고 씌어졌다. 그러나 2007년은 성장지상주의와 토건주의, 투기주의 등 온갖 낡은 패러다임이 극에 달한 해여서 김석철의 프로젝트가 자리잡을 여지가 없었다. 하지만 2008년 이래의 세계적인 경제위기와 한국사회의 총체적 혼란을 겪으면서 근본적 변화에 대한 국민의 열망은 한결 드높아진 상태다. '이번에는 꼭'이라는 절박한 심경이 『한반도 그랜드 디자인』에 드리운 것은 당연한 일이다.

더하여 저자가 지난 7, 8년 사이에 네차례의 암수술을 받은 개인적인 사정도 절박감을 더해주었을 것이다. 수술과 항암치료뿐 아니라 수술 이후의 온갖 신체적 불편과 정신적 고통을 견디면서 그가 수행해온 작업은 초인적이라고 말할 수밖에 없는데, 이는 타고난 강인한 체질말고도 일에 대한 남다른 열정과 책임의식이 있기 때문에, 그리고 '일' 자체가 한번 머릿속에 떠오르면 그냥 머릿속에 남겨둘 수 없게 만드는 천재적 비전의 산물이기 때문에 가능했을 것이다.

끝으로 나는 이 책을 요즘 우리 사회에서 부쩍 강조되는 '융합학문' 또는 '사회인문학'의 훌륭한 성과로 내세우고 싶다. 김석철은 본디 수학에 남다른 재능을 보인 건축학도로서 독창적인 건축미학을 추구하면서도 건축비용이 절감된 탄탄한 구조물을 만들어내는 솜씨로도 유명하다. 거기다 엄청난 독서량과 나라 안팎에서의 열정적인 현지답사 경험을 통해 도시설계가에게 필수적인 지리, 역사, 사회, 문화예술의 지식을 갖추었다. 물론 각 분야의 전문가가 볼 때 허술한 구석도 있을 테지만, 요는 그의 넓은 식견이 설계 고유의 공간구상 작업에 녹아들어 있다는 점이다. 이번 책에는 유달리 회고조의 서술이 많아 학적 엄밀성과 더욱 거리를 느끼는 독자도 있겠지만, 그것이 개인적 절박감과 비장함의 표현일 뿐 아니라 일반독자를 '시각형식의 세계'에 자연스럽게 끌어들이는 매력으로 받아들여도 좋으리라 본다.

융합학문적인 김석철의 작업은 이미 오래전부터 진행되었는데 학계의 반응은 실로 미미했다. 『희망의 한반도 프로젝트』의 경우에도 과문한 탓인지 모르지만 건축학, 도시학, 사회과학, 인문학 그 어느 분야에서도 진지한 토론의 대상으로 삼은 일이 없는 것 같다. '남이 나를 알아주지 않는다 해도 노여

위하지 않으면 또한 군자가 아니겠는가(人不知而不慍不亦君子乎)'라는 공자 말씀도 있으니 김석철이 삐칠 일은 아니지만, 정작 융합학문의 탁월한 성과가 나왔는데도 간과하거나 외면해버리는 학문풍토는 개탄하지 않을 수 없다. 아무쪼록『한반도 그랜드 디자인』은 그 기본 취지에 대한 국민대중의 호응과 뜻있는 대선후보의 돈독한 결심을 끌어낼 뿐 아니라, 새로운 종류의 학문적 업적으로서도 학계와 지식인사회의 진지한 반응을 얻을 수 있기 바란다.

2012년 9월

행복한 암병동에서

건축과 도시의 길에 들어선 지 40년이다. 1968년부터 10여년 동안 한강연안과 여의도, 서울대학교, 쿠웨이트 신도시 등에 전념했다. 1980년 건축으로 돌아와 예술의전당, 스카이빌리지, 베이징 경제특구 등을 설계했다. 1995년 다시 한반도 구상을 본격적으로 시작하고자 베네찌아대학, 칭화대학, 컬럼비아대학원 도시계획 석·박사과정 지도교수로 한반도를 주제로 연구하던 중 암이 발견되어 서울로 돌아왔다. 수술을 성공적으로 집도한 심영목 교수가 "무조건 2년은 쉬어야 합니다"라고 했으나 1년 만에 다시 일어나 지난 20년 동안 해온 도시설계를 정리하여 『희망의 한반도 프로젝트』(창비 2005)를 출간했다. 중국 동부해안과 한반도와 일본열도 서남해안 도시군의 경제공동체를 만들고자 한 황해도시공동체와 새만금 등 국가프로젝트에 관한 제안을 도면과 글로 정리한 것이다.

문민정부까지의 대통령선거는 민주선거라기보다 권력의 승계과정에 가까웠다. 국민의정부, 참여정부, 이명박정부가 민주선거에 의한 정권교체였다고 볼 수 있다. 이 선거들에서는 모두 뚜렷한 쟁점이 있었다. 김대중 후보는 남북화해와 경제위기 극복을, 노무현 후보는 국토균형발전과 사회안전망 확대를, 이명박 후보는 한반도대운하 사업과 747공약을 들고 나왔다. 이와 같이 선거를 통해 정부가 들어서는 것을 보면서 지식인의 선언적 참여가 필요하다고 생각하여 『희망의 한반도 프로젝트』를 쓴 것이다. 40년 동안 국가인프라에 관여한 사람으로서 국토인프라 전반에 대한 안이라기보다 당시 주요 정치 이슈를 토대로 정부에 대안을 제시한 셈이다. 그러나 한반도라 하면서도 남한만을 다룬 것이라 남북한을 함께 다루는 한반도 구상을 평생의 숙제로 남겨둔 것이다.

분단체제 60년 만에 큰 변화가 오고 있다. 2013년 국가경영의 주제가 지방권 자립과 남북 동반성장이 될 것이라 생각하여 이를 2012년 대선의 주 의제로 제안하기 위해 『한반도 그랜드 디자인』을 마련했다. 의사들은 쉬라고 하지만 내게 있어 도시설계는 해야만 하는 일이고 건축설계는 쉬는 것보다 편하고 또한 하고 싶은 일이다. 그사이 서울사이버대학 본관, 성신여대 운정캠퍼스 등을 설계했다. 건축설계 일은 순조롭고 여유로웠으나 '한반도 그랜드 디자인'은 정체하고 있어 마음 한편이 항상 무거웠다.

다시 안정을 되찾고 『한반도 그랜드 디자인』 작업을 시작하던 중 정기검진에서 암이 두곳에서 다시 발견되어 한달 사이 두차례에 걸쳐 수술을 받았다. 암은 몸 세포의 기억장치가 교란된 것 아닌가. 기억은 뇌에만 저장되는 것이 아니라 온몸에도 세포에도 저장되는 것 같다. 기억이 세포에 저장된다면 암을 제거하는 것은 결국 기억을 제거하는 일이 되는데, 기억은 물상적 형태로 존재하기보다 에너지 형태로 존재하므로 그 에너지를 희망과 긍정적 사고로 바꾸어보자고 마음을 먹어보지만 뜻대로 되지 않는다.

그러고보니 10년 동안 암에 짓눌려 살았고 40년 동안 술에 밀려 살았다. 술에 대해서는 '그래 졌다. 네가 잘났다. 그러니 이제는 가라'는 기분이었고 암에 대해서는 이제는 내가 이기고 있다는 느낌이 들었다. '한반도 그랜드 디자인'을 병실 바닥과 책상 위에 늘어놓고 들여다보며 다시 생각하며 그렸다. 퇴원 전날 나도 모르게 도면 위에 '행복한 암병동'이라고 썼다. 『희망의 한반도 프로젝트』가 『한반도 그랜드 디자인』으로 전이하고 있었다.

국민이 깨닫고 소망하면 새로운 역사의 장이 열린다. 세계를 덮고 있는 경제위기가 파국의 길이 될지, 그 복잡한 회로의 돌파구를 찾게 될지 모르는 가운데 대선후보들은 경제민주화와 복지만을 말하고 있다. 지속적 성장동력 확보와 전환의 계기를 맞은 분단체제에 대해서는 준비가 없다. 대한민국과 북조선 모두가 2013년의 시대정신과 국민의지를 생각해야 할 때다.

기업과 개인의 투자와 소비가 없을 때에는 국가재정을 투입해야 한다. 첨단산업과 장치산업은 고용과 분배에 한계가 있다. 다고용·고부가 신산업을 찾아야 한다. 2008년 경제위기를 돌파하고자 KBS가 각계의 지도자들을 초청해 방영했던 〈대한민국, 길을 묻다〉에서 나는 중동의 '도시건설과 도시경영' 참여를 주장했다. 카스피해 최대의 천연가스 생산국인 아제르바이잔의 신행정수도 바꾸와 남예멘의 수도 아덴(Aden) 신도시를 설계하고 있을 때였다. 노무현 대통령이 나서서 설계 계약까지 한 바꾸 신도시와 쿠웨이트 국부펀드가 참여한 아덴 신도시의 설계를 시작했으나 아직 정체 중이다. 또한 지난 4년 세종시, 신공항, 부산신항 등 성장동력을 계속 이어가야 할 도시사업을 미뤄놓고 정부는 4대강, 부동산 PF사업, 전시용 신에너지 사업 등에 국가재정을 낭비했다. 대통령이 무관심한 탓이다.

2013년의 시대정신은 국가사업에 재정을 투입하여 10대 경제강국을 앞으로 더 나아가게 하는 데 있다. 이 책에서 내놓는 다양한 프로젝트들은 경제민주화, 복지 등과 함께 미래 대한민국의 중요한 화두가 될 것이다.

『한반도 그랜드 디자인』은 2013년 대통령 프로젝트를 다룬 책이다. 세종시, 부산신항 배후단지, 신공항, 과학벨트 등 국정사업 대부분이 대통령 프로젝트다. 국정사업은 대통령이 직접 구상하고 전권을 위임받은 사람이 실행에 나서야 하는데, 정치공약 수준의 아이디어를 관료와 관변학자들이 현상설계라는 요식행위를 거쳐 진행해온 것이 그간의 국정사업이었다. 장관 수준에서 할 일이 있고 지방자치단체장이 해야 하는 일이 있고 대통령이 해야 할 일이 따로 있다.

한마디 덧붙인다면 이 책은 어디까지나 일반 독자들을 위한 제안과 개념설계도 제시에 주력했다. 안의 실현에 필요한 더 상세한 도면과 계산은 별도로 준비했으며 계속 작업 중이다.

제1부 '2013 대통령 프로젝트'에서는 다음 대통령이 임기 내에 직접 나서야만 실현이 가능한 사업, 지방자치단체를 위해 큰 길을 열어야 하는 일, 임기 중에 완성해야 하는 플랜 등을 다루었다.

에너지자본과 투기자본의 세계지배, 경제 최강국 미국의 과다한 국가부채, 중국의 불안한 경제성장, 유로화 위기 등이 적벽대전의 연환계(連環計) 장면처럼 서로 얽혀 세계를 위협

하고 있다.

우리에게도 세계위기가 밀려와 경제의 세 축인 투자·소비·수출이 모두 흔들리고 있다. 개인부채와 기업부채 모두 위험수위를 넘었다는 우리 경제에 닥친 투자·소비·수출의 부진을 막으려면 국가가 투자를 선도하여 소비와 수출을 끌고 가야 한다. 경제민주화와 복지를 위해서도 미국 테네시강 개발공사를 위해 만든 TVA 같은 대통령 특별기구가 국가인프라 사업을 시작해 새로운 성장동력의 발판을 만들어야 한다. 하지만 신행정수도와 4대강은 아직 헤매고 있고 인천공항과 부산신항은 자체로는 성공했으나 공항도시, 항만도시로 확대되지 않아 해당 도시에는 빚더미만 안겨준 셈이 되었다. 수도권 인프라는 과잉·중복투자되고 지방권 인프라는 산발적이어서 국가발전의 원동력이 되지 못하고 있다. 국가인프라 사업에는 국토 전체와 오랜 시간을 보고 유기적으로 구성하는 안목이 필요한데, 한 지역을 떼어내 선심성 공약으로 사고해서는 낭비와 중복이 생길 수밖에 없다.

제1부 1장에서는 '지방분권정부'를 전제로 지방권 인프라 사업이 이루어져야 함을 말한다. 지방권 통합공항은 이를 위한 기본 전제가 되는 사업으로, 김해, 무안, 청주, 대구 국제공항을 아우르는 4+1 공항연합을 이루고, 무엇보다 최고의 고부가가치 상품인 유기농 농축산품의 수출공항이 되어야 한다. 그에 적합한 자리를 찾는 것이 지방권 통합공항 전략의 시작

이다. 88올림픽고속도로와 대전-통영간 고속도로가 열십자로 만나는 곳이 최적의 장소다. 88올림픽고속도로와 대전-통영간 고속도로와 고속도로·O-Bahn(버스형 준고속철도)의 복합 교통인프라로 낙동강과 금강 유역의 농축산품을 집합하고 부산, 대전, 대구, 광주가 부산신항, 지방권 통합공항과 연계된다면 이는 지방분권정부의 세계로 향한 윈도우가 될 것이다.

수도권 인구집중을 막고 지방권을 살리기 위해 시작된 세종시가 충청권 선심사업이 아닌 국가사업이 되게 하려면 지방분권정부의 수도 기능을 갖추어야 한다. 국회의사당을 이전하고 제2수도를 상징하는 문화·과학 광장을 만들고 지방분권정부 청사와 과학벨트가 함께 들어서게 해야 한다. 2013 대통령 프로젝트에서 제안하는 세종시 최신안은 1969년 여의도에 국회의사당과 대법원과 시청사를 옮기고 외국공관과 금융기관 대부분을 두게 했던 여의도 마스터플랜 경험에서 우러나온 것이다. 지방권 국가업무가 세종시에서 이루어지면 독일의 제2수도 본 같은 문화·교육·과학 메카로서의 지방분권정부 수도를 만들 수 있다.

부산, 대구, 광주 등 인구 100만 이상인 광역시와 전주, 진주, 청주 등 고려시대 이래의 역사도시와 구미, 광양, 오송 등 20세기 산업도시가 도농복합체인 중간도시와 어반링크를 이루면 지방권 자립경제권역을 구성할 수 있다. 이를 위해서는 지방권 중심인 광역시와 중소도시 사이에 도농복합 중간도시를 두고 농식품업을 수출산업으로 적극 육성해야 한다. 또한 영호남과 충청권 도시가 모두 1시간 안에 닿을 수 있는 백두대간 고원에 지방권 통합공항을 건설해야 한다. 이 공항이 여객·물류 수송을 넘어 농축산 수출기지까지 겸하게 되면 중국과 일본으로 공항권역을 확대할 수 있다. 한마디로 세종시를 지방분권정부 수도로 하고 다목적 지방권 통합공항과 부산신항 도시산업군을 운하·고속도로·O-Bahn으로 구성된 도시간 복합인프라로 연결하여 수도권과 대응하는 독립경제권역으로 만들자는 것이다.

소비·투자·수출을 지속성장케 하려면 5년 뒤의 퀀텀점프(Quantun Jump, 약진)를 위해 국가가 우선 투자해야 한다. 과거 경부고속도로와 인천공항과 영남의 산업공단이 성장동력의 국가인프라가 되었듯이 지금 세종시, 지방권 통합공항, 부산 항만도시의 연합을 지방권 세계화 인프라로 선언하고 대선공략으로 확정하여 밀고 나아가야 한다. 그렇지 않으면 국토균형발전은 해결하지 못할 숙제로 남을 것이다.

지방분권정부를 이루려면 수도권의 창조적 개혁이 수반되어야 하므로 제1부 2장으로 '수도권 혁신'을 더했다. 수도권이 무너지면 지방권은 더 어렵게 된다.

지방권 몰락을 가져온 수도권 과잉집중을 해결하고자 택한 수도이전이 위헌판결을 받자 이를 축소하여 행정수도로 만드는 사이 수도권에는 인구와 자본이 오히려 더 많이 몰렸다. 그런데도 정작 수도권은 고용 축소와 도시산업 정체의 위기를 맞고 있다. 수도권 고용의 중심을 이루던 경인공단이 무너지고 써비스산업과 고용 없는 IT산업과 대자본을 앞세운 다국적기업만 살아남았다. 과도한 토지비용으로 중소기업은 수도권에 투자할 수 없고 삶의 터전인 공동주택은 가계부채만 키워, 일할 곳도 잘 곳도 없는 사람들이 수도권 인구의 상당수를 점하고 있다. 수도권은 전세계 도시권역 중 열 손가락 안에 드는 경제권이지만 기층계급의 주거와 산업의 입지는 갈수록 좁아지고 있다.

수도권 공단의 요지들은 고급 아파트단지로 바뀌어 산업이 설 자리는 줄어들고 제조업은 중국에 빼앗긴 채 뉴타운사업으로 기왕의 거처조차 잃어가고 있다. 이 판국에 코레일, 서울시, 국민연금, 삼성 등이 나서서 용산신도시라는 30조에 달하는 대규모 도심 부동산사업을 벌여왔던 것이다.

무너져내리는 수도권 산업이 살 길은 구로 디지털밸리, 남동공단, 개성공단을 잇는 수도권 산업도시회랑과 서울 메트로폴리스의 창조적 신산업에 있다.

써비스업 다음의 도시산업은 다고용·고부가의 창조산업이다. 이미 세계 대도시 산업의 반 이상이 창조산업으로 전환하고 있다. 수도권 산업혁신과 경제민주화는 로빈 후드의 활처럼 한번에 해결할 수 있는 것이 아니다. 수도권의 기존산업을 혁신하고 창조적 신산업이 뿌리를 내리게 하는 '아주 특별한' 도시개혁이 시작되어야 한다.

2000만평 중 100만평만 가동되고 있는 개성공단을 키우고 경인공단에 최강의 디자인파워를 더하고 세계 견본시장을 개성공단-경인공단 라인에 유치해야 한다. 개성에서 평택에 이르는 수도권 공단이 가장 필요로 하는 것은 세계를 리드하는 디자인파워와 제품을 세계시장에 알릴 수 있는 견본시장이다. 수도권 도시인프라 개혁은 용산 같은 부동산사업이 아니라 동대문시장, 세운상가 다음 단계의 '시장과 공장'을 만드는 데 있다.

뉴타운사업은 과밀한 서울의 주거문제 해결을 위해 한강과 강남을 개발하다 막다른 길에 이르자 선택한 방편으로, 이미 사람들이 살고 있는 기성 시가지를 건드리려는 것이다. 그러나 뉴타운사업은 도시 기반시설을 확충하고 주거 공급을 늘리겠다는 애초의 목적과 달리 부동산투기 수단으로 전락하여 막대한 부담금을 감당하지 못하는 원주민은 자신이 살던 곳으로 돌아올 수 없게 되었으며 사업은 부동산시장의 침체로 '공공의 적'으로 전락하고 말았다.

뉴타운은 부동산투기가 아니라 신산업을 통해 돈을 버는 주거단지가 되어야 한다. 건축법을 개정하여 획득한 지하공간에서 창조적 신산업이 태동하도록 하고, 지상에는 새로운 개념의 고도로 밀집된 공장생산형 주거가 들어서야 한다. 서너개의 뉴타운을 조직화하면 그 안에서 모든 생활이 이루어 지는 완전도시가 만들어질 수 있다. 뉴타운은 반드시 짚고 넘어가야 하는 문제지만 지방정부가 해결해야 하는 일이어서 상대적으로 적은 비중으로 다루었다.

제1부 3장 '북한 도시건설'은 남북 공동의 프로젝트다. 핵 개발은 북한의 장기적 국가발전에 대한 답이 아니다. 이북 도처에 경제특구를 만드는 것도 좋은 전략은 아니다. 중국은 개혁·개방 이후 투자의 대부분을 동부해안에 집중해 국가경제를 일단 끌어올린 다음 동북3성(東北三省)과 서부로 확대하는 전략을 썼고, 미국도 동부에서 세계국가가 된 후 서부로 이동했다.

북한이 선택할 수 있는 최고의 전략은 러시아·중국과의 접경지대이며 지경학적으로 가장 경쟁력이 뛰어난 두만강 하구에 다국적도시를 만들고 경제기적을 이루어 북한 전역으로 확대하는 방안이다. 두만강 하구는 시베리아의 에너지와 중국 동북3성의 중공업과 농축산업의 물류가 얽혀 있는 지경학적 고난도 지역이다. 나진·선봉 경제특구가 있지만 이는 러시아, 중국, 일본과는 상관없는 북한과 중국만의 항만이어서 다국적 항만 역할을 하지 못할뿐더러 북한경제에 미치는 효과가 극히 제한적일 수밖에 없다.

동북3성은 바다로 나가야 하고 시베리아는 대륙과 반도의 접경에 항만을 가져야 하며 일본은 중국과 유럽 등 대륙으로 진출하기 위한 교두보가 필요하다. 빠나마운하가 태평양과 까리브해를 연결시켜 중미 최강의 공장·시장지대를 이룬 것처럼 중국, 일본, 러시아, 남한, 북한을 연결하는 두만강 하구를 울산과 포항 못지않은 국토인프라로 만들어야 한다. 이는 남북한이 하나가 되어 러시아, 중국, 일본과 제휴하면 당장이라도 실현가능한 안이다. 남한의 도시화는 막다른 길로 들어섰다. 도시는 과밀하고 농촌은 비어 있다. 이북과의 창의적 협력이 21세기 도시화의 꿈을 실현하는 최대의 기회인 것이다. 무엇보다 두만강 하구 다국적도시는 도시건설과 도시경영에서 남과 북이 가진 가능성과 잠재력을 세계에 보이는 프로젝트가 될 수 있다.

두번째 남북 공동프로젝트인 '동서관통운하와 백두대간 에너지도시'는 『창작과비평』 2007년 겨울호에 초기단계의 안을 발표하고 청와대에서 대통령에게 직접 설명한 안이다. 백두대간과 비무장지대가 한반도를 열십자로 가로지르고 있다. 서울과 원산 사이 경원선이 지나는 비무장지대 북측에 한반도 단층지대인 추가령구조곡이 있다. 추가령구조곡과 경원선 사이에 운하를 만들면 백두대간의 물을 수도권에 끌어올 수 있고 시베리아의 에너지를 남북 전역으로 가게 할 수 있다. 이 동서관통운하를 따라 금강산과 명사십리에 도농복합 중간도시를, 철원고원에 에너지타운을, 한강 하구에 밀라노디자인씨티를 세워 백두대간 산상의 수변도시로 연결하면 세계에 자랑할 만한 아름다운 도시회랑이 될 것이다. 이명박정부의 무모한 한반도대운하 계획으로 인해 국민들은 운하라고 하면 고개를 젓고 냉소를 보낸다. 그러나 본래 운하란 적재적소에 제대로 만들어지면 매우 긴요한 국토인프라가 될 수 있으며 환경문제도 일으키지 않는다. 이는 전세계의 경험이 말해준다.

제2부에서는 1969년 대통령에게 직접 보고하고자 쓴 「여의도 및 한강연안 개발계획」 요약과 국무총리실 강연, 세종시·신공항·과학벨트 등에 대한 대통령과의 대화 등 한반도 인프라에 대한 구체적 현실참여의 글을 모았다.

지면 사정상 지금까지 쓴 글 모두를 싣지 못했으며 발표 당시의 원문을 그대로 실어 제1부의 최신안과 다른 점도 있다. '2013 대통령 프로젝트'가 이번 대선을 계기로 만든 것이 아니라 오랜 기간의 노력이 숙성된 결과임을 보이기 위해 발표 시기 순으로 실었다.

2013년은 남과 북 모두에 위기의 해이면서도 수도권·지방권의 혁신, 남북의 동반성장을 이룰 기회의 해이기도 하다. 유례없이 장기화될 경제난국을 극복할 국가인프라 투자와 남북 공동사업을 이끌 새 지도자를 이번 대선에서 찾아야 한다. 앞으로 올 경제위기를 돌파하고 60년 분단국가의 불완전상황을

떨치고 세계국가로 일어설 혜안과 책략을 가진 사람이 아직
은 보이지 않는다.

행복한 암병동에서 40년간의 체험을 바탕으로 그리고 쓴
『한반도 그랜드 디자인』이 대선후보들의 공동참여와 토론을
이끌어내기를 기대한다. 대선후보라면 이만한 국가경영 비전
을 갖고 국민 앞에 나서야 하는 것 아닌가.

『한반도 그랜드 디자인』제1부가 '2013 대통령 프로젝트'
라 대선후보의 공약을 생각한 것이 아닐까 묻는 분들도 있으
나 그렇진 않다. '한반도 그랜드 디자인'은 내가 40여년간 통
일을 전제로 생각해온 한반도 대구상이다. 남북의 지도자들
에게 일곱 프로젝트를 실현할 수 있는 구체적 방안에 대한 답
을 듣고자 한다.

연전에도 새만금 바다도시, 수도이전에 대한 지방권 신수
도 대안 등을 만들었지만 선거가 끝나니 논의가 중단되고 말
았다. 이번 대선이 끝난 뒤에 책을 낼 생각도 했으나 국민의
한 사람으로서 그들을 시험하고 역사적 약속과 선언을 받고
싶다. 새만금, 신행정수도처럼 또다시 부분표절하여 왜곡하려
는 사람이 있다면 지금 책을 덮길 바란다.

한반도 구상은 시각형식의 세계다. '한반도 그랜드 디자인'
을 글로 쓰는 동안 "말할 수 있는 것은 분명히 말해야 한다. 그

러나 말할 수 없는 것에 대해서는 침묵해야 한다"는 비트겐슈
타인의 말을 자주 생각했다.

학자, 전문가도 읽기 어려운 1000매 가까운 글을 독자의 눈
으로 읽고 교열한 창비의 염종선 국장이 『희망의 한반도 프로
젝트』이후 5년 만에 다시 큰일을 해주었다. 교정작업을 담당
해준 박대우 편집자에게도 감사드린다. 15년을 함께 도시설
계를 해온 아키반의 김동건 이사와 유난히 더운 올여름 내내
200컷이 넘는 도면과 다이어그램, 스케치를 글과 하나가 되도
록 편집한 김상하 실장, 원고를 네차례에 걸쳐 읽고 녹취록을
수정·보완한 송정아 팀장에게 고마운 마음을 전한다.

쓰고 그리는 일은 나의 몫이었지만 생각하고 구상을 발전
시키는 일에서는 백낙청 교수가 큰 흐름을 잡아주었다. '2013
대통령 프로젝트'는 백교수가 한반도 공동체에 대한 깊은 이
해와 사랑을 바탕으로 쓴 『2013년체제 만들기』(창비 2012)에
대한 화답이다. 그리고 1999년부터 베네찌아대학과 동북아공
동체, 칭화대학과 중국도시화, 컬럼비아대학과 황해도시공동
체를 12년 동안 함께 연구한 조창걸 선배의 예언적 상상력은
이 책의 길잡이가 되었다.

2012년 9월 김석철

한반도 그랜드 디자인

첫번째 과업은 지방권 자립이다. 지방권이 수도권과 경쟁·상생하게 하는 국정사업이 시작되어야 할 때다. 지방권의 공단산업은 잘 굴러가고 있으나 지속가능하지 않고, 천하지 대본인 농수축산업은 FTA 앞에 무너지고 있다. 지방권 통합공항과 세계 최초의 농수축산 집합도시 그리고 10년 국론분열의 진원지가 된 세종시를 변모시킬 제3의 길, 세계 최고 항만인 부산항과 제2수도권 부산-낙동강 도시연합 등을 통해 지방분권의 길을 열 수 있다. 2013년이 지나면 다시 시작하기 어렵다. 지방분권정부는 시대의지이며 역사적 사업이다.

서울은 외적으로 정치·경제적 메트로폴리스가 되었다. 그러나 도시산업은 무너졌고 문화인프라와 삶의 근거인 주거환경은 부실하다. 수도권 도시산업은 수도권 공단이 무너져 3차산업으로만 명맥을 유지하고 있고 천혜의 자연과 함께하던 옛 주거지역은 정치권·지방자치단체·부동산업자가 벌인 뉴타운사업으로 허영의 시장에 내몰려 있다. 수도권 창조산업을 통해 역사·지리와 함께하던 옛 삶의 기반을 다시 찾아야 한다. 2013년 대통령이 길을 찾아야 한다.

북한 도시건설은 불완전국가인 남한과 북한이 함께 나서야 하는 사업이다. 북한 도시건설은 특별하다. 도시화는 시작도 되지 않은 상태다. 북한 도시화는 남북 모두에 위대한 기회이자 위험한 도전이다. 한반도 최초의 복합신도시 여의도를 설계하고 중동 최초의 신도시 쿠웨이트 자라 신도시와 14억 중국의 역사도시 취푸 신도시를 설계한 사람으로서 북한 도시건설은 피할 수 없는 도전이라고 생각한다.

제1부

2013 대통령 프로젝트

1장 지방분권정부

2장 수도권 혁신

3장 북한 도시건설

3 西부산

항만공항물류복합단지
Intermodal Trans Area

canal city

부산과학산업
지방산업단지

경제지유구역

서낙동강

농산국가산업단지

마신항만

김해공항

어권이대공원

경전선 직선신설
(부전~마산 설계중/
2013년 완공예정)

사상산업단지

낙동강

부산아시아드
주경기장

부산광역시청

부전역

금융중심
금융단지

2 東부산

센텀씨티

광안리해수욕장

해운대

부산역

여객터미널

북항

유엔공원

S2

송정해

S1

남항

오륙도

I 原부산

신평장림
산업단지

송도해수욕장

여객터미널 감천항

1장
지방분권정부

수도권과 지방권은 인구가 2500만으로 비슷한데, 경제적 격차는 심각한 정도를 넘어섰다. 지속적 경제성장과 경제정의를 함께 이루려면 수도권에 대한 과도한 투자를 제어하고 지방권이 수도권으로부터 경제적으로 독립할 수 있는 인프라 투자가 우선되어야 한다.

세계 경제불황을 극복하고 기업과 개인의 투자를 끌어들일 수 있으려면 국가재정을 동원해야 한다. 지방권 통합공항, 세종시 제2수도안, 부산신항 도시화는 경제성장을 견인하고 지방권 자립을 함께 이룰 수 있는 방편으로, 당장 실행해야 할 국책사업이다. 지방권 신공항, 세종시, 부산신항은 지방권 자립을 전제로 추진되어야 한다.

우선 동남권 신공항이 아니라 지방권의 중심이 될 지방권 통합공항이어야 한다. 이를 위해 기존의 지방 국제공항과 새로운 통합공항이 어떻게 연합할지에 대한 안을 만들어야 한다. 모두를 위한 길이 있는데 자신들만을 위한 길을 고집하는 일은 반국가행위다.

세종시 제2수도 안은 지방권 자립의 핵심사업이다. 지방분권정부의 수도 역할을 할 수 있도록 국회를 이전하고 워싱턴 D.C. 스미소니언급의 국가 문화·과학 인프라, 지방분권정부의 공공·국제기구, 그리고 동아시아 다국적 교육특구와 국립대학 통합본부 등을 두어야 한다. 이로써 서울이 제1수도가 되고 세종시가 제2수도가 될 수 있는 마스터플랜을 보여야 한다.

로테르담이 네덜란드를 넘어 북유럽의 관문항이 된 것처럼 지방권의 경제동력인 부산신항을 한반도와 일본 서남해안을 포괄하는 항만산업 세계도시로 만들 구체적 방안을 마련해두어야 한다.

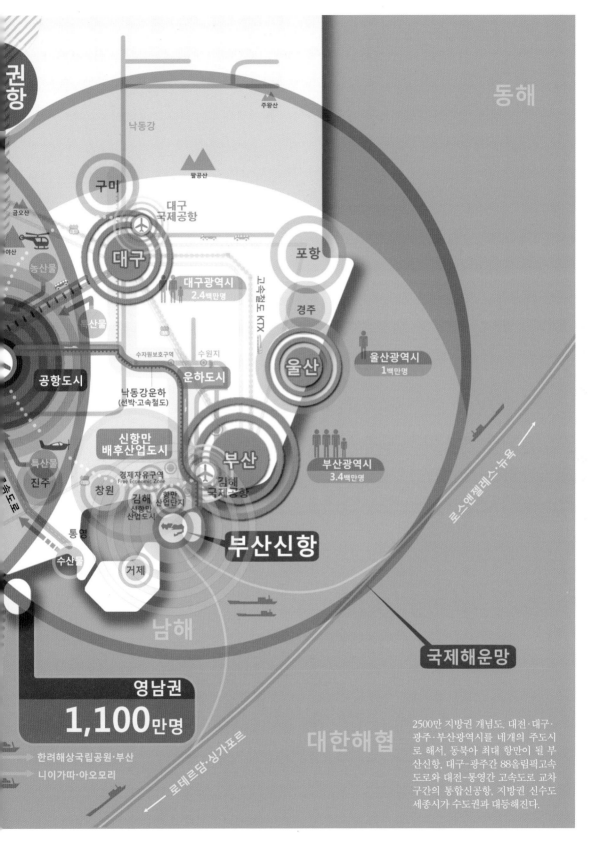

동해

낙동강

주왕산

팔공산

구미

금오산

대구
국제공항

대구

대구광역시
2.4백만명

포항

경주

고속철도 KTX

수원지

수자원보호구역

울산

울산광역시
1백만명

공항도시

운하도시

낙동강운하
(선박·고속철도)

특산물
진주

신항만
배후산업도시

경제자유구역
Free Economic Zone

창원

부산

김해
국제공항

부산광역시
3.4백만명

로스앤젤레스·뉴욕

김해
신항만
산업도시

항만
산업단지

통영

수산물

거제

부산신항

남해

국제해운망

영남권
1,100만명

한려해상국립공원·부산
니이가따·아오모리

로테르담·싱가포르

대한해협

2500만 지방권 개념도. 대전·대구·
광주·부산광역시를 네개의 주도시
로 해서, 동북아 최대 항만이 될 부
산신항, 대구-광주간 88올림픽고속
도로와 대전-통영간 고속도로 교차
구간의 통합신공항, 지방권 신수도
세종시가 수도권과 대등해진다.

선거는 민주국가 국민의 특권이다. 대통령제에서 대선은 국가 미래에 대해 국민이 참여할 수 있는 기회다. 시대정신을 반영한 국민의 의지는 지도자들의 합의보다 원대하고 위대하다. 인류가 시험해온 정치체제 중 민주정치가 우리가 추구해야 하는 최고의 제도라고 믿는 것도 이 때문이다.

5·16정변을 거쳐 수립된 박정희정권이 무너진 뒤에도 군부지배가 이어지면서 국민은 국정에서 소외되었다. 과도기적 문민정부를 거친 후 남북교류라는 대선공약을 내건 국민의정부가 선거를 통해 최초의 평화적 정권교체를 이루어냈고, 그 뒤로 수도이전과 한반도대운하 공약을 각기 내건 참여정부와 이명박정부가 국민의 선택을 받았다.

남북화해와 경제위기 극복을 내세운 국민의정부는 지난 60

년 동안 단절되었던 한반도를 소통시키는 길을 열었다.

수도권과 지방권의 균형발전을 이루겠다는 참여정부의 문제의식은 옳았지만 수도이전과 주요 국가기관의 지방이전만을 내세운 혁신도시는 제대로 된 해결책이 되지 못했다. 지난 8년간 뜨거운 논란이 계속된 세종시는 국토균형발전이 아니라 충청권 발전책으로 전락했던 것이다.

이명박정부가 내세운 한반도대운하는 한강과 낙동강을 연결하여 한반도의 새로운 흐름을 만들겠다는 안이었지만 원래가 비현실적인 구상인데다 결국 4대강사업으로 변모하여 22조원을 투입한 토목사업으로 전락하고 말았다.

어찌 되었건 대선공약은 5년 동안의 국정운영에서 가장 중요한 사안이 된다. 대선 때 화두에 오르지 않은 국가사업을 당선 뒤 꺼내들기는 어렵기 때문에 대선공약이 국가의 명운을 좌우한다. 먼저 할 바와 나중에 할 바를 아는 것이 큰 일의 시작이듯 우리에게 가장 현실적이고 우선적 과제를 대선공약으로 내건 뒤 일상적 과제를 다음으로 다루어야 한다.

2012년 대선의 공약은 무엇이어야 할까. '흔들리는 분단체제'가 큰 변화를 맞고 있는 상황에서 남한이 한반도의 중심을 확실히 잡아야 한다. 수도권과 지방권 괴리의 늪을 타개할 비전을 가져야 하고 그러기 위해서는 한반도 국토인프라의 문제를 이해하는 것이 필수적이다. 남북분단과 6·25전쟁 후 경제개발계획이 서울·수도권에 집중되면서 남한은 수도권 과잉집중과 지방권 몰락이라는 양극화문제에 직면하게 되었다. 수도권과 지방권 인구가 2500만으로 거의 비슷하지만, 지방권의 정치력·경제력·문화력은 수도권의 절반도 따라가지 못하고 있으며, 강력한 집중력을 가진 수도권과 달리 지방권은 부산, 광주, 대구, 대전, 울산 등 광역도시들이 결집하지 못한 채 서울과의 격차가 갈수록 커가는 형국이다. 수도권과 지방권이 하나라는 전제하에 이루어진 국토인프라 투자와는 발상을 전혀 달리하여 지방분권정부를 염두에 둔 지방권 통합인프라 구축에 집중해야 한다. 지방권이 수도권과 분리되어 독자적인 경제권역을 이루는 것이 수도권과 지방권이 동시에 사는 길이다.

충청, 호남, 영남의 남부 지방권은 인구 2500만에 소득 2만 달러 전후다. 인구 2300만에 소득 2만 7000달러인 대만과 인구 1600만에 소득 3만 달러인 네덜란드 못지않은 조건을 갖추고 있지만 서울·수도권에 종속되어 제 역할을 못하고 있다. 대만은 타이베이-까오슝항, 네덜란드는 로테르담항-스키폴공항이 수도-항만-공항의 어반링크를 구성하고 있다. 세종시-지방권 통합공항-부산신항의 어반링크는 지방권이 수도권 못지않은 분권정부를 수립하기 위한 결정적 요소다.

지방권 통합공항을 건설하여, 지방권 수도가 될 세종시와 한반도의 관문 부산신항을 연결하는 축을 구성하고 광역시들이 주변도시와 도농복합공동체인 중간도시를 끌어안는 지방권 도시연합을 이루어야 한다.

세종시를 이대로 둘 것이 아니라 이제는 지방권 수도라는 관점에서 재검토해야 한다. 이번에 제안하는 세종시 최신안은 신수도를 세우고자 했던 노무현정부 안도 아니고 특별경제도시를 만들려던 정운찬 총리 안도 아닌 지방분권을 통한 한반도 제2수도 안이다.

부산, 광주, 대구, 대전, 울산 등 광역도시는 이미 인구 규모로는 100만에서 400만에 가까운 도시이고 카이스트(한국과학기술원), 부산대, 경북대, 울산대, 포스텍, 광주과기대 등 대학과 연계된 지식산업클러스터의 토대가 형성되어 있다. 가장 낙후된 서남해안은 오히려 그 천혜의 자연으로 인해 프랑스의 꼬뜨다쥐르(Côte d'Azur, 리비에라) 못지않은 리조트와 소프트 인더스트리가 결합한 21세기 도시산업의 거점이 될 가능성을 갖고 있다. 호남권, 영남권, 충청권의 삼각권역을 잇는 KTX 노선을 재조직하고 이 삼각권역이 도농복합 중간도시를 통해 광역시와 역사·산업도시 및 농촌을 집합·조직화하여 지방권 어반링크를 이루도록 해야 한다.

연암 박지원의 『열하일기』는 한양을 출발하여 허베이(河北)성 청더(承德)시의 피서산장(避暑山莊)까지 간 과정을 적은 기행문이다. 피서산장은 청나라 황제들이 더위를 피해 찾던 별궁으로 중국 4대 정원 중 하나다. 서울에서 베이징으로 간 뒤

베이징에서 차를 빌려 피서산장으로 갈 때 들었던 생각은 거란, 몽골, 여진이 모두 중국 천하를 제패했는데 왜 그들보다 강력했던 한반도의 고구려, 고려, 조선은 한번도 중국을 제패하지 못했느냐는 것이었다. 피서산장으로 가는 길에 그 의문이 풀렸다. 강산의 면모는 말할 것도 없고 농수산물도 먹을 수 없을 정도였다. 금수강산 한반도의 한민족이 중국을 탐할 이유가 없었던 것이다.

바꾸(Baku) 신도시 설계를 맡게 되어 아제르바이잔을 방문한 적이 있다. 관계부서 장관들과 카프카스 산맥이 카스피해로 뻗어나가는 곳에 위치한 신도시 대상지를 가보니 자동차 길도 없는 곳에 철도와 비행장이 있었다. 이유가 궁금했지만 물을 틈도 없이 먼저 다같이 식사를 하게 되었다. 메뉴는 철갑상어와 채소와 빵 그리고 과일이었다. 철갑상어를 소스와 함께 채소에 싸서 먹고 과일 맛에 감탄했더니 그들 말이 구 소련 끄렘린(Kremlin)의 지도자들이 이곳의 철갑상어와 채소, 과일을 매일 먹었다는 것이다. 상하기 쉬운 생선과 채소와 과일을 어떻게 소련까지 이송하냐고 물으니 그들은 철도와 비행장을 못 봤냐며 되물었다. 그 순간 대한민국의 해산물과 채소와 과일을 비행기와 열차페리를 이용해 중국과 일본으로 수출하면 되겠구나 하는 생각이 들었다. 지방 곳곳에 건설된 비어 있는 국제공항을 통해 농축산물과 수산물을 중국과 일본으로 수출한다면 붕괴하고 있는 농촌을 살릴 수 있다고 생각하며 그 안을 체계화하기 위해 청주, 무안, 대구, 양양의 네 국제공항과 농축산단지와 어촌링크를 점검했다.

지역균형발전을 논하면서 농식품업에 대한 대안이 없는 것이 우리 국토와 미래에 대한 이해수준의 한계다. 농촌이 나름대로 발전을 꾀하고 있지만 특용작물 재배와 축제 유치 등의 수준에 머물러 있다. 이미 도시화가 완성단계에 있는 상황에서 주목할 만한 새로운 패러다임은 탈도시화에 있다. 모든 지방도시가 정보통신과 금융의 중심지가 될 것인가? 아름다운 전원풍경, 부유한 농촌이 이루어낸 지역균형발전은 농산물의 우수한 품질과 역사, 국가의 브랜드파워와 기민한 통관 및 수송능력이 어우러진 종합예술의 결과다. 이것은 서구 선진국도 이루어내지 못한 일이며 우리가 선진국 쫓아가기를 끝내가고 있는 시점에서 새로이 시대를 선도하기 위해 주력할 과제다.

우리 지방권의 대부분을 차지하고 있는 농업은 세계 최강의 경쟁력을 가질 가능성이 있다. 한반도는 태양과 물과 바람이 적절하게 어우러진 다양성의 보고다. 무조건 양적으로 생산을 늘리기에는 복잡한 지형과 협소한 국토, 절기가 뚜렷한 기후 등의 조건이 불리하지만 이는 오히려 품질 좋고 개성있는 명품 농산물을 생산하기에는 천혜의 조건이다. 무조건 싸게 많은 칼로리를 생산해야 한다는 식의 20세기적 사고를 바꾸면, 농업 분야에서 새로운 시장이 열린다. 이미 전세계 많은 사람들이 고품질의 농산물을 위해 고비용을 지불하고 있다. 뛰어난 자연환경을 바탕으로 농업의 다양화, 문화상품화를 통해 농업을 온전한 하나의 산업으로 육성하고 유통과정을 획기적으로 혁신하는, 시장과 공장과 광장으로 이루어진 중간도시를 만들어야 한다.

그러나 단순한 농업만으로는 부족하다. 지금까지 도시가 조선·철도 같은 하드 인더스트리로 부강해졌다면 이제는 농촌이 농업과 축산업과 IT·BT 같은 소프트 인더스트리로 일어서야 할 때다. 농업과 축산업을 결합하여 조직화하고 유통구조를 혁신해서 부가가치를 지금의 배로 올리고 농촌에 절박한 고용문제를 해결할 수 있는 소프트 인더스트리를 일으키고, 인간공동체의 기본이 되는 문화인프라와 교육인프라가 집약적으로 조직화된 도농복합체를 이루어야 한다. 서울·수도권의 치솟는 지가(地價)로 인해 도농복합체는 지방권에서만 가능한 안이다. 도농복합체는 현재 거의 활용하지 못하고 있는 산지에서도 얼마든지 가능하다. 적절히 깎고 쌓는 절토와 성토를 한다면 산지를 유용하게 쓸 수 있다. 세계문화유산이 된 스위스 레만 호숫가의 라보(Lavaux) 포도밭은 그 성공적인 예를 보여주고 있다. 7~8개의 중간도시가 광역도시와 역사도시, 공단도시를 하나의 도시권으로 조직화하면 지방권이 자립가능한 하나의 경제권역이 될 수 있다.

도시와 농촌의 중간도시가 성공하면 저절로 시장이 생기고 관광산업으로 확대될 수 있다. 시장은 관광산업의 원천이 되고 관광산업은 시장의 발전동력이 된다. 프랑스의 보르도나 이딸리아의 삐에몬떼 같은 지역이 대표적인 예다. 해마다 수많은 미식가와 식품산업 관계자가 이들 지역을 방문한다. 광역도시에서 3차산업, 중도시에서 2차산업, 도농복합 중간도시에서 1차산업을 담당하여 지방권 소득을 2만 달러까지 올린 뒤에는 관광산업으로 그 이상을 이룰 수 있다.

세종시-지방권 통합공항-
부산신항과 지방광역시 및
중소도시를 아우르는 지방
권 어반링크 스케치

세종시, 새만금, 과학벨트, 서남해안 소프트 인더스트리, 부산신항 도시화 등은 진행 중인 지방권 국책사업이다. 지방권은 이미 용의 머리와 몸통, 다리, 꼬리를 그려놓고 헤매고 있는 격이다. 세종시와 부산신항을 지방권 통합공항을 매개로 조합하여 지방권 발전축으로 만들어내고 광역시와 농촌을 도농복합 중간도시로 집합·조직함으로써 용의 눈을 그리면 용이 살아 움직일 수 있다.

　수도권에 버금가는 또 하나의 경제권역인 지방분권정부는 별도로 지방권 총리 또는 총리급 인사가 전체를 총괄케 해야 한다. 정치·교육·문화 기능과 과학벨트까지 들어가는 세종시가 지방권 2500만의 실질적인 수도가 된다면 2400만 이북의 평양, 2500만 수도권의 서울, 2500만 지방권의 세종시가 한반도를 솥발같이 든든히 받치게 될 것이다.

1. 지방권 통합공항과 농수축산 집합도시

[지방분권정부]

2500만 인구의 남한 지방권과 비할 만한 독일 노르트라인-베스트팔렌주의 핵은 제2수도 본, 역사도시 쾰른, 그리고 뒤셀도르프공항이다. 남한의 지방권보다 면적은 좁지만 경제규모는 큰 네덜란드는 유럽 최고 항만인 로테르담항과 제2수도 헤이그 그리고 세계 5대 공항의 하나인 암스테르담 스키폴공항으로 세계적 국가가 되었다.

한반도 지방권에는 중심이 없다. 부산, 광주, 대구, 대전, 울산 등 광역시는 모두 제각각이고 동북아 허브항인 부산항-부산신항도 통합기능이 없다.

남한 지방권에는 무안, 대구, 청주, 김해 등 네 국제공항이 있는데 어느 곳도 지방권 중심공항으로서 그 위치가 부적절하고 신공항으로 거론되던 밀양과 가덕도는 더더욱 그렇다. 신공항의 적지는 합천댐과 용담댐 사이 88올림픽고속도로와 대전-통영간 고속도로가 만나는 곳에 있는 산상의 고원이다.

새로운 국제공항을 계획할 때는 최고의 입지가 어딘지도 중요하지만 기존의 공항을 어떻게 이용하느냐도 염두에 둬야 한다. 단지 공항이 부족하니 하나 더 짓겠다는 발상은 일차원적이다. 지방권 통합공항은 기존 공항(무안, 대구, 청주, 김해)을 동아시아선·국내선 전용 공항으로, 신공항을 유럽과 미주노선의 주 공항으로 운영하도록 4+1 체계를 이루어야 한다.

21세기 공항은 공항기능만이 아니라 경제권역 특유의 산업과 얽혀야 한다. 신공항과 함께, FTA에 따른 농가보조금으로 농수축산물 집합도시를 건설하여 대중국·대일본 수출기지로 만들면 FTA의 위기를 벗어나 동아시아 농수축산시장을 주요 수출지로 만들 기회를 마련할 수 있다.

정치·경제·사회 문제는 잘못되어도 시간이 지나면 회복 가능하고 잊혀진다. 석유파동, IMF 금융위기, 지하철 화재참사, 구제역 등은 기억조차 괴로운 일이지만 시간이 지나면 복원된다. 그러나 국가 하드웨어를 망쳐놓으면 거의 반영구적으로 지속가능한 발전의 길을 막는다. 국가인프라인 강과 산, 도로와 철도, 항만과 공항의 유기적인 조직망은 국가 경쟁력의 주요소이므로 그야말로 제대로 접근해야 한다.

세차례의 전란을 치른 조선조 오백년 동안 어떤 면에서는 금수강산이 보존되었으나 대한제국, 일제 식민지, 6·25전쟁과 5·16정변을 거치면서 국토인프라에 엄청난 변화가 생겼다. 대한제국이 일본, 러시아, 영국, 중국 등과 굴욕적 관계를 맺으면서 국토의 주 인프라인 철도가 그들에 의해 이권화되

세종시-지방권 통합공항과 농수축산 복합도시-부산을 잇는 지방권 어반링크 스케치

였다. 경부선, 경원선, 경인선, 경부선, 호남선, 경의선 등 철도 노선과 부산, 원산, 인천, 목포, 신의주의 다섯 항만이 연결되어 형성된 한반도 인프라는 열강의 이익이 우선된 것으로 우리에게는 선택의 여지가 없었다.

경부선이 낙동강과 금강을 연결하지 못하고 경원선이 동해안을 따라 나진까지 이어지지 않은 것도 열강의 이익에 따라 한반도의 하드웨어가 결정되었기 때문이다. 대한제국이 일본에 합병된 이후 일본의 대륙진출을 위한 국토인프라가 만들어졌다. 제국주의의 대륙진출 발판으로 만들어진 것이 우리

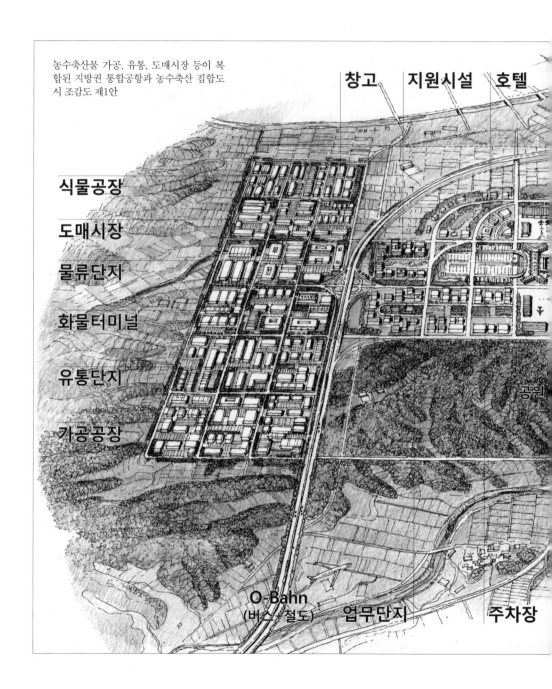

농수축산물 가공, 유통, 도매시장 등이 복합된 지방권 통합공항과 농수축산 집합도시 조감도 제1안

창고　지원시설　호텔

식물공장

도매시장

물류단지

화물터미널

유통단지

가공공장

공원

O-Bahn
(버스+철도)　업무단지　주차장

공항지원시설

공항청사

공항지원시설

활주로

한반도 인프라였다. 그러다 보니 철도부설보다 먼저 해야 하는 강의 보존과 현대화가 이루어지지 못했다. 한반도는 백두대간을 중심으로 서해와 남해로 흐르는 강이 국토 공간배분의 근간이 된다. 도산 안창호(安昌浩)가 강산개조론에서 주장했던 것처럼, 강과 산의 유기적 흐름을 유지하면서 다리와 철교를 놓아야 했는데 그러지 못한 것이다. 또한 철도와 항만을 만들기 전에 치산치수 작업이 선행되었어야 하는데 순서대로 이루어지지 않았다. 해방 이후에도 강에 대한 대책이 없었다. 강에 대해 한 일이라고는 박정희 정부 때 홍수를 대비하기 위해 강 하구에 하구언(河口堰)을 쌓은 것과 강 상류에 댐을 만들어 상수원을 만든 것뿐이다. 강산개조보다 철도, 도로 건설이 우선되어 고속도로와 고속철도가 강과 산을 무시하고 가장 빠른 길로만 놓여지면서 강과 도로와 철도가 유기적으로 연결되지 못한 것이다.

　고속철도 노선을 만들 때 도시와 강과

국토인프라의 연결을 제일 중요시했어야 했는데 제대로 이루어지지 못했다. 고속도로가 대도시만을 연결하다 보니 인터체인지가 만들어지는 대도시 위주로 국토가 재편되었다. 그런 상황에서 이명박정부가 한반도대운하를 말한 것은 어떤 면에서는 당연할지도 모르지만 한강과 낙동강을 연결하여 5000톤의 배가 다니게 하겠다는 기상천외한 발상 때문에 억지가 된 것이다. 강에 배가 다니게 한다는 것은 할 수 있고 해야 하는 일이다. 영국, 프랑스, 독일 등 전 유럽이 강에 배를 띄우고 내륙 깊이 운하를 만들었다. 강은 신이 만든 수로이고 운하는 사람이 만든 수로다. 그러자면 강과 운하와 토지의 설계가 우선되어야 하는데 대운하를 만들어 낙동강과 한강을 연결한다는 무모한 생각이 국민적 반대를 일으킨 것이다.

우리나라 강의 특수성은 강이 식수원이라는 사실에 있다. 템즈강, 라인강, 쎈강 모두 식수원이 아니다. 한강은 수도권, 낙동강은 영남의 식수원이다. 한강 상류는 팔당부터 식수원이 되어 수도권에 물을 공급한다. 댐을 설치하여 강과 식수원을 적절히 제어하면서 상류를 상수원으로 만들어 거기로부터 수도관으로 급수케 하고, 본류에는 배를 띄워 도시화하거나 강변을 수려한 자연경관으로 보존할 수 있다.

강에 배를 띄우는 것을 자연파괴라고 말하는 사람들은 유럽에 다녀오게 하면 된다. 언젠가 소방관청이 안전을 이유로 서울 예술의전당 오페라하우스 문의 시창(視窓)을 철거하기

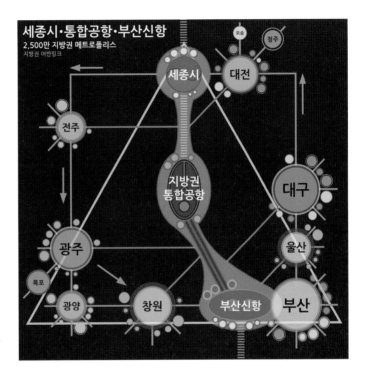

세종시·통합공항·부산신항
2,500만 지방권 메트로폴리스
지방권 어반링크

세종시 · 대전 · 오송 · 청주 · 전주 · 지방권 통합공항 · 대구 · 광주 · 울산 · 목포 · 광양 · 창원 · 부산신항 · 부산

세종시-지방권 통합공항-
부산신항과 지방광역시 및
중소도시를 아우르는 지방
권 어반링크 개념도

로 하여 예산 17억원이 배정되면서 논란이 된 적이 있다. 나는 그때 소방간부들을 유럽의 오페라하우스에 방문하게 하여 논란을 끝냈다. 그동안 유럽 오페라하우스 무대에 화재가 났을 때 인명피해가 적었던 것은 적절한 방화구획, 무대와 객석을 차단한 아이언 커튼 그리고 불이 나면 자동으로 배연기능을 하는 플라이타워의 오프닝 시설 덕택이었지 시창이 있느냐 없느냐는 별개의 문제였다.

16개의 보를 만드는 와중에 4대강을 어떻게 해야 할지에 대한 제안이 「4대강, 길이 있다」(본서 제2부 8장 수록)에 들어 있다.

그런데 올해 19대 총선 이후 정치권은 인천공항 이후 가장 큰 국가인프라가 될 동남권 신공항과 과학벨트의 입지에 대해서 뭐가 뭔지도 모르는 채로 다투고 있다. 4대강과 국토인프라에 대한 이해와 논리로부터 비롯된 것이 아닌 일종의 정치행위 라고 할 수 있다. 이명박정부 초기에 4대강사업이 논란이 되 었을 때 나는 "4대강은 다 다른 강이고 철도나 고속도로를 놓 기 전에 이미 다 되었어야 할 것을 지금이라도 하는 것은 당연 한데, 무조건 반대하는 것은 도시의 진화를 부정하는 일"이라 분명히 밝히고 4대강마다 특유의 해법을 제안했다. 한강은 하 구가 열려 있으므로 하구와 연결된 임진강이 추가령구조곡을 지나 원산에 닿게 하고, 금강은 대청댐이 식수원이므로 하구 언을 헐어 부여·공주까지 배가 다니게 하고, 강 자체가 식수 원인 낙동강은 강은 그대로 두고 그 옆에 별도로 운하를 만드 는 것을 제안했다.

서울의 기적은 한강의 기적이고, 한강의 기적은 결국 한강 변 토지 창출에서 시작된 것이다. 한강변에 토지가 창출되지 않았으면 대한민국을 이끌어가는 중산층이 형성될 수 없었을 것이다. 부동산과 전세 대란의 핵심은 토지다. 한강개발이 토 지를 창출했다는 데 기반하여, 금강변에 토지를 창출하고 영 산강과 섬진강을 지리산 자락에서 관통시키면 프랑스의 미디 (Midi)운하 같은 세계적인 도농복합체의 축을 만들 수 있다.

이러한 4대강 이후의 과제에 대한 비전을 국민들에게 설득

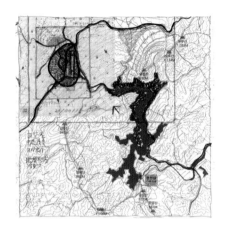

지방권 통합공항과 농수축
산 집합도시 1안 광역 스
케치

하기도 전에 과학벨트와 신공항까지 겹쳐 정
치권이 나선 국론분열과 국토인프라 훼손이
시작되었다. 국가경쟁력 강화와 국가균형발
전을 위해 수도권 집중을 막는 것이 최선의
방법인지, 빠르면 10~20년 안에 통일이 될
그때에는 어떻게 될 것인지에 대한 생각이 전
혀 없다. 우리는 과학벨트와 신공항이 지방권
문제의 근원을 해결하는 대전환의 계기가 될
수 있도록 노력해야 한다.

　20세기 이전의 과학은 뉴턴의 케임브리지대학 실험실 같은
공간에서도 가능했으나 양자역학 이후 현대과학은 중이온가
속기 등 엄청난 비용이 드는 거대한 실험장치가 필수적이다.
현대의학이 의료기기산업의 결합으로 발달하고 있는데, 이같
은 현상이 과학계·산업계에서도 일어나고 있는 것이다. 과학
이 발전하려면 대규모 실험장치들이 필요하고 과학벨트라는
이름하에 어반스케일의 거대 실험장치를 중심으로 과학실험
시설군과 산업현장과 대학을 묶는 것이 정도(正道)다. 과학벨
트는 그 거대한 장치들이 어디 있더라도 서로 연계되도록 하
는 것이 중요하다. 이를테면 카이스트, 키스트(한국과학기술연구
원), 경북대, 포스텍, 부산대가 산업공단과 과학벨트를 공유하
는 것이 중요한데, 이 장치들이 꼭 특정 위치에 있어야 한다고

주장하는 것은 선후를 모르는 일이다. 중이온가속기, 초전도 입자가속기 등이 한군데 모여 있는 예도 없고 그럴 필요도 없다. 필요한 것은 그들의 연계루트다.

한반도의 고속도로는 오로지 수송기능만 있는데도 과포화되어 대부분이 저속도로다. 과학벨트의 어반인프라들을 연계시키기에는 고속철도가 더 효율적일 수 있다. 고속철도에 일반철도와 모노레일의 하드웨어를 조직화하여 과학벨트를 연결하면 국토균형발전과 국가경쟁력 강화를 동시에 이룰 수 있다. 대학, 연구산업단지에 전국의 과학자들이 모이게 되는 것이므로 과학벨트가 꼭 어디에 가야 된다는 말은 무의미해진다. 지금 우선시되어야 할 것은 바로 최첨단 과학장치를 이용할 대학과 산업단지의 연계다.

21세기 신공항은 세계화의 전진기지이고 인간과 물류가 모이는 시장도시이자 공장도시이므로 산학클러스터의 핵심인 과학벨트와 함께 생각해야 한다. 우리 산업 물동량의 대부분이 수출입 물량인데, 그 물량이 들고 나는 곳은 항만과 공항 두군데다. 첨단산업제품인 고가품은 대부분 비행기로 들어오고 장치산업의 하드 인더스트리 제품은 배로 들어오며 특히 가장 큰 물동량인 석유와 곡물은 항만으로 들어올 수밖에 없다. 공항으로 에너지와 식량을 싣고 올 수는 없지만 사람들은 공항으로만 움직인다. 지방권 신공항은 부산신항과 연결되어

1967년에 참여한 김포국제공항 조감도(위)와 마스터플랜(아래)

2500만 지방권이 세계로 향하는 관문이 되어야 한다.

나는 1967년 김포국제공항 마스터플랜에 참여하면서 국토경영에서 국제공항의 역할을 배울 기회가 있었다. 또한 1980년대 베네찌아 신공항 설계에 관여하고 이후 인천 공항도시 안을 만들면서 2500만 지방권 경제권역에서 국제공항의 역할을 오래 생각해왔다. 지방권 독립의 필수요소는 인천공항 못지않은 국제공항이다. 인천공항은 수도권 서쪽에 있다. 부산 사람은 해외로 가려면 휴전선 부근의 공항까지 와야 하는 셈이다. 이러한 구도가 지속되는 한 수도권의 예속을 벗어나기

힘들다. 하늘과 땅과 바다의 흐름을 장악할 때 지방권 국토인
프라가 완성되는 것이다.

문제는 지방권 신공항이 지방권 정치사업으로 전락하여 항
만 및 철도와 연계되지 않은 채 진행되었다는 점이다. 더군다
나 이를 주도한 이들이 또다시 '동남권 신공항' 또는 '남부권
신공항'을 위해 나서고 있다. 국제공항이라는 이름의 청주, 무
안, 대구, 양양의 공항은 부끄러울 정도로 이용률이 낮다. 과
다·중복투자된 지방권 공항이 항공수요를 훨씬 웃도는 것이
다. 그런데도 현 정부는 2007년 대선 당시 공항을 중심으로
철도, 고속철도, 항만을 연계한 지방권 교통네트워크를 구축
하는 대신 그나마 역할을 하는 김해공항을 없애고 거제도나
밀양에 새로운 공항을 지으려는 비상식적인 계획을 공약으로
내세웠다. 이후 대통령이 사과하고 이를 철회했으나 또다시
정치권이 이를 거론하고 있다.

이번 대선주자들은 경제민주화와 함께, 세계 경제위기 속
에서 국가 성장동력을 다시 키우기 위해 지방권을 제2수도권
화하는 국토인프라 개혁에 나서야 한다. 2500만 인구인 지방
권에 수도권 버금가는 국토인프라를 건설하는 것이 수도권과
지방권 동반성장과 경제민주화를 이루는 길이다. 지방권을
독립국가 수준으로 격상시키기 위해서는 기존의 도시인프라
를 결집할 수 있도록 자체인구 2500만, 배후인구 1억의 허브
공항을 건설해야 한다. 쾰른, 본, 뮌스터 등의 도시가 있는 독

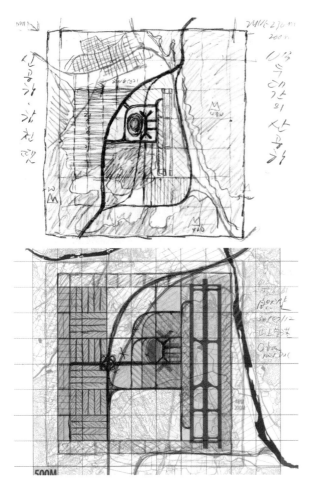

지방권 통합공항과 농수축
산 집합도시 1안 스케치

일 노르트라인-베스트팔렌
주는 유럽의 허브공항인 프
랑크푸르트공항을 대체한
뒤셀도르프공항이 있어 지
방권을 통합할 수 있었다.

1930년대 미국 TVA(테네시
강 유역 개발공사)는 댐건설을
통하여 홍수 방지는 물론 일
자리 창출과 수력발전을 이
룬 다목적 사업이었다. 재정
투입으로 황금알을 낳는 거
위를 만든 것이다. 대부분이
산간지대이고 인구분포가
제각각인 영남, 호남, 충청의
물리적 중간지점은 이러한
사업을 추진하는 데 의미가
없다. 역사와 지리와 인문을
고려한 최적의 자리를 찾아야 한다.

고속철도 건설 당시 8시간 동안 헬기를 타고 한반도 중부지
역을 둘러보았다. 2년 뒤 다시 부산신항 배후도시 설계 일로
남부해안 지역을 6시간 동안 헬기에서 내려다보면서, 지방권
세계화를 이룰 수 있는 지방권 통합공항의 입지를 찾아보았

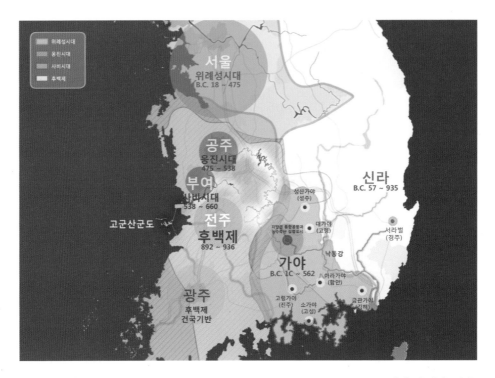

지도 내 텍스트:

위례성시대
웅진시대
사비시대
후백제

서울
위례성시대
B.C. 18 ~ 475

공주
웅진시대
475 ~ 538

부여
사비시대
538 ~ 660

전주
후백제
892 ~ 936

광주
후백제
건국기반

고군산군도

신라
B.C. 57 ~ 935

성산가야
(성주)

대가야
(고령)

서라벌
(경주)

지방권 통합환경
농수축산 집합도시

낙동강

가야
B.C. 1C ~ 562

아라가야
(함안)

고령가야
(진주)

소가야
(고성)

금관가야
(김해)

다. 산으로 뒤덮인 가야산 일대를 내려다보던 중 산상의 희한한 고원지대가 눈에 띄었다. 백두대간과 낙동강 상류, 88올림픽고속도로가 만나는 덕유산과 지리산과 가야산 일대를 날며 영호남과 충청 지방분권정부의 지방권 통합공항이 설 자리가 '바로 저 곳이다'라는 생각이 섬광처럼 다가왔다. 88올림픽고속도로와 대전-통영간 고속도로가 열십자로 만나고 도농복합 도시건설에 필수적인 물이 가득한 합천댐과 용담댐 인근이다.

2500만 지방권 통합공항은 8조에 달하는 거대한 투자지만

1500여년 전 신라, 가야, 백제가 정립(鼎立)하던 삼한 고지도 위의 지방권 통합공항과 농수축산 복합도시. 지방권 통합공항의 입지는 삼국이 얽혀 있던 서(西)가야 일대가 역사·지리·인문 등 모든 관점에서 적합하다.

여객과 화물수요만으로는 경제성이 모자란다. 의외의 항공수요를 창출해내지 못한다면 또 하나의 중복투자가 될 것이다.

농수축산업의 혁신을 통해 항공수요를 창출해야 한다. 지방권은 국가경제의 두가지 축을 담당하고 있다. 산업공단과 농수축산업이다. 국토의 비중으로 봤을 때 농수축산업의 대부분을 지방권이 담당하고 있다.

산업공단의 경우는 물류 흐름에 따라 고속도로, 국도 등이 주변항만으로 긴밀하게 연결되어 있는 데 비해 농수축산업은 인프라가 전무하다시피 하다. 거대한 집합을 이루고 있는 산업공단과 달리 농수축산업은 조직화되지 못한 채 농부 개개인에 의해 생산이 이루어지며, 농업생활력의 증진과 농민의 경제·사회적 지위 향상을 위해 만들어졌다는 농협은 자금지원 정도의 역할을 할 뿐이다.

우리의 경우 농수축산업에서 가장 중요한 생산지와 소비처를 잇는 인프라 구축이 미비하다. 각지의 농수축산물이 시장으로 가려면 지방국도를 지나 인터체인지가 있는 대도시를 거쳐 고속도로를 이용해야 하는 상황이다. 전세계적으로 FTA가 확대되고 있는 상황에서 많은 시간과 비용을 투자해 소비자에게 전달되는 지금의 씨스템을 혁명적으로 변화시키지 못한다면 우리 농축산업은 궤멸하게 될 것이다. 농정의 기본이 '폐농(廢農) 권장'이라는 어이없는 현실을 뒤집을 수 있는 제1안은 운송인프라 혁신이다.

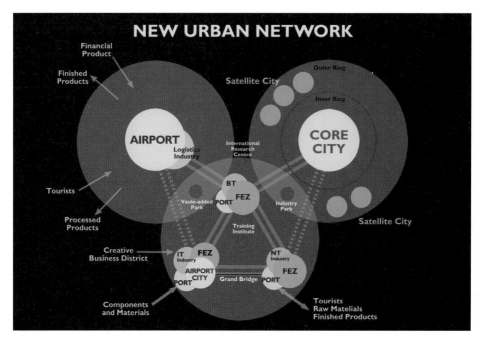

신선한 고부가가치 식품 수출을 위해서는 시간이 걸리는 해상운송보다 항공운송이 유리하며 절대적으로 필요하기까지 하다. 안전하고 품질 좋은 식품에 대한 수요가 엄청나게 늘어난 중국과 후꾸시마 원전 방사능 유출 이후로 한국식품에 대한 수요가 급증하는 일본시장에 우리 농수산물이 수출된다면 농업도 살고 지역균형발전도 이루어지며 그 자체로 엄청난 고용을 이룰 수 있다.

금수강산의 고품질 농수축산물이 해외시장으로 나가기 위해서는 유통체계를 혁신해야 한다. 지방권을 횡으로 가로지르는 88올림픽고속도로와 종으로 가로지르는 대전-통영간

공항, 주변도시 및 자유경제구역의 어반네트워크 개념도

60 제1부 2013 대통령 프로젝트

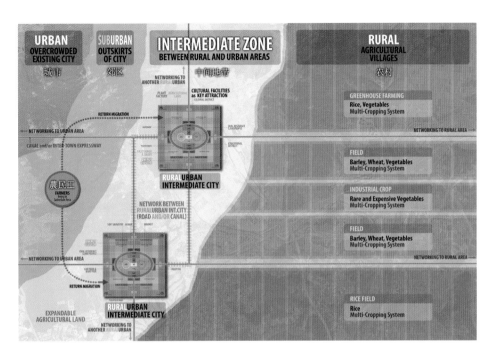

도시와 농촌 사이에 위치
하는 도농복합 중간도시
개념도

고속도로는 이용률이 저조하다. 두 고속도로를 완전히 혁신
해야 한다. 88올림픽고속도로와 대전-통영간 고속도로를 준
고속도로로 바꿔 인터체인지를 거치지 않고도 농어촌에서 바
로 접근할 수 있게 한다면 남한 농수축산물의 집하로가 될 수
있다. 물론 모든 차량이 중간에서 진입하는 것은 무리다. 경운
기 다음 단계의 농수축산용 교통수단을 개발해서 그것에 한
해 접근하도록 한다. 경운기보다 속도가 빠르고 농수축산물
을 저장할 수 있는 새로운 다목적 교통수단을 만들면 우리 농
어촌에서 이용할 수 있을 뿐 아니라 세계로 수출할 수 있다.

지방권 통합공항 옆에 농수축산 집합도시를 두고, 새로운 교통수단을 통해 도착한 각지의 농수축산을 분류하여 저장하고 가공·포장하여 수출해야 한다. 경매시장을 만들어 해외 각지의 바이어들이 직접 찾아와 경매에 참여한 뒤 바로 비행기로 싣고 가도록 하고 중국과 일본 등의 판매지를 확보하여 주문농사를 통해 부가가치를 높이고 세계적 유통망을 구축하여 공항 전체가 공장·시장이 되는 농수축산 공항도시를 이루는 것이다.

KTX, 고속도로, 철도 등의 입체망을 통해 대구공항, 김해공항, 무안공항, 청주공항과 지방권 통합공항이 4+1씨스템의 공항군을 구성하며, 기존의 네 국제공항이 아시아권을 담당하고 지방권 통합공항은 유럽·미주권을 담당하면 머지않아 농수축산업의 세계화기지가 될 수 있을 것이다.

농수축산 집합도시의 성공으로 88올림픽고속도로와 대전-통영간 고속도로를 따라 중소규모 식품가공산업이 발달한다면 엄청난 부가가치를 생산할 수 있다. 와인이나 치즈의 명산지를 찾아서 여행을 떠나는 사람이 많듯이 농수축산식품의 수출산업화는 관광산업과 문화산업의 발전까지 이끌어낼 것이다.

지방권 통합공항은 자연스럽게 낙동강, 금강과 이어지게 되는데, 가장 큰 문제가 낙동강 상류의 구미·대구공단이다. 박정희 대통령의 지속불가능한 개발정책이었던 낙동강변의 거대 공단들은 결국 낙동강을 오염시킬 수밖에 없다. 그러나

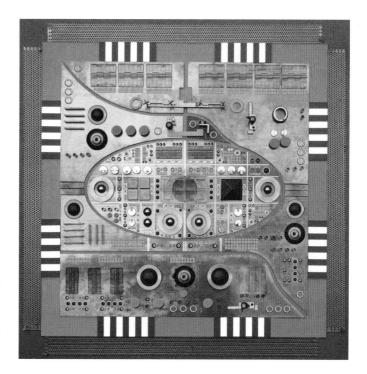

2011년에서 2013년 까지 중국 칭화대학 교수팀과 공동작업 중인 교육·산업시설, 공장, 시장등이 복합된, 도시와 농촌 사이에 위치하는 도농복합 중간도시 모형 1안

낙동강 서측 50~100미터 지점에 나란히 폭 7미터, 깊이 3미터 정도의 서낙동강운하를 만들면 낙동강의 폐수를 단계별로 제어·조정하여 바다로 내보낼 수 있어 기존 구미·대구 일대 공단의 폐수를 정화할 수 있다. 그뿐 아니라 본류 보호에 못지 않게 중요한 요소인 노동인구 수급과 물류의 이동로가 될 수 있다. 또한 성서·성주·달성·고령·칠성 등 공단지역과 창녕·김해·양산 사이에 여의도만한 중간도시-도농복합체를 다섯 개 이상 건설하고 김해공항 측에는 대규모 도시화 토지를 마련할 수 있다. 4대강사업과 달리 낙동강 본류를 보존하는 것

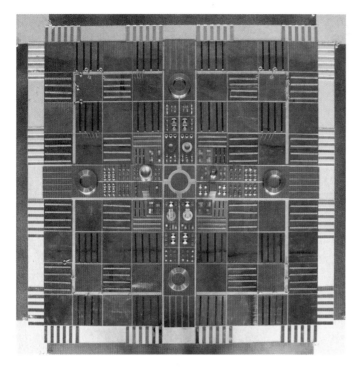

2011년에서 2013년까지 중국 칭화대학 교수팀과 공동작업중인 교육·산업 시설, 공장, 시장등이 복합된, 도시와 농촌 사이에 위치하는 도농복합 중간도시 모형 2안

이 주목적인 만큼 서낙동강운하와 낙동강 사이의 토지는 자연친화적이고 지속가능한, 인간이 만든 천혜의 토지가 되어야 한다. 낙동강과 한강을 연결하여 대규모 컨테이너선이 다니는 대운하로 만들겠다는 이명박정부의 '한반도대운하'와 전혀 다른 구상임은 더 말할 나위 없다.

이러한 생각을, 서울 도시계획국장 때부터 국토구상을 상의해온 이종상(李宗相) 토지공사 사장에게 말하자 운하와 4대강을 모두 살릴 수 있는 절묘한 안이라 하며 토지공사와 공동으로 서낙동강운하에 대해 연구하자고 했다. 학자이면서 공

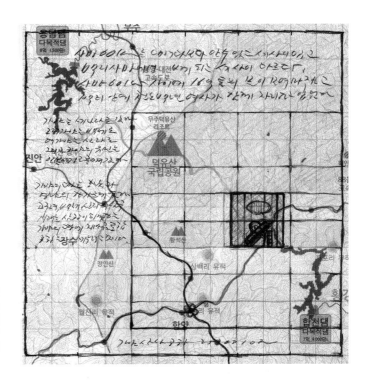

대구-광주간 88올림픽고속도로와 대전-통영간 고속도로의 교차점에 위치하는 지방권 통합공항과 농수축산 집합도시 2안 광역 스케치

무원인 이종상 사장이 흔쾌히 토지공사의 전문연구원을 동원해 우리가 제안한, 서낙동강에서 물금과 합천을 비껴 북상하여 낙동강 상류 옆에 나란히 갈 서낙동강운하를 검토해준 것이다. 아제르바이잔 신수도 설계가 연이어지고 토지공사가 LH공사로 병합되면서 연구는 더 진전되지 않았으나 기본 방향과 틀은 확인된 셈이다.

운하는 고부가가치 물류와 인구가 함께 사용하는 이상적 수상인프라이며 무엇보다 가장 경제적인 교통수단이다. 물류와 인간이 함께 움직일 수 있는 운하변 도농복합체는 창조적

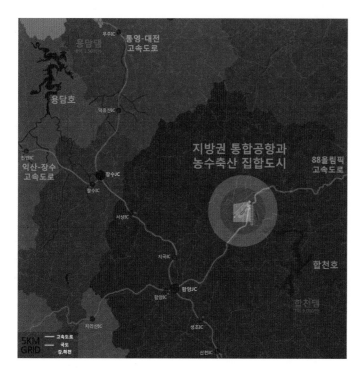

지방권 통합공항과 농수축
산 집합도시 안

신산업에 가장 적합한 공간인 셈이다. 창조적 신산업인 소프
트 인더스트리는 대규모 장치가 아니라 인간이 만드는 산업
이므로 창출하는 고용도 많다. 현대자동차, 삼성전자 등은 아
무리 매출이 늘고 이익이 늘어도 고용이 늘지는 않는다. 고용
이 늘어도 박사급 학자의 고용만 느는 것이다.

　소프트 인더스트리에는 고용이 끝없이 이어지게 되어 있
다. 고용에서 가장 중요한 점은 사방에서 노동자, 학자들이 쉽
게 올 수 있어야 한다는 것이다. 사람이 모이려면 고속철도와
운하만한 것이 없다. 구미공단, 대구공단과 부산신항 배후공

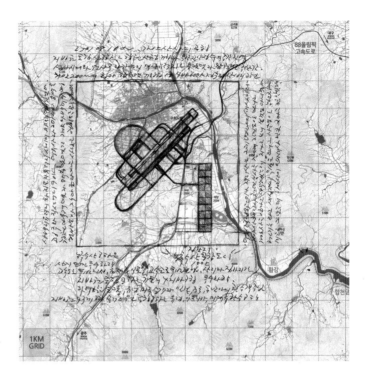

지방권 통합공항과 농수축
산 집합도시 스케치 안

단을 잇는 운하가 생겨야 낙동강이 보존된다.

부산, 대구 사이 영남 일대의 가장 큰 문제는 농업인구가 도
시로 쏟아져왔으나 정작 일할 곳도 거처할 곳도 없게 된 일이
다. 한때는 장치산업이 농업인구를 받아들였다. 울산에는 전
국에서 노동자들이 몰려왔기에 비영남 인구가 30퍼센트를 넘
는다는 통계가 있다. 그러나 하드웨어 중심인 장치산업의 시
대가 지나고 도래한 소프트 인더스트리 시대에는 사람과 물
류가 쉽게 접근할 수 있는 교통장치가 중요하다. 고속철도와
운하가 결합하면 편리하고 값도 싸다. 대서양으로 흐르는 가

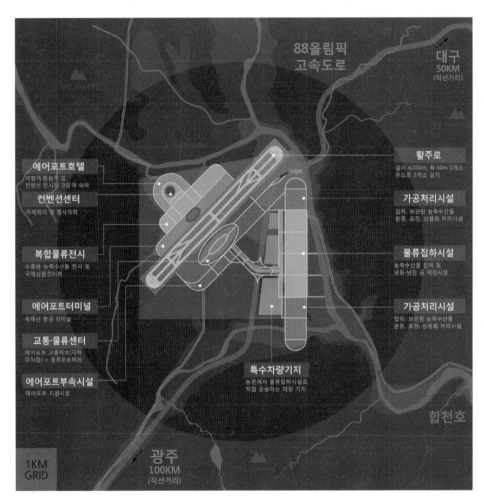

에어포트호텔
여행객 환승객 및
컨벤션 전시장 관광객 숙박

컨벤션센터
국제회의 및 행사개최

복합물류전시
수출용 농축수산물 전시 및
국제상품전시회

에어포트터미널
국제선 항공 터미널

교통·물류센터
에어포트 교통허브(지하
주차장) + 물류운송허브

에어포트부속시설
에어포트 지원시설

활주로
길이 4,000m, 폭 60m 1개소
유도로 2개소 설치

가공처리시설
집하, 보관된 농축수산물
분류, 포장, 상품화 처리시설

물류집하시설
농축수산물 집하 및
냉동·냉장 등 저장시설

가공처리시설
집하, 보관된 농축수산물
분류, 포장, 상품화 처리시설

특수차량기지
농촌에서 물류집하시설로
직접 운송하는 차량 기지

88올림픽
고속도로

대구
50KM
(직선거리)

광주
100KM
(직선거리)

합천호

1KM
GRID

론강과 지중해를 잇는 프랑스의 미디운하가 한반도 강과 운하의 모델이 될 수 있다. 그러한 시각으로 지방권 통합공항 문제에 접근하고 지방권 통합공항이 서낙동강운하와 고속철도와 함께 과학 어반링크를 이루어 도농복합 신도시들을 만들

대구-광주간 88올림픽고
속도로와 대전-통영간 고
속도로의 교차점에 위치하
는 지방권 통합공항과 농
수축산 집합도시 1안

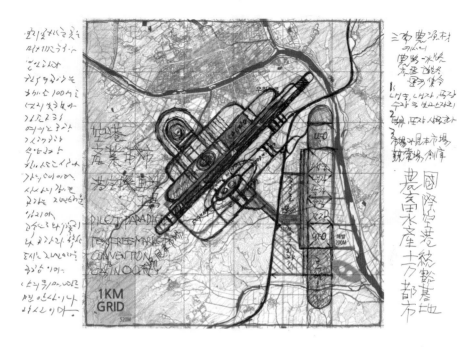

지방권 통합공항과 농수축
산 집합도시 2안 스케치

면 장치산업을 넘어서는 고용을 창출할 수 있다.

현재 우리 수출의 3분의 2는 장치산업이지만 장치산업의
고용은 3분의 1 미만이다. 더 많은 고용을 창출할 소프트 인더
스트리의 핵심인 과학벨트를 머리로 하고 대학과 산업단지를
거대한 양날개로 하는 알바트로스 같은 형태를 만드는 것이
국가균형발전의 핵심이다. 과학벨트는 충청과 영호남의 머리
에 있어야 하고 신공항은 그 몸통에 있어야 한다. 가덕도와 밀
양은 영남권만을 위한 지방공항일 수밖에 없다. 반면에 인천
공항은 황해라는 6억 공동체의 중심에 있는 동북아 허브공항
이다. 지방권 통합공항도 그래야 한다.

지방권 통합공항은 대전, 대구, 광주, 부산과는 고속철도로 한시간 이내에 연결되어야 한다. 경비행기를 이용할 수도 있다. O-Bahn을 개입시켜 88올림픽고속도로를 입체화하고 서낙동강운하를 통해 지방권 통합공항과 부산신항이 바로 연결되도록 하면 광역시와 공항과 항만이 연결되는 라인에 새로운 신공항 토지군이 창출되고 도농복합 중간도시가 들어설 수 있다. 21세기 최고 산업은 공항-항만 복합도시가 될 것이다. 20세기 중반까지 뉴욕과 런던이 항만으로 세계 최대 시장이 됐듯이 이제는 세계의 고부가 물류의 중심지인 공항이 공장이자 시장이 되어가고 있는 것이다.

항만과 공항이 묶여 있는 경우는 아직 드물지만 21세기 공항의 복합도시화는 필연적이다. 국제공항은 국제항만, 거대도시군과 어반링크를 이룰 때 도시집합력을 극대화할 수 있다. 유럽 각지의 배후수송체계로서 연계가 원활한 로테르담항은 거대한 물량의 환적과 고부가가치 물류업을 통해 스키폴공항을 날개로 북유럽을 지배하는 공항-항만도시를 이루었다. 인천공항은 인천항의 조수간만의 차가 커 공항-항만 통합도시로는 부적격하지만 인천공항의 입지가 워낙 뛰어나 한반도와 동북3성의 허브공항이 될 수 있었다. 영호남과 충청의 3남 통합공항은 인천항과는 비교가 안 되는 부산신항을 갖고 있다. 지방권 통합공항이 부산신항과 연계되어 공항-항만도시를 만들면 제2의 인천공항이 될 수 있다. 지방권 1차인구 2500만

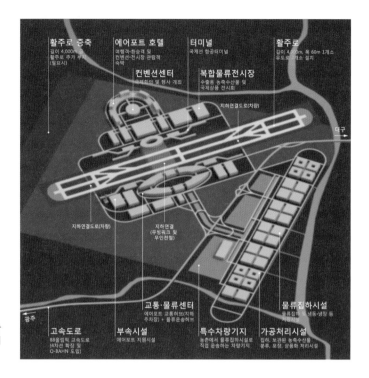

지방권 통합공항과 농수축산 집합도시 2안의 3D 배치개념도

과 중국대륙 동남해안과 일본열도 서남해안의 2차인구 1억을 집합할 수 있는 허브공항이 부산신항과 짝을 이루면 로테르담항과 스키폴공항만한 도시력을 가진 경제권역을 이루어 지방권의 정치·경제·문화의 중심이 될 수 있는 것이다.

　　지방권 통합공항과 과학벨트가 선형의 어반링크를 이루게 되려면 지금까지 우리가 만들어온 고속철도 그리고 3절에서 더 자세히 설명할 서낙동강운하와 결합하여 소프트 인더스트리가 모이는 삼합(三合)을 이루어낼 수 있다. 이제는 공항이 시장이 되고 공장이 되는 신공항 입지를 생각해야 한다. 국가인프라를 정치공학적으로 생각하면 안 된다. 국토인프라는 한번 잘못하면 돌이킬 수 없다. 과학벨트와 신공항에 지역이 기주의와 선거가 중요변수로 작용하면 지속불가능한 길로 갈 수밖에 없다.

우리가 이룬 경제성장의 성과를 오래 지속시키고 민주적 복지사회를 이루려면 대기업, 장치산업 위주의 산업클러스터형 하드 인더스트리를 지식산업 위주의 소프트 인더스트리로 바꾸어내야 한다. 과학벨트와 신공항은 이를 위한 혁신의 계기가 될 것이며, 이로써 국토인프라는 10년 안에 한 단계 업그레이드될 것이다. 신공항과 과학벨트에 대해서만은 정치논리보다는 역사와 지리와 인문의 근원적인 관점에서 접근해야 하는 이유가 여기에 있다.

2. 세종시 제3의 길

[지방분권정부]

2002년 대선에서 노무현 후보가 수도이전을 내선공약으로 내건 이후 10년 동안 나라가 시끄러웠다. 수도이전 계획은 결국 위헌판결을 받았고 대통령 탄핵 시도의 한 이유가 되었으며 총리가 그만두는 계기가 되기도 했다. 이를 통해 이룬 것은 고작 과천청사의 이전이다.

남북통일을 전제하여 한반도가 웅비하려면 수도권·이북권·이남권의 삼합지계를 이루는 상징적 삼국시대로 돌아가야 한다. 개성-서울 중심의 수도권과 평양 중심의 이북권과 함께 세종시를 중심으로 한 이남 지방권의 삼합이 이루어져야 한다. 2000만평의 토지를 확보했지만 대부분의 땅이 방치된 채 대안이 없는 세종시를 이남 지방권 수도로 도약시키자는 것이 한반도 삼합 구상이다.

세종시가 지방권 통합수도가 되려면 주요 국가기능이 내려가야 하고 지방권이 동북아시아의 국가단위로서 대표성을 지니도록 해야 한다. 국회와 국가상징광장, 지방권 수도청을 중심축으로 동아시아 문화·과학지구가 들어서야 한다. 또한 국립대학 통합본부가 들어서서 국립대학군이 동아시아 교육과학 중심이 되도록 다국적 교육도시를 만들어야 한다. 이것이 세종시가 가야 할 제3의 길이다.

수도권과 지방권의 격차가 갈수록 벌어지고 있는 것을 알면서도 속수무책이었다. 참여정부 시기 국토균형발전이라는 이름으로 수도이전이라는 극단적 방법을 택했으나 실패로 끝났다. 서울의 정치권력을 물리적으로 분산하여 지방권 발전을 이룰 수 있다고 본 아마추어 수준의 발상과 천년 수도의 이전이 불가능하다는 것을 알지 못한 무모함이 실패의 원인이었다. 그러나 문제제기만은 시의적절했다.

수도권의 주요 기능을 지방에 이전해도 지방권 광역도시가 수도권에 종속되어서는 국토균형발전의 성과가 있을 수 없다. 세종시, 새만금, J프로젝트, 동남권 신공항 등이 정치적 선심사업에 그치고 만 이유가 여기에 있다.

모스끄바에서 쌍뜨뻬쩨르부르그로 수도를 옮긴 뾰뜨르대

황해도시공동체. 동북아시아 다섯 메트로폴리스와 열 어반클러스터

제 같은 원대한 혁신의지와 완벽한 도시설계가 없는 한 5년 단임 대통령제하의 수도이전 구상은 좌절할 수밖에 없다. 현실의 흐름을 거스르는 역사인식과 자기환상은 국민의 동의를 얻었다 해도 결과적으로 실패할 수밖에 없다. 그러나 수도이

전이라는 말까지 나오게 한 국토불균형은 분명 문제다. 여전히 계속되고 있는 서울 중심의 국가인프라 투자로 수도권과 지방권의 불균형이 더욱더 심화되고 있는 상황에서 새로운 국면으로의 대전환이 필요하다.

한양 천도 이후 구체적 수도이전 계획은 1967년 박대통령이 주도한 여의도 신도시라고 할 수 있다. 광해군의 교하 천도론과 정조의 수원화성을 예로 드는 사람이 있으나 광해군의 교하 천도는 구체적 계획이 없는 기획단계에서 끝난 일이고, 수원화성은 도시 설계는 없이 정조가 사도세자의 묘를 이전하고 왕권 강화를 위해 군사목적의 도성을 쌓은 것뿐이다.

여의도 계획 당시는 기득권 세력이 사대문안 토지를 장악하고 있을 때라 국유지인 한강과 여의도를 개발하여 국민의 것으로 만드는 일이 시대정신이라는 것이 박대통령의 판단이었다.

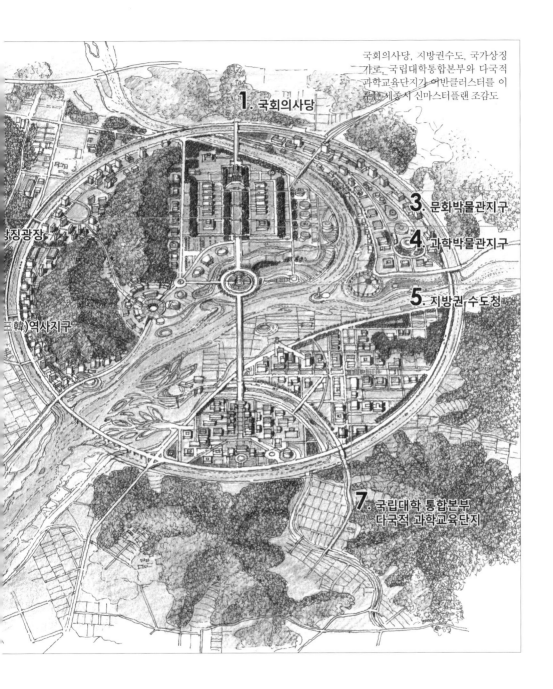

국회의사당, 지방권수도, 국가상징
가로, 국립대학통합본부와 다국적
과학교육단지가 어반클러스터를 이
루는 세종시 신마스터플랜 조감도

1. 국회의사당

3. 문화박물관지구

4. 과학박물관지구

5. 지방권 수도청

상징광장

(□ 韓) 역사지구

7. 국립대학 통합본부
다국적 과학교육단지

나는 이에 공감하여 3년간 혼신의 힘을 다해 여의도 계획을 만들어냈다. 삼권분립의 두 축인 국회의사당과 대법원을 여의도로 옮기고 시청사를 이전하여 국회 축과 시청·대법원 축이 여의도의 동서를 가로지르는 두 중심가로가 되도록 계획했다. 국회, 대법원, 시청까지 이전하기로 한 제2수도 여의도 땅을 평당 8000원에 분양했는데 찾아온 곳은 천주교와 순복음교회뿐이었다. 기득권 세력에 철저하게 외면당한 것이다.

충청권 제2수도는 박정희 대통령의 두번째 수도이전 프로젝트였다. 서울이 휴전선과 너무 가깝고 서울·수도권으로의 인구집중이 과하니 금강 상류에 제2수도를 건설하고 통일이 되면 다시 서울로 돌아온다는 것이 유신수도의 골자였다.

여의도 계획에 감동하고 동의하여 몸을 던져 일했으나 충청권 수도 때는 쿠웨이트 신도시 국제현상에 당선한 때라 리야드에 압둘 아지즈 메디컬센터, 사우디아라비아의 지다(젯다)에 지다빌딩 등을 설계하고 있어 참여할 수 없었다. 더구나 언제 통일이 될지 모르는 상황에서 20년에 걸쳐 임시수도를 건설하고 통일 후 서울로 돌아가겠다는 것은 앞뒤가 맞지 않는 말이었다. 임시수도에 참여할 이유가 없다고 보고 중동 도시설계 일을 계속했다. 중동건설에 참여하고자 하는 주요 대기업이 우리와 함께 일하고자 하여 대림산업과 알코바 신도시를, 대한전선과는 리야드 상업도시를 설계하고 있었다. 신수도에 행정부만 가서는 본래의 취지에 맞지 않는다며 박대

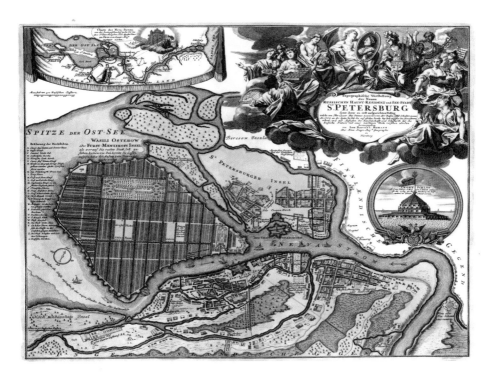

러시아는 유럽으로 바로
가기 위해 발틱해 네바강
하구에 바다와 땅을 하나
로 한 신도시 상뜨뻬쩨르
부르그를 건설한다. 상뜨
뻬쩨르부르그의 고지도를
고서점에서 찾았다.

통령이 대기업 이주를 결정하자 대기업들이 우리를 찾아와
업무지구 계획을 담당했다. 그런데 진행 중인 안을 보니 기본
구상 자체가 초보 수준이라 과연 될까 싶었다. 산업이나 인구
를 유입할 정책도 마련되지 않았으며 통일 후의 계획도 없었
다. 그러던 중 박대통령이 서거하여 신수도 계획이 백지화된
것이다.

2002년 대선에서 노무현(盧武鉉) 후보가 수도이전을 공약
으로 내걸고 자문을 구했다. "유신 당시 신수도는 독재정권이
었기 때문에 가능한 일이었다. 세계 어디에도 천년 수도를 옮

긴 일은 없었다. 40킬로미터 거리의 개성과 한양은 하나의 도시권역으로 봐야 하므로 한 도시의 천도였을 뿐 도시권역의 천도라고는 볼 수 없다. 한반도의 틀이 갖춰진 고려 이후 천년을 지속한 수도를 옮기는 것은 있을 수 없는 일이다. 계획에만 10년 이상 걸리는 신수도를 5년 단임 대통령제하에서 시도한다는 것은 불가능한 일이니 공약을 거두라"고 했지만 그들에겐 충청권 표가 걸린 문제였다. 윤여준(尹汝雋) 의원이 모시고 온 이회창(李會昌) 후보에게는 세시간 동안 "쌍뜨뻬쩨르부르그는 뾰뜨르대제가 러시아의 모든 공사를 중단하고 18만명의 목숨을 희생해가면서 20년 동안 기본틀만 이루었다. 수도이전은 역사·지리·인문적 필연성도 없을뿐더러 현실적으로 불가능하다"고 설명하고 "이미 판이 벌어진 새만금, 부산신항, 신공항, 고속철도 등 지방권 국정사업을 먼저 해서 지방분권을 이루는 길이 수도이전보다 옳은 길이다"라며 설득했다. 설명을 들은 뒤 일주일마다 오겠다더니 무소식이었다.

수도이전을 공약한 노무현 후보가 대선에서 당선됐다. 신수도가 연기군으로 결정, 발표되던 날 국가경쟁력위원회에서 '수도이전 불가론'을 발표한 것이 내가 세종시에 대해 공식적으로 처음 나선 일이다. 강경식(美慶植), 이경식(李經植) 전 부총리와 양수길(楊秀吉) 위원장, 심대평(沈大平) 당시 충남지사 등이 참석한 자리에서 수도분할이 한반도의 역사·지리·인문으로 보아 가능하지도 않고 해서도 안 되는 일이라는 것을

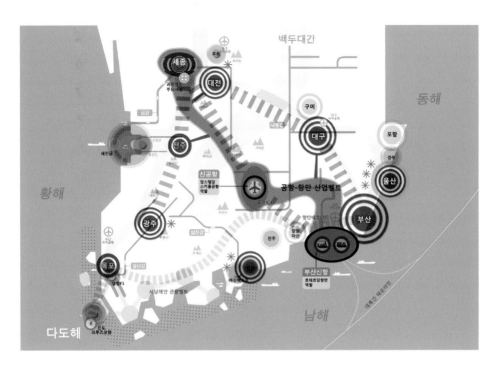

지방분권을 이루는 세종
시-통합공항-부산신항을
잇는 어반링크 1안

한반도의 역사와 지리, 한민족의 인문학적 배경을 들어 설명
했다. 신수도 입지가 발표된 날 '수도이전 不可'를 설득한 것
이다.

　신수도가 헌법재판소의 위헌판결을 받았을 때는 정부가 이
미 천도를 목적으로 2000만평의 땅을 산 뒤였다. 수도이전을
반대하며 의원직을 사퇴한 박세일(朴世逸) 교수와 이각범(李
珏範) 교수, 최상철(崔相哲) 교수, 서경석(徐京錫) 목사 등이 참
석한 가운데 '不可不 可'하게 된 상황에서 나는 '행정수도 대
안'을 발표했다. "대선공약을 살리고 충청도민에게도 의미있

는 국가사업이 되려면 수도권 통치기구를 끌어오는 것보다는 국가를 대표하는 문화인프라가 세종시로 와야 한다. 행정부처 이전 대신에 수도권에서 이룰 수 없던 대학교육 개혁과 신과학벨트의 중심도시로 발전시킬 것을 제안했다. 이를 위해서는 200만평의 땅이면 충분하니 나머지 땅은 계약을 해지해야 한다"고 연설하던 중 청중 가운데 충청도민들이 크게 반발하는 것을 보게 되었다. 보상금 때문이었다. 지역민들 눈에는 먼 훗날의 국가대계보다는 당장의 보상금과 사업비가 중요하다는 것을 새삼 느꼈다. 결국에는 수도이전으로 시작된 일이 다시 수도분할로, 다시 신행정수도로, 또다시 행정중심복합도시로 탈바꿈하고 12부4처2청이 내려가는 것으로 원안이 결정되었다.

이명박정부가 특별경제도시로의 수정안을 제시했으나 원상복귀되고 정부조직 개편으로 9부2처2청이 이전하게 되어 과천청사가 이사하는 형국으로 마무리되었다. 국가의 미래를 위한 계획이 없는 상태에서 정치공학으로 추진된 것으로 어쩌면 당연한 결과라고 하겠다.

로마대학에서 신행정수도가 화제가 되어 특강을 하게 되었을 때 한반도와 중국 동부해안과 일본열도 지방권의 도시공동체의 가능성을 말하며 세종시가 유교권의 상징수도가 된다면 큰 기회가 될 수도 있는 방안을 제시했다. 지방권을 수도권과 상충하는 제2수도로 만든다는 것은 제로썸게임이 될 수밖

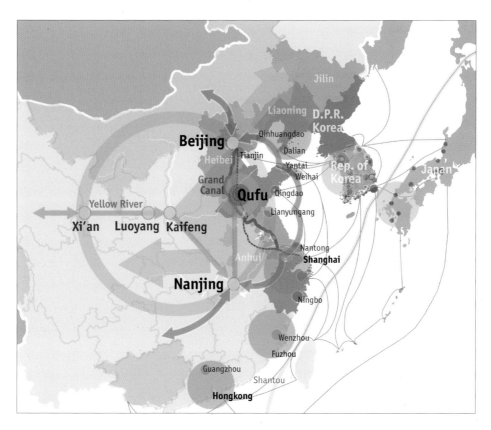

중국의 동부해안과 도시이
동을 보여주는 다이어그램

에 없어 선거가 2년 단위로 반복되는 한 정치가들의 꽃놀이
패가 되게 마련인 것이다.

　나는 신행정수도 대신 중국의 취푸(曲阜) 신도시계획과 예
멘의 아덴 신도시와 아제르바이잔의 바꾸 신도시 설계에 집
중했다. 세종시 계획에 대한 요청은 모두 마다했지만 그대로
두어서는 제2의 새만금이 되리라 생각하여 나름대로 여러가
지 대안은 끊임없이 그려왔다.

한반도와 중국의 관계가 갈수록 깊어질 터인데 한국의 지도자들 대부분이 제대로 중국을 공부한 적이 없고 인적 네트워크도 미미한 상태다. 1997년 하바드대학과 칭화대학의 공동연구로 중국의 도시화를 연구하는 과정에서 중국 현대화의 큰 흐름을 알게 되었다. 멀리는 아편전쟁 때부터, 가까이는 개혁·개방 이후 중국의 중심이 베이징과 시안, 뤄양, 카이펑 등의 중원으로부터 황해연안으로 이동하면서, 중국 동부해안과 한반도와 일본열도 일부가 포함된 6억 인구의 황해연안공동체가 유럽공동체보다 더 유력한 세계경제의 중심이 되어가고 있다. 유럽공동체가 기독교공동체라면 황해공동체는 유교공동체다. 과거 2000년 동안 중국, 일본, 한국의 정신세계가 근거한 유교공동체의 정신적 수도는 명실공히 취푸다. 취푸는 유학의 발원지일 뿐 아니라 중국의 삼황오제(三皇五帝)와 공자(孔子)의 도시이기도 하다.

현대화 과정에서 역사도시 취푸가 파괴되자 중국정부는 역사구역 보존과 신도시 건설을 병행하고자 지닝(濟寧)에 있는 시정부를 취푸로 이전하면서 50만 인구의 신도시를 구도시 외곽에 세우기로 했다. 중국의 성(省)정부는 한반도와 비슷한 규모가 많아 좋은 연구사례이고 취푸 신도시계획은 우리의 신행정도시와 유사한 프로그램이었다. 칭화대학 경제학부 교수들이 도시발전계획을 수립하고 건축원 교수들이 마스터플

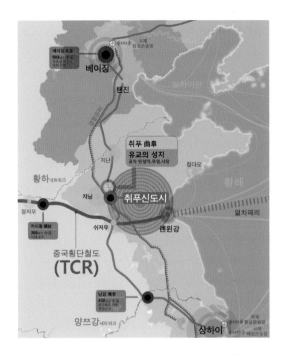

랜을 만들었다. 그러나 그들이 만든 마스터플랜은 취푸라는 세계도시에 걸맞은 철학이나 도시경영을 염두에 두지 않은 보통의 도시계획이었다.

한국의 신행정수도안을 취푸를 모델로 공동 연구해보고자 30년 동안 중국도시학회회장을 연임해온 우 량룽(吳良鏞) 교수에게 "세계문화유산인 취푸 역사도시구역을 보존·보완·복원하는 안도 중

베이징-취푸-상하이를 잇는 고속철도, 경항운하와 중국횡단철도

요하지만 50만 취푸 신도시를 최소 에너지, 최고 효율의 도시로 만들어 21세기 도시로 만드는 일도 중요한 것 같습니다. 한국도 지금 제2수도를 세우려 하는데 단순한 도시가 아닌 21세기의 예언적 도시를 만들어야 할 터이므로 취푸 신도시와 한국의 신수도를 그런 모델로 만들어 세계 도시학계에 화제를 만들어보려 합니다"라고 했더니 훌륭한 생각이라며 취푸와 세종시 특별스튜디오를 만들어주었다. 박사과정 2명, 석사과정 12명의 학생들, 그리고 우 량룽 교수의 파트너인 류 진(劉健) 교수로 팀이 구성되었다. 3000년 역사도시 취푸를 어떻게 할 것인가 하는 것은 류교수 중심으로 칭화대학에서 전담하

고, 취푸 신도시와 세종시 계획은 아키반 서울스튜디오에서 진행했다.

취푸 신도시에 지닝의 성정부가 옮겨오고 5만 인구의 대학이 오고 베이징과 상하이 간의 고속철도 역이 취푸에 서게 되어 있어 그것을 기반으로 50만 인구의 도시를 만들려는 구상이었다. 10만 인구의 정부·대학 중심도시를 중심부에 만들고 외곽에 복수의 인구 10만 신산업도시를 만들어 10만 도시 다섯의 도시연합을 만들고자 했다. 아키반과 칭화대의 취푸 역사도시 개혁안은 2년여에 걸쳐 2회의 전시회와 발표회를 거쳐 책으로 엮어냈고 취푸 신도시 안은 2006년 2월 인민일보의 주최로 조어대(釣魚臺, 댜오위타이)에서 열린 '21세기 중국 전략논단'에서 최종안을 발표했다. 장 쩌민(江澤民) 주석의 지혜 주머니〔智囊〕라 하는 중국사회과학원 류 지(劉吉) 부원장으로부터 중국의 보석을 발견했다는 찬사를 들었고 최고위층에 직접 설명하는 기회를 갖기로 하던 차에 암이 전이되어 더이상 진전시키지 못했다.

1년 뒤 건강이 회복되었을 때 확인해보니 취푸 신도시는 칭화대의 원안대로 진행되고 세종시 역시 서울대 안건혁(安建爀) 교수의 안을 중심으로 이미 시행되고 있었다. '세상은 모두 그렇게 흘러가는 것이구나'라고 생각하며 취푸 신도시와 세종시에 대한 특단의 안을 창고에 보관하고 후일 책으로 정리하기로 하며 마음을 닫았다.

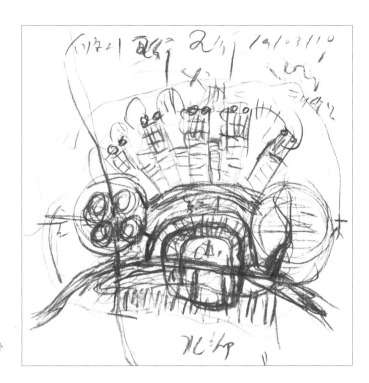

밀라노 병원에서 그린 세종
시 스케치

　그러다가 3년 뒤 다시 세종시 최종안을 만든 것이다.

　한반도의 수도권과 비수도권의 차별과 대립은 도를 넘었
다. 수도권 집중이 가속화되면서 지방권이 몰락해왔지만 수
도권을 축소하여 지방권을 살린 예는 없다. 한편으로는 우리
의 수도권 과잉집중이 세계경쟁력의 원동력이 된 것이므로
지금 와서 서울의 주요기능을 지방으로 이전하는 것은 수도
권의 경쟁력을 약화시키는 일밖에 안 된다. 제2수도가 되려면
수도권으로 출퇴근이 불가능한 위치에 수도권 못지않은 어반

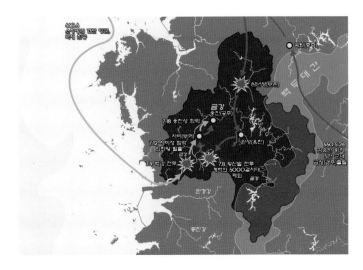

백제, 신라, 당나라가 전쟁
을 벌였던 금강수계와 고지
도

스케일을 갖추어 공기업과 해외합작기업을 유치하는 것이 정
석이다.

우리나라는 삼국시대 때 가장 강성했다. 세 나라로 나뉘어
서로 경쟁할 때 오히려 하나의 국가였던 고려나 조선보다 강
했다. 삼국이 각각 자신과 가까운 중국, 일본의 지방과 연합했
기 때문이다. 고구려는 랴오둥(遼東)반도와 보하이(渤海)만을
지배했고 황해를 제패한 백제는 산둥(山東)성·롄윈강(連雲港)
일대와 경제권역을 형성했고 동남해안의 신라는 일본의 서남
해안 지방과 교류하여 강성한 나라를 이루었다. 중국과 일본
사이에는 한반도밖에 없다. 한반도는 세계 최강의 어반링크
를 이룰 수 있는 곳이다.

중국 천하가 바뀔 때마다 한반도는 우선적 변수였다. 한나
라 때 한사군을 두어 한반도를 지배하다가 고구려에 의해 물

세종시를 중심으로 대덕 연구단지와 연계하여 금강을 중심으로 공주와 부여 사이에 국립대학 통합본부를 두는 세종시-금강 도시 연합안

러난 후, 중국통일을 이룬 수나라는 고구려와의 전쟁에 패하여 당나라로 교체되었다. 청나라는 중국으로 쳐들어가기 전두차례에 걸쳐 우선 조선을 침공했다. 중국과 한국과 일본의 현대사를 바꾼 청일전쟁과 러일전쟁도 한반도를 중심으로 벌어졌고 아시아·태평양전쟁의 마지막 전선도 결국 한반도의 38선으로 이어졌다. 그뿐 아니라 한국전쟁 당시 중국이 사상 최대 규모의 파병으로 이북을 도왔을 만큼 한반도는 미국과 중국의 이해가 뒤얽힌 곳이다. 한반도 통일이 남과 북만이 아니라 미국, 중국, 일본, 러시아 등의 주된 관심사라는 점에서도 한반도의 지정학적 잠재력의 크기를 짐작할 수 있다. 이는 곧 한민족의 기회이자 위기다. 항공이나 고속도로에 주로 의존할 수밖에 없는 유럽과 미국에 비해 바다와 강과 철도로 이어지는 중국과 일본과 한반도는 물류비용과 에너지 절감 차

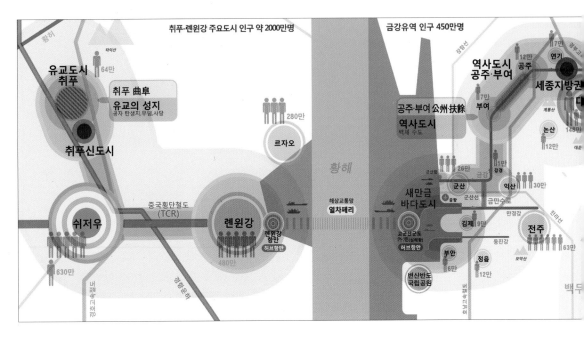

세종시와 취푸시, 새만금-
렌원강 열차페리와 중국횡
단철도 다이어그램

원에서 앞선 경쟁력을 가진 경제권으로 도약할 수 있다.

서울은 한반도를 대표하는 수도이긴 하지만 아직은 남한만
의 수도이고 한반도 제2수도는 실질적으로 평양이다. 이 점을
감안하여 세종시가 수도권과 대응하는 지방권 수도가 되는
안이 특단의 길이 될 수 있다.

뉴욕 타임스퀘어의 인구가 10만 남짓이고 미 서부 실리콘
밸리의 핵심지역 인구도 10만 미만이다. 도시의 핵심을 이루
는 도시권역은 인구 10만을 넘을 수 없다. 세종시가 자립하는
세계도시가 되려면 단일도시가 아니라 복수의 10만 도시가
답이다. 10만 인구의 도시특구 셋을 만들고 그 도시들을 세계

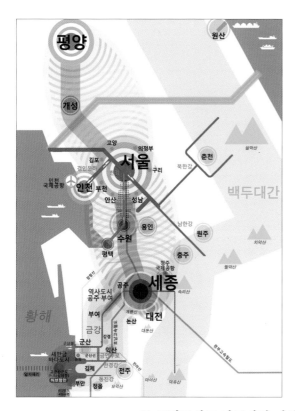

평양-서울-세종시-새만
금 어반링크

화할 수 있는 10만 인구의 중심
도시를 만들면 40만 인구의 자
립도시가 가능하다.

　내가 관여했던 베이징 외곽의
경제특구 BDA가 아직 20년 전
계획의 반도 못 이루고 있는 것
은 중앙정부와 베이징 지방정부
사이에서 이 계획이 헤매고 있
기 때문이다.

국회 이전과 국가문화특구

　인간이 계획하여 만들 수 있
는 도시는 10만을 넘을 수 없다.
인간이 만든 10만 신산업도시
를 특별도시로 만들려면 기본적으로 지방권 수도와 국가문화
특구를 갖추어야 한다. 워싱턴D.C.가 세계도시가 된 것은 국
회, 행정부 등이 차지한 정부구역과 국가적 문화구역인 스미
소니언 박물관이 함께 있기 때문이다. 런던도 국회의사당, 수
상관저, 행정부와 트라팔가광장과 더불어 뮤지컬극장이 밀집
한 웨스트엔드 일대가 있다. 세종시에도 국회의사당과 지방
권 수도청과 자연사박물관, 과학박물관, 한·중·일 박물관 등
국가문화특구가 함께 있도록 해야 한다. 국회는 국가문화인

프라와 결합되어야 진정한 국가중심이 될 수 있다.

워싱턴의 스미소니언과 피렌쩨의 더몰, 빠리의 샹젤리제처럼 정부와 문화시설이 모여 있는 특별도시구역을 세종시에 만들어야 한다. 주요 행정부처의 특별청과 문화인프라를 함께 결집시켜 지방권 수도를 만들면 누가 보든 광화문과 시청 일대 못지않은 한반도의 특별도시라고 느낄 것이다.

황해공동체 조선·철도 교통산업도시

중국 횡단철도의 기점인 롄윈강과 새만금을 연결하면 천하의 요충이 될 수 있다. 새만금과 롄윈강 사이의 선박과 중국 횡단철도는 대서양과 유럽, 미국과는 다른 항공·철도씨스템과 조운(漕運)기관을 필요로 한다. 광역도시권역은 특유의 교통기관 네트워크를 갖고 있어야 한다. 롄윈강과 새만금 사이에는 유럽의 고속철도망과는 다른, 열차페리 등의 해상교통망을 구성할 수 있고 경항(京杭)대운하와 중국 장강(長江)에서 한국 금강(錦江)에 이르는 조운에는 특유의 선박과 항만이 필요하다. 도시권마다 자립가능한 교통기관을 만드는 일이 도시녹색산업의 요체다. 베네찌아에는 27가지의 배가 있다. 황해와 장강, 새만금과 금강에는 100종류 이상의 배가 필요하다.

배와 철도를 연결하는 것이 교통연계의 꽃이다. 배와 철도는 에너지가 가장 적게 드는 녹색 교통망이다. 녹색 교통망의 도구인 배와 철도를 만들어 대학과 연구소와 세계적인 기업

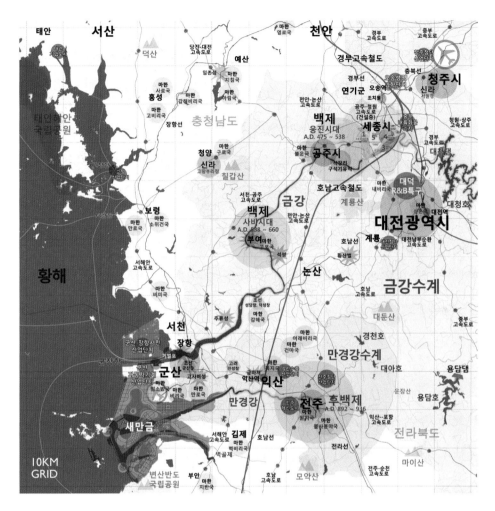

금강수계, 만경강수계와
1500년 역사를 포함하는
세종시-금강-새만금 어반
링크 그리고 부여-공주 역
사회랑

들이 모이게 해야 한다. 중국과 한국 기술자로 구성된 10만 인
구의 조선·철도제조 씨스템 도시는 황해와 장강, 새만금과 금
강이 있어 가능하다.

한마디로 10년 뒤 황해와 장강과 새만금과 금강을 오가는

배와 철도를 제조하는 도시로 만들자는 것이다. 황해와 장강, 새만금과 금강 일대의 선박과 철도 산업만으로도 10만 인구는 할 일이 많다.

과학기술·교육도시

한국과 중국이 협력해서 과학인프라와 교육인프라를 만든 일은 아직까지 없었다. 국가협력의 첨경은 공동의 과학기관과 교육기관 설립이다. 중국과 한국이 세계의 학자, 작가들이 모일 과학교육인프라인 대학과 연구소를 100여개는 만들어야 한다. 영어와 한국어와 중국어가 공용되는 다국적대학은 세종시의 꽃이 될 것이다. 칭화대와 베이징대의 인구만도 10만이다. 한중 과학기술·교육특구가 10만 인구를 형성하는 일은 칭화대, 베이징대, 서울대, 카이스트가 함께하면 가능하다. 한국과 중국의 공동국립대학과 연구소, 공동문화인프라가 이루어지면 그것만으로 세계적 화제가 될 수 있다.

시장도시

지방권 수도가 40만의 다국적 도시가 되면 10만 인구의 시장도시가 이루어질 수 있다. 금강을 통해 새만금으로 이어지는 농어촌도시회랑은 매해 한국을 찾는 1000만 관광객에게 모처럼 선보일 수 있는 오리엔트 익스프레스가 될 것이다.

10만 인구의 네 핵심특구로 이루어지는 세종시가 금강을

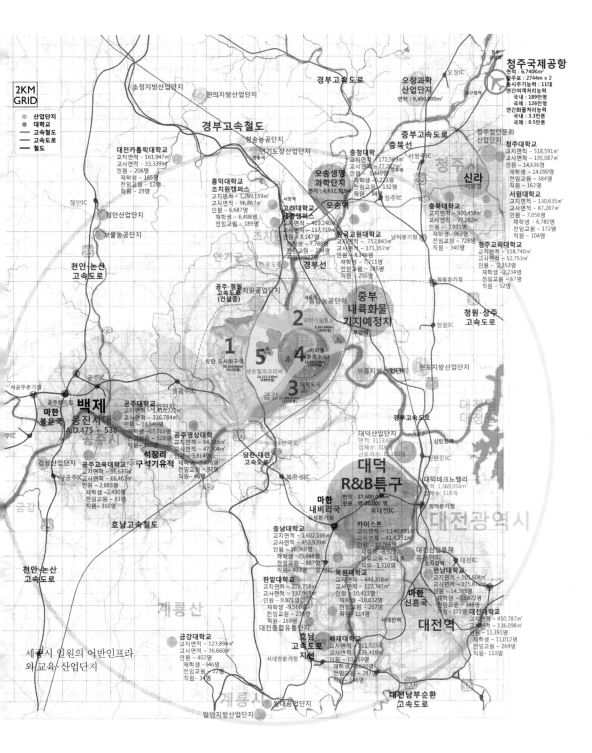

따라 새만금으로 이어지고 여기에 농어촌 기업도시군이 군집하면 익산과 새만금과 렌윈강을 통한 해외 수송루트가 확보된다. 이로써 10만 인구의 시장도시가 세 핵심특구와 함께 40만 도시를 이루고 중심의 세계화 도시구역에 의해 성장동력을 얻을 수 있다. 세종시가 황해를 지나 장강을 따라 중국의 심장부를 지나는 출발점이 되는 만큼 시장도시가 세계적 관광도시로 이어지는 것은 어려운 일이 아니다.

한국의 도시건설과 도시경영 능력이라면 세종시를 21세기의 중국·인도·중동의 도시모델로 만들 수 있다.

네 10만 신산업도시와 국가문화특구

세종시 제2수도안은 남북통일을 대비하고 중국과의 협력 가능성을 극대화하고 수도권과 지방권의 공영을 모색한 안이다. 수도분할이 아니라 수도권과 지방권의 중앙정부 기능을 융합하여 세종시를 지방권 수도로 세우자는 것이다.

세종시가 지방권 수도가 되어 황해와 중국 중원을 잇는 동서축을 이루게 되면 한반도 균형발전의 초석이 될 수 있다. 러시아는 쌍뜨뻬쩨르부르그로 수도를 이전하고 100년 뒤 모스끄바와 양대 수도 체제를 이루었다.

세종시에 하나하나 독립된 도시경영과 도시건설을 이룰 수 있는 10만의 네 도시를 만들어 지방권 수도와 병립케 하는 것이 40만 지방권 수도 건설의 요체다.

세종시 제3의 길 : 신마스터플랜 조감도

문화박물관지구 　국회의사당 　과학박물관지구

해외공관단지 　국가 상징광장 　다국적기업단지

주거 　지방권수도청

삼한역사지구 　다국적과학교육단지 　국립대학 통합본부

세종시 제3의 길: 신마스터
플랜 조감도

　올 12월 대통령선거 때까지 마스터플랜을 만들어 국민의
의견을 수렴하고 실시설계에 들어가면 5년 안에 도시의 기본
틀을 만들 수 있다. 유네스코 세계문화유산으로 지정된 브라
질의 신수도 브라질리아는 대통령 임기 중에 중심부분을 완
성했고 인도 펀자브의 신수도는 네루가 20세기 최고의 도시
설계가인 르꼬르뷔지에(Le Corbusier)를 초청하여 5년 안에
이루었다. 로마를 콘스탄티노플로 옮길 때는 콘스탄티누스
대제가 10년 이상 국정의 중심을 신도시에 쏟았다. 반면 세종

시의 경우는 다른 도시와 비교할 수 없을 정도로 그 과정이 어설펐다. 차관급 행정수도 건설본부장이 현장에 있었고 중앙정부와 대통령은 서울에 앉아 7년 세월을 갑론을박하며 지냈다. 그러다 정운찬 총리가 나서서 신행정수도 대안을 거론한 지 100일도 되지 않아 나온 50만 인구 도시설계는 정부가 레오나르도 다빈치도 실행 불가능한 믿을 수 없는 속도로 진행한 안이라고밖에 볼 수 없다.

국민과 전문가 모두가 납득할 만한 특단의 마스터플랜을 선보여 대선을 통해 국민적 합의를 얻어야 한다. 대통령의 의지와 국민들의 적극적 참여가 무엇보다 중요하다. 대통령이 나서서 한국의 젊은이들을 이끌고 21세기의 신도시를 만들 각오를 하면 세종시를 세계도시로 세울 수 있다.

3. 부산-낙동강 도시연합

[지방분권정부]

군사정부 시절의 경제성장은 경이로웠다. 역사상 놀라운 경제성장을 이룬 스페인, 영국, 미국, 일본보다 더 빠르고 압축적인 성장을 이루었다. 그러나 낙동강 연안과 동남부 해안에서 이루어낸 경제성장은 지속가능한 성장이 아니었다. 30년간 이룬 세계 최고의 경제성장은 자연파괴, 인구이동 교란, 고용 부재로 이어졌다. 대규모 공단은 필연적으로 반자연적일 수밖에 없었고 대규모 장치와 로봇에 의한 산업기계화는 고용과 상관없는 성장으로 농촌을 몰락시켰다. 4대강 중 낙동강은 본류 지역이 이미 도시화되어 있긴 하지만 상류 공단의 폐수로 인해 기존의 도시들이 머지않아 정화능력을 상실할 위기에 처했다.

낙동강은 농수축산물의 거대한 보고다. 지류 상부에 다목적댐이 있으나 낙동강 본류에 거대한 공단이 있고 하구에는 거대한 장치산업 단지와 세계 최대 항만이 자리하고 있다. 부산은 한때 대한민국의 임시수도였으며 일본제국의 대륙진출 첫 길목으로 한반도 교역의 3분의 2를 담당했던 명실상부한 한반도의 관문도시이며 동아시아와 유럽·미대륙 물류가 오가는 세계 최대의 관문도시이기도 하다. 현재 부산 신항과 낙동강의 몰락은 국토인프라 투자가 왜곡되고 도시화 산업이 더이상 지속가능하지 않게 된 상황에서 비롯되었다.

부산-낙동강 도시연합은 지방권 자립과 분권정부의 초석이다. 부산-낙동강 도시연합 비전은 아직 누구도 생각하지 못했다. 이미 부서진 판만 계속 키워온 중앙정부, 지방정부, 정치권을 대신하여 2013년 대통령이 직접 나서야 한다.

'**한**'강과 여의도 마스터플랜'·'사대문안 서울 구조개혁'과 '서울 2000년' 등을 계획한 뒤 남과 북, 한반도 전체에 대해 더 연구하고 싶은 생각이 들어 베이징 칭화대학과 뉴욕 컬럼비아대학원 석·박사과정을 맡았다. 석·박사 과정을 지도하게 되면 지도교수가 주제를 정하고 학생들을 연구조수로 하여 혼자는 할 수 없는 큰 일을 할 수 있게 된다. 그러나 정작 베이징과 뉴욕에 가보니 거대도시들은 이제 도시설계의 단계를 넘어섰다는 것을 알 수 있었다. 뉴욕 대부분의 도시요소는 이미 만들어져 있었다. 100년 전 지하철을 건설하고 브루클린 다리를 만들었다. 거대도시는 그만한 인구를 수용하는 어반인프라를 이미 구축하고 있었다.

해외에서 교수생활을 하면 일주일에 사나흘은 여행을 하

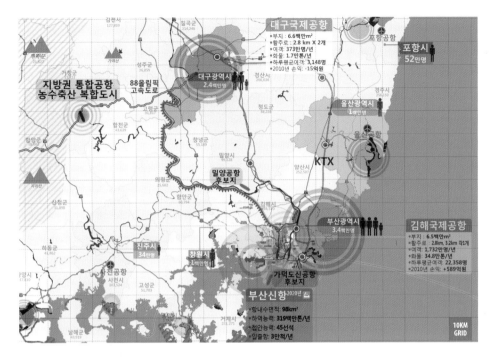

대구국제공항
• 부지: 6.6백만m²
• 활주로: 2.8 km X 2개
• 여객: 373만명/년
• 화물: 1.7만톤/년
• 하루평균여객: 3,148명
• 2010년 손익: -15억원

포항시
52만명

지방권 통합공항
농수축산 복합도시

88올림픽
고속도로

대구광역시
2.4백만명

경산시

울산광역시
1백만명

밀양공항
후보지

KTX

진주시
34만명

부산광역시
3.4백만명

김해국제공항
• 부지: 6.5백만m²
• 활주로: 2.8km, 3.2km 각1개
• 여객: 1,732만명/년
• 화물: 34.8만톤/년
• 하루평균 여객: 22,358명
• 2010년 손익: +589억원

창원시
1백만명

가덕도신공항
후보지

부산신항 2020년
• 항내수면적: 98km²
• 하역능력: 319백만톤/년
• 접안능력: 45선석
• 입출항: 3만척/년

10KM
GRID

신공항-부산신항 어반링크
와 서낙동강 운하

게 된다. 기차를 타고 시카고, 워싱턴까지 가면서 보니 미국
도 유럽도시같이 농촌과 소도시 중심이어서 인구 100만 이상
의 도시가 거의 없었다. 베네찌아에 있을 때는 밀라노, 빠리, 꼬
뜨다쥐르까지 가보았다. 인구 25만의 프랑스 몽뻴리에의 중
심부는 천만도시 서울보다 웅장하고 다양했다. 이딸리아 베
네또 주에는 중심도시 베네찌아가 있고 주변으로 베로나, 빠
도바, 비첸짜, 뜨레비조, 벨루노 등이 풍요로운 도농복합체를
이루고 있다. 농촌에 농업은 물론 농축산업과 특화된 산업이
있으니 당연히 시장이 있고 그들에게 시장은 광장이며 곧 축
제의 장이다. 인구가 적은 농촌이지만 늘 바쁘고 즐겁다. 인구

10만~20만의 도시도 대도시 못지않은 경쟁력과 아름다운 자연을 가진 인간공동체를 만들 수 있는데 왜 우리는 대도시만을 추구해온 것일까. 대도시는 해결해야 할 문제적 인간공동체이지 추구해야 할 대상이 아니다. 진정한 도시설계가라면 농촌과 지방도시를 중심으로 전국을 다루어야 한다는 생각이 들었다.

도시문명 중심의 유럽조차 수도에 인구가 집중하는 일이 거의 없었다. 대영제국에는 수도 런던 못지않은 인구 100만 미만의 지방도시들이 있고 독일에도 인구 50만의 베를린만 한 도시가 소수다. 전세계 대부분의 문명국가가 도시와 농촌이 공존하는 문명을 이루어왔는데 왜 우리는 서울 중심의 나라가 된 것일까. 조선 건국 당시 한양은 세계에서 손꼽히는 큰 도시로 당시 세계도시였던 런던과 빠리의 인구집중도가 서울만 못했다. 문제는 어느 순간 한민족이 모두 서울로 향하면서 그 집중도가 현저히 높아졌다는 점이다. 나도 그런 셈이다. 내가 자란 도시는 밀양인데 밀양에 좋은 중고등학교가 있었다면 대학 가기 전까지 밀양에 살다가 서울로 왔을 것이다. 그랬다면 나의 삶은 지금과 크게 달랐을 테지만 실제로 고등학교 때부터 서울로 올라와 유랑하는 생활이 시작되었다. 그러면서 나 자신의 뿌리였던 지방을 잊게 되었다. 서울집중의 문제는 서울로 가면 자신의 근원을 망각하게 되는 일이다.

서울 유학생이던 내가 서울사람이 되어 1967년 신문회관에서 밀양·부산이 아닌 서울 마스터플랜을 전시했다. 부산보다 서울의 문제를 먼저 해결해야 한반도 문제를 해결할 수 있다고 보았기 때문이다. 그때 서울 마스터플랜을 하며 구상했던 지방권자립안은 서울·수도권에 종속되지 않는 지방권 광역도시였다. 지방권 광역도시가 모두 자신의 역사와 지리에 바탕을 둔 현대화를 이루어야 서울만 바라보는 해바라기 같은 불완전공동체를 넘어설 수 있으리라 생각했다. 6·25전쟁으로 폐허가 된 국가의 획기적 경제성장을 위해 수도권과 몇몇 지방도시에 투자를 집중한 것은 어쩔 수 없다고 생각한다. 울산 산업단지 마스터플랜에 참여하면서는 울산이 한국도시의 모델이 되리라 기대했다. 하지만 50년이 지난 지금의 울산은 서울보다 경제적으로 잘살게 되었을지언정 그외의 모든 면에서는 불완전한 도시이고, 한때 임시수도로 국가 수출의 90퍼센트 이상을 담당하던 400만 도시 부산은 어떤 면에서는 울산보다 못한 변방의 도시가 되고 말았다. 국가경제의 물량적 성장만을 추구하는 사이 지방권은 몰락하고 서울은 블랙홀이 되고 만 것이다.

수도권은 이미 거대도시화했고 지방권은 대도시 변방지역이 되었다. 수도권과 지방권 간의 활발한 이동을 도모하고자 만든 KTX는 현재 서울에서 대전까지 내려간 뒤 대전에서 익산-광주로 이어지는 호남권과 대구-부산으로 이어지는 영남권으로 갈라져, 수도권과 각 지방을 연결할 뿐 지방권 발전책이 되지 못한다. 오히려 KTX로 인해 산업과 대학과 고소득층의 수도권 집중이 가속화되었다. 이제 서울은 어떻게든 굴러갈 것이지만 지방권은 생사의 문제를 겪고 있다. 향후 5년의 최우선적 과제는 2500만 수도권 못지않은 2500만 지방권의 자립과 세계화를 이루는 것이다.

지방권은 광역시를 중심으로 광역시에 종속된 중도시와 농촌형 소도시 그리고 농촌으로 구성되어 있다. 중도시는 전주, 진주, 밀양 등 역사도시와 익산, 광양, 마산 등 공단도시로 나뉜다. 그 아래 소도시들은 행정부처, 소방서 등을 갖추고 최소한의 도시형 삶을 영위하며 나머지 농촌의 중심을 이룬다.

지방권 문제 해결의 기본은 광역시의 구조개혁이다. 대구 마스터플랜을 하면서 보니 광역시 대부분이 성공적인 근대화를 이루지 못한 채 인구만 늘어난 형국이었다. 광역시가 주변의 인간과 물류가 모여드는 중심도시의 역할을 하기 위해서는 공공건축과 어반인프라의 대대적인 혁신이 필수적이고, 각 광역시마다 특성화 학교와 특유의 주거단지를 만들어 문화정체성을 확립해야 한다. 샹젤리제 거리는 빠리의 규모가 대구의 4분의 1에 불과할 때 만들어졌고 오페라하우스는 그 거리가 닦이던 때에 나뽈레옹 3세에 의해 만들어졌다. 반면 한반도의 광역시는 인구 광역시일 뿐 산업이나 문화 면에서는 중소도시만 못하다. 도시의 세 축인 주거, 산업, 문화 중 주

세계로 향한
부산의 세 발전축

I 原부산축

2 東부산축

3 西부산축

1	경부선·경의선과 일본해를 잇는 원부산축
2	동러시아·일본 서부해안과 한반도 동부해안을 잇는 동부산축
3	아시아·유럽·미주를 잇는 대한해협의 동아시아 게이트 서부산축

동아시아 물류항만인 부산
신항을 갖춘 부산이 세계로
진출할 수 있는 세 발전축

거에 있어서만 광역시가 된 것이다.

지방권 광역도시 거의 모두가 고려시대 이전부터 내려온
천년도시다. 그러나 우리의 지방권 광역도시에는 천년역사도
금수강산도 보이지 않는다. 광역시마다의 독특한 역사와 지

리를 복원해야 한다. 또한 교육·과학·문화에 기반을 둔 창조
산업이, 유럽 도농복합체 못지않은 경쟁력을 가진 삼남의 농
수축산업을 기반으로 중소도시의 기존 2차산업과 융합해야
한다. 지방권 자립의 요체는 그 지역에 합당한 특별한 개발계
획을 만드는 데서 시작된다. 나는 『희망의 한반도 프로젝트』
에서 대구를 다룬 바 있으므로(제3부 2장 '경주 통합신도시와 영남
어반클러스터' 참조) 여기서는 특히 부산을 다루고자 한다.

부산의 미래는 세개의 도시중심에서 이루어질 것이다.
미래부산의 첫번째 중심은 경부선과 부관(釜關)연락선을
통해 한반도 관문 역할을 했고 6·25전쟁 때 임시수도이던 원
(原)부산이다. 원부산은 오오사까와 후꾸오까를 잇는 세또나
이까이와 한반도 동남해안 사이 대한해협의 중심도시가 될
수 있는 곳이다.
두번째 미래 부산의 중심은 한반도 동남해안의 광안리와
해운대 일원의 동(東)부산이다. 청일전쟁과 러일전쟁에서 보
듯 한반도의 중국, 일본, 러시아 간 삼각역할은 대단히 중요
하다. 중국 동부해안의 세계화와 시베리아의 자원과 경제대
국 일본은 한반도의 축복이다. 동시베리아의 에너지와 자원
은 유럽과 미국보다 한국·일본·중국으로 가는 것이 비용 면
에서 유리하다. 러시아가 공산블록의 맹주로 세계전략을 펴
고 있을 때는 부산이 제 역할을 못했다. 하지만 공산블록 해체

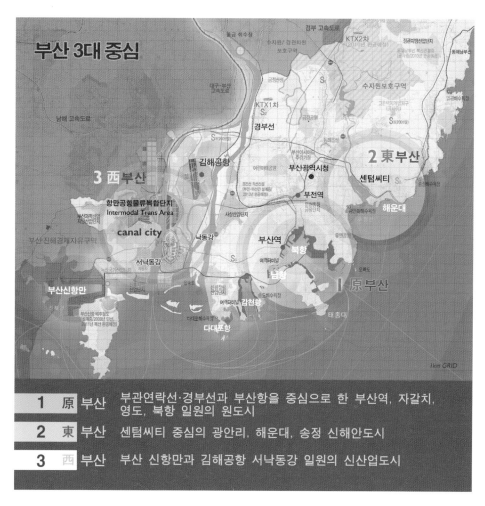

부산 3대 중심

1	原	부산	부관연락선·경부선과 부산항을 중심으로 한 부산역, 자갈치, 영도, 북항 일원의 원도시
2	東	부산	센텀씨티 중심의 광안리, 해운대, 송정 신해안도시
3	西	부산	부산 신항만과 김해공항 서낙동강 일원의 신산업도시

부산을 3개의 중심구역으로 분류하여 발전을 이루려는 안

후 러시아의 세계화가 유럽과 동아시아 두 축으로 이루어지고 있는 21세기에는 부산이 중요한 역할을 하게 될 것이며 그때에는 광안리와 해운대 일대의 동부산이 새로운 부산의 중심으로 부상할 것이다.

세번째 미래부산의 도시중심은 아시아와 미대륙과 유럽을 잇는 물류의 큰 흐름이 지나는 서(西)부산이다. 싱가포르·홍콩이 여전히 아시아와 유럽과 미국을 잇는 세계 물류의 요충이긴 하지만, 북극항로가 가시화되고 인도가 중국과 함께 부상하면서 부산이 세계 물류의 최고 요충으로 떠오르고 있다. 부산이 세계 물류의 흐름을 타고 비상하려면 바다항만만으로는 부족하다. 로테르담이 세계 최고의 항만이 된 것은 내륙항을 개발했기 때문이다. 바다항만은 물류기능밖에 못한다. 바다항만이 내륙항으로 이어질 때 시장이 형성되고 공장이 만들어져 더 큰 부가가치를 만들게 된다. 뉴욕과 로테르담이 그런 항구다. 바다만의 항만도시가 아니라 허드슨강과 라인강을 거슬러 올라가는 맨해튼과 로테르담같이 바다와 강이 어우러진 시장공장도시로 만들 수 있는 곳이 미래부산의 세번째 도시중심이 될 서부산 낙동강 하구 일원이다.

한반도와 세또나이까이를 잇는 대한해협의 중심항인 현 부산항 일대가 미래부산의 첫번째 도시중심이라면, 블라지보스또끄와 홋까이도를 포괄하는 동부산이 부산의 두번째 도시중심이고, 세계 물류 최강의 거점인 부산신항과 김해공항 사이 서낙동강 일대의 서부산이 세번째 도시중심이다.

중국의 개혁·개방 이후 중국 동부해안은 집중적 경제성장을 이루어냈다. 중국 역사상 동부해안에 자본과 부와 시장이

부산-후꾸오까를 잇는 대
한해협 도시연합안

이렇게 집중된 예가 없었다. 중국이 동북공정을 하는 이유도
동부해안의 번영을 보하이만으로 이어가기 위해서다. 이처럼
동북공정까지 포괄하는 황해 일원의 경제권이 한반도의 수도
권과 황해안을 아우르는 경제권역을 형성하고 있는데, 지금
부산은 상관없는 길을 가고 있다.

그동안 우리는 러시아의 힘을 간과해왔다. 러시아가 동해
로 나와 세계적 경제대국인 일본과 자원 및 경제 교류를 하게
되면 환동해권은 황해권 못지않은 중요한 역할을 하게 되고

부산은 황해권과 동해권을 하나로 잇는 관문도시가 될 수 있다. 더구나 이 책의 제1부 3장 '북한 도시건설'의 일부로 제안하는 두만강 하구 다국적도시가 실현될 경우 부산항의 역할은 더욱 커질 것이다.

부산과 서울, 부산과 대전의 관계보다 부산과 후꾸오까, 부산과 세또나이까이의 관계가 더 중요하다. 그리고 쓰시마(對馬島)는 후꾸오까보다 부산에 더 가깝다. 쓰시마를 부산으로 끌고 들어와야 한다. 후꾸오까에서는 부산이 토오꾜오보다 가깝고 오오사까보다 부산과 협력하는 게 경제효과가 더 크다. 대한해협이 살아나야 동해권과 황해권을 잇는 힘이 생긴다.

부산항이 신항만으로 옮겨가고 여객기능을 제외하고 물류선적과 하역 등 항만기능이 축소하면서 기존의 부산항이 도시화되어가고 있다. 이로써 원부산이 대한해협 중심도시가 되면 대한해협을 대서양과 북해 간 도버해협같이 만들 수 있다. 대한해협은 도버해협보다 더 큰 경제공동체를 이룰 수 있는 곳이다. 도버해협이 대서양과 북해를 연결하듯이 대한해협이 황해와 동해를 연결하면 원부산이 동북아시아의 한 중심이 될 수 있다.

부산은 아시아와 유럽과 미대륙을 잇는 물류의 요충만이 아니라 동러시아와 일본 서부해안 사이의 요충 역할도 함께해야 한다. 한반도만이 아니라 중국 동부해안과 동러시아와 일본 서부해안을 연결하는 관문도시의 역할을 맡아야 한다는

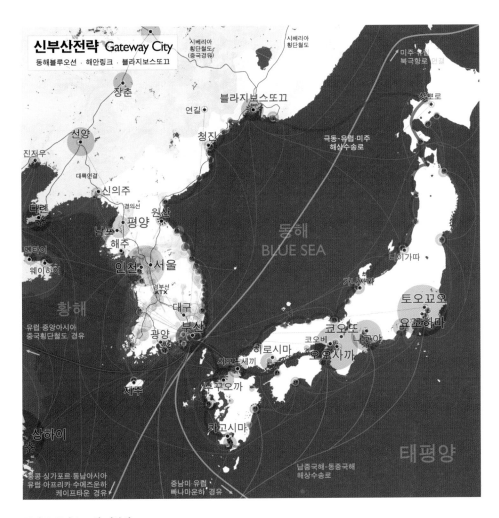

동해를 중심으로 한 신부산
전략

뜻이다. 이를 위해서는 동해 해안링크가 부산에서 울산·원산
을 거쳐 나홋까, 블라지보스또끄, 동시베리아로 연결되어야
한다.

　일본에는 초대형 항만이 없고 한반도 동해안에는 부산신항

같은 거대항만을 만들기 어렵다. 대륙간 물류의 주류가 대형 선박 위주로 가는 추세에서는 부산이 동해 해안링크의 거점이 되어 환동해권의 허브항만 역할을 할 수 있다. 부산이 환동해권의 허브항만도시가 될 수 있는 최고의 자리가 동부산이다.

블라지보스또끄와 부산, 후꾸오까의 물류를 중국과 유럽과 미대륙으로 이어가자면 부산만으로는 어렵다. 남해와 동해를 잇는 부산 중심의 도시연합이 대구, 구미, 포항 등과 어반클러스터를 이루고, 부산과 대구를 잇는 내륙의 운하라인이 부산과 남해를 잇는 해안링크와 접속할 때 세계와 경쟁하는 경제권역이 될 수 있다.

세계화가 진행될수록 대규모 지역경제권이 중심이 된다. 유럽이 유럽연합이라는 하나의 경제권이 되면서 국가를 초월한 도시연합이 신경제권을 이루고 있다. 환동해경제권역이 이루어지면 부산, 대구가 후꾸오까, 블라지보스또끄와 연합하여 강력한 경제권역을 구축할 수 있다.

서낙동강 일원과 부산신항 일대가 낙동강 경제공동체의 핵심지역이다. 신(新)부산계획은 부산의 상수원인 물금을 우회하는 서낙동강운하가 700만 인구의 낙동강 도시연합을 배경으로 세계 주 항로에 접속하고 일본 본토로 깊이 들어가는 방안이다. 이 계획의 핵심이 낙동강 하구의 서부산 낙동강 운하특구(강서운하도시특구)다.

강서운하도시특구

段階
nakdong port industry area
배후산업단지

김해공항

부산광역시청

段階
nakdong intermodal trans area
항만·공항 복합단지

부산과학산업
지방산업단지

부전역

사상산업단지

부산·진해경제자유구역

段階
Nakdong estuary canal-city
낙동강 운하도시

부산역

북항

여객터미널

진 해 시

진해만

녹산국가산업단지

르느남강
신호동

부산항

명지지구

신호지구
산업단지

남항

영도

부산신항

신평장림
산업단지

송도해수욕장

감천항

부산강서비즈니스센터
BUSAN URBAN DREAM

다대포해수욕장

다대포항

태종대

段階	낙동강 운하도시	Nakdong estuary canal-city
段階	항만·공항 복합단지	Nakdong intermodal trans area
段階	배후산업단지	Nakdong port industry area

서낙동강에 운하도시와 공항–항만 복합단지, 배후산업단지를 두는 강서운하도시특구 마스터플랜

산업혁명 이후에 건설된 세계도시의 대부분은 항만도시다. 항만을 중심으로 물류유통이 이루어지고 산업과 금융이 일어났다. 런던항은 항구이면서 하역 원자재로 공산품을 만들어

내는 공장도시이기도 했다. 산업혁명 당시 런던 사진을 보면 굴뚝투성이다. 부산항도 마찬가지다. 우리나라 10대 재벌 중 7개 기업이 부산에서 탄생했을 정도다. 항만에 들어온 원료를 가공하면서 산업이 탄생하고 제품이 국내외로 나가면서 시장이 형성되었다. 시장이 생겨 문명을 이루고 광장이 생긴 것이 항만도시의 발달과정이었다.

그러나 부산항을 옮기는 데에만 주력해서 부산신항은 옛 부산항을 뛰어넘는 강력한 도시권역을 형성하는 역할을 하지 못했다. 아시아의 주요 물류가 유럽과 북미로 가기 위해서는 부산신항을 통과하는 루트가 가장 유리하다. 부산신항은 이처럼 로테르담 못지않은 도시역할을 할 수 있음에도 유럽과 미주로 나가는 물류의 길목 역할만 하고 있다. 그러다 보니 로테르담항과 비슷한 규모인데도 생산하는 부가가치는 7분의 1에 불과하다.

부산신항과 지방권 통합공항이 하나로 연결되면 지금과는 차원이 다른 세계화가 이루어질 것이다. 항만과 공항과 경제특구 클러스터가 세계경제의 중심이 되고 있으나 부산항만과 김해공항은 공동경제권을 이루지 못하고 있다. 신항만과 새로 들어설 지방권 통합공항을 중간의 공단도시와 하나로 만들면 공항-항만 어반링크를 이룰 수 있다.

선진국 산업의 30~40퍼센트가 창조적 신산업이다. 창조적 신산업이 국가경쟁력을 주도할 때 도시가 경쟁력이 생긴다.

서낙동강에 운하도시와 공항·항만 복합단지, 배후산업단지를 두는 강서운하도시특구 조감도

창조적 신산업을 끌고 갈 동력은 대학인구이며 지식산업이다.

인천 경제특구의 주요과제는 공항과 항만의 관계 속에서 다국적기업의 창조적 산업을 어떻게 끌고 들어오느냐 하는 것이었다. 그런데 수도권 토지와 아파트 값이 폭등하면서 인천 경제특구가 수도권의 택지시장이 되었다. 울산 현대자동차와 중공업, 구미 전자단지, 포항 포스코에 견줄 21세기의 신산업단지로 만들어야 할 곳에 아파트를 만들고 있다. 창조적 신산업의 요람이 되어야 할 인천 경제특구가 비생산적인 아파트 특구가 되고 있는 것이다. 이건희 회장은 끊임없이 부를 창출할 수 있는 삼성전자를 만들었지만, 다른 한편 타워팰리스를 세워 강남의 가장 중요한 토지를 부동산투기 현장으로 만들었다.

인천은 허브공항 중심의 신산업도시가 되어야 하고 부산은 항만 중심의 21세기 지식산업도시가 되어야 한다. 부산 신항만이 가진 강점은 세계가 인정하고 있다. 이럴 때 세계 물류의 흐름만이 아니라 세계적 대학과 창조적 신산업이 함께 들어오게 해야 한다.

공항과 항만 물류는 세계를 상대로 하는 시장과 함께 가야 한다. 상품은 공장에서 만들고 돈은 시장에서 번다. 물류가 시장이 되고 공장이 되어야 세계적 경쟁력을 갖는 경제특구가 되는 것이다.

두바이의 도전은 옛날 대상(隊商)들의 전통을 이은 것이다. 사막에 대상들이 모이는 오아시스는 시장이며 공장이었다. 중세시대 세계에서 제일 큰 시장이던 카이로의 칸 칼릴리(Khan al-Khalili)가 그런 시장과 공장이었다. 칸 칼릴리에 아랍 도처의 물류가 모여 그대로 교환되는 것이 아니라 새로운 상품으로 만들어져 교역이 이루어졌다. 원자재를 들여와 공장에서 부가가치를 두배, 세배로 키워 시장에서 팔고 이를 뒷받침하는 금융과 써비스가 뒤따르면서 사막의 오아시스가 도시가 된 것이 바로 바그다드이고 테헤란이고 카이로다.

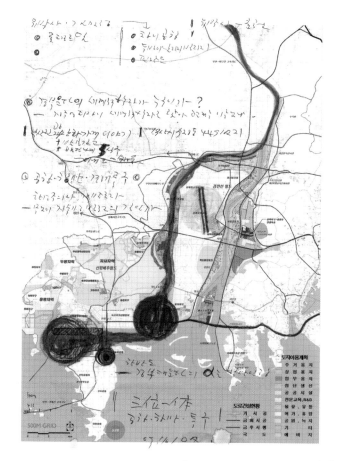

부산신항과 서낙동강을 운
하로 잇는 부산-낙동강 도
시연합 스케치

물류가 공장과 시장이 되어야 비상한 부를 창출하는 것이다. 물류가 21세기 공장과 시장이 되게 하려면 지식인이 있어야 하므로 지식인 집합인 대학이 경제특구의 가장 중요한 요소가 된 것이다. 또한 공장은 노동자들의 집이 아니라 지식인의 창조적 일터가 되고 시장은 인간조직이 된 것이다. 이와 같이 인간과 공장과 시장이 조직화된 곳이 바로 U.F.O.(University, Factory, Office)다.

물류가 대학을 중심으로 공장화되고 시장화되어 통합적 도시를 이룰 때 거기에 바로 창조적 신산업과 관광이 이루어진다.

싱가포르와 홍콩의 물류와 관광산업의 규모는 한국 전체보다 크다. 부산은 서울 못지않은 아시아 관광산업의 요충이지만, 실제로 싱가포르, 홍콩과 비교해보면 부산이 그들보다 면적이 넓고 위치 면에서도 나은데도 그들의 신산업 인구와 관광객이 대한민국 전체보다 많다.

2009년 세계관광협회 통계를 보면 한국에 오는 관광객은 780만을 간신히 넘는데 싱가포르는 960만이고 홍콩은 2900만이다. 싱가포르와 홍콩에서 하룻밤 이상 자고 가는 사람이 각각 연간 740만, 1690만인데 한국은 관광객 전체를 통틀어도 780만인 것이다. 해외로 나가는 한국사람이 연간 1000만인데 싱가포르는 500만, 홍콩은 570만이다. 호텔 수를 살펴보면 한국 전체가 5만 8000개, 싱가포르가 3만 6000개, 홍콩이 4만 8000개인데 호텔 이용률에서는 홍콩, 싱가포르가 80퍼센트를 넘지만 우리는 57.1퍼센트밖에 되지 않는다.

홍콩 GDP에서 관광업이 차지하는 비중은 7.6퍼센트이고 싱가포르는 4.9퍼센트인데 한국은 1.0퍼센트다. 홍콩과 싱가포르를 따라잡을 수 있는 도시는 부산이다. 2006년 11월 헬기로 부산 강서구 일대로부터 시작하여 옛 부산역과 항만과 광안리와 해운대를 거쳐 다시 영도로 돌아오며 2시간 동안 부산 해안을 날았다. 헬기를 타고 보면서 홍콩과 싱가포르보다 부산이 물류·관광산업 면에서 가능성이 더 크다는 것을 몸으로 느꼈다. 중국에는 부산만한 입지를 갖춘 곳이 없다. 베이징 칭화대에서 가르치고 있을 때 보하이만과 중국 동부해안을 다녀보았으나 어디에도 부산만한 곳이 없었다. 부산은 중국인

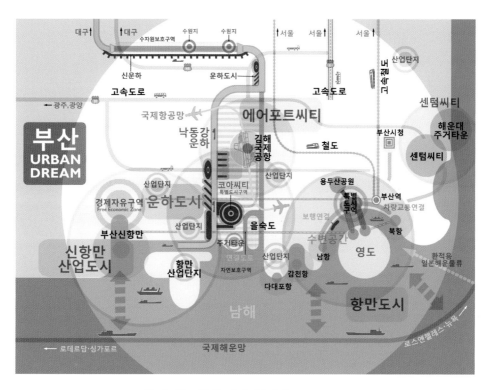

의 라벨들:
대구 | 대구 | 수원지 | 수원지 | 서울 | 서울 | 서울
수자원보호구역
신운하 | 운하도시 | 고속도로 | 산업단지
고속도로 | ← 광주·광양 | 센텀씨티
국제항공망 | 에어포트씨티 | 해운대 주거타운
낙동강 운하 | 김해국제공항 | 철도 | 부산시청 | 센텀씨티
부산 URBAN DREAM
산업단지 | 코야씨티 특별도시구역 | 용두산공원 | 부산역 차량교통연결
경제자유구역 Free Economic Zone | 운하도시 | 특별 도서 구역
산업단지 | 을숙도 | 보행연결 | 북항
부산신항만 | 수변공간 | 환적용 일본해운물류
신항만 산업도시 | 항만 산업단지 | 주거타운 연결도로 자연보호구역 | 산업단지 | 남항 | 영도
감천항 | 다대포항 | 항만도시
남해 | 국제해운망
← 로테르담·싱가포르 | 로스앤젤레스·뉴욕 →

부산을 원부산, 서부산, 동부산으로 재편하는 부산어반드림 다이어그램

들에게는 천국 같은 곳이다.

해외를 찾는 중국인 관광객은 그 수가 세계에서 가장 빨리 늘고 있다. 세계화시대에 투어리즘은 관광이 아니라 광고다. 한국경제의 70퍼센트가 해외관련 산업이다. 해외관련 산업이 끊임없이 성장하려면 세계화 네트워크가 생겨야 하고 외국사람들이 끊임없이 드나들게 해야 한다. 관광은 단지 볼거리가 아니라 살거리와 먹거리가 주가 되는 산업이다.

세계 물류가 모이고 U.F.O.가 있는 곳에 사람들이 모여들기 마련이다. 부산 인구가 최소 500만이 되어야 하고 50만 정도의 외국인 인구가 와서 살아야 한다. 베네찌아에는 그 작은 도시에 연간 1000만 이상의 사람들이 온다. 인구 10만의 베네찌아에 5만 가까운 관광객이 함께 살고 있다. 유동인구가 많아야 세계도시다.

경제에서는 내적 성장도 중요하지만 외적 성장도 필요하다. 부산의 스케일을 키워야 한다. 부산 같은 바다도시에서 자연스럽게 면적을 키우는 길은 하구에 운하도시를 만드는 것이다. 인프라를 계속 확대하면 인프라끼리 엉키게 된다. 철도와 고속도로는 도시를 관통하므로 토지를 만들지 못한다. 그러나 운하는 물류의 길이기도 하지만 토지를 창출하는 길이기도 하다. 부산의 토지부족을 해결할 수 있는 것은 운하다. 하지만 어디에나 운하를 만들 수는 없고 만들려 해서도 안 된다. 부산 앞바다와 낙동강만한 곳은 뉴욕의 맨해튼과 네덜란드의 로테르담밖에 없다. 부산 서낙동강에 운하를 만들면 부산의 개벽을 이룰 수 있다.

부산이 세계도시가 되려면 중국과 러시아와 일본의 도시와 공동경제특구를 만들어야 한다. 후꾸오까와 블라지보스또끄와 산둥성의 경제특구와 부산 경제특구가 한 도시보다 긴밀하게 연결되는 것이 합동자유경제구역 Pair FEZ(Free Economic Zone)다.

부산이 중국 내륙으로 들어가는 물류를 함께할 수 있는 곳이 렌윈강이다. 렌윈강을 거치면 유라시아 철도를 이용할 수

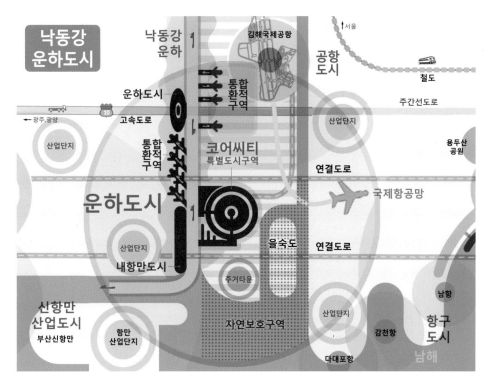

낙동강
운하도시

낙동강
운하

김해국제공항

공항
도시

↑서울

철도

운하도시

통합
환적
역

주간선도로

← 광주,광양

고속도로

산업단지

통합
환적
구역

코어씨티
특별도시구역

산업단지

연결도로

용두산
공원

운하도시

국제항공망

산업단지

을숙도

연결도로

내항만도시

주거타운

신항만
산업도시

부산신항만

항만
산업단지

자연보호구역

산업단지

감천항

남항

항구
도시

다대포항

남해

서낙동강운하와 운하도시
다이어그램

있고 유라시아 철도는 부산을 거쳐야 세계로 갈 수 있다. 유럽과 미국으로 가는 중국 중부지방의 물류는 상하이나 싱가포르로 내려가기보다는 부산을 통하는 것이 더 유리하다. 중국 내륙의 물류가 모이는 곳이 롄윈강이다. 롄윈강과 부산이 Pair FEZ가 되면 중국 내륙에 있는 물류가 부산을 통해 세계로 갈 수 있다.

부가가치는 원료와 최종상품 사이 수많은 과정을 거치며 발생한다. 물류가 물류로 끝나서는 큰 부가가치를 창출하지 못한다. 부산이 세계 물류의 요충지에 있을 때 중국, 일본, 러시아와 Pair FEZ를 만들어 부가가치를 극대화해야 한다.

지금 한반도에서 쓰는 에너지의 대부분이 머나먼 중동에서 온다. 시베리아의 가스관이 동해에 닿은 블라지보스또끄와 나홋까에서 에너지를 육로·운하 등 다양한 방식을 통해 부산으로 끌어와야 한다. 일본으로는 해저로 가지 않고 액화탱크 선으로 움직인다. 이러한 입지조건의 유리함을 토대로 시베리아의 자원을 동아시아로 중계하는 역할을 부산이 할 수 있다.

대량 물류의 경우 부산에서 인천으로 가는 운임보다 부산에서 LA로 가는 운임이 더 싸다. 해상운송에서는 거리보다 라인과 항만이 문제다. 부산이 세계 물류의 요충에 자리하고 있다는 장점을 활용해 관문도시로서 승부를 걸어야 한다. 부산에서 블라지보스또끄로 가는 길이 인천으로 가는 길보다 더 유리하다. 부산은 국내가 아니라 동아시아로 나아가야 한다.

우리가 라인강의 기적이라고 하는 것은 베를린의 기적이 아니다. 라인강의 기적은 미국과 유럽 주요 물류를 로테르담 항만에서 라인강을 통해 200킬로미터 이상 떨어진 뒤스부르크와 뒤셀도르프까지 끌고 들어와 세계 최대의 내륙항을 만들고, 라인강 일대의 공업도시를 운하로 한데 연결해 일어난 경제성장을 말한다. 운하와 운하도시 건설로 독일경제의 25퍼센트를 담당하는 루르공업지대가 이루어진 것이다.

그때 만들어진 항만과 운하의 물류가 상대적으로 경쟁력이

라인동맹
13C 유럽의 경제 공동체

북해

발틱해

루벡

브레멘

폴란드

네덜란드

로테르담

로테르담

라인강

뒤스부르크
뒤셀도르프
쾰른

독일

미트랜드 운하

RMD운하

도나우 델타

벨기에

아헨

코블렌츠

라인동맹 최초의
4개도시연합
(1254)

빙엔
마인츠
오펜하임
보름스

프랑크푸르트

뷔르츠부르크

뉘른베르크

체코

레겐스부르크

만하임

마인강

도나우강

프랑스

스트라스부르

바젤

RMD 운하
Rhein-Main-Donau

100 km GRID

취리히

스위스

오스트리아

로테르담항이 라인강, 마인강, 도나우강으로 이어지듯 부산신항이 낙동강, 서낙동강 운하로 이어지게 해야 한다

떨어지자 독일은 이를 새로운 신산업의 요람으로 만들고 있다. 운하는 고속도로나 철도보다 물류경쟁력은 떨어지게 마련이다. 모든 물류는 최종적으로 도로를 이용해야 하기 때문에 운하는 도로에 뒤질 수밖에 없다. 운하가 고속도로보다 경쟁력이 있으려면 운하도시들이 클러스터를 이루어야 한다. 운하가 한반도의 미래가 되려면 로테르담 같은 운하도시를 전제로 운하가 만들어져야 한다.

부산 강서에 만들고자 하는 운하도시는 로테르담, 뒤셀도르프 같은 하구항이다. 바닷가 내륙으로 깊이 들어와 항만도시를 만들고 이 안에 공장, 시장, 도시, 대학이 도시 한복판에 모인 완전도시를 만들면 로테르담보다 경쟁력 있고 싱가포르나 홍콩보다 더 앞선 세계도시로 일어설 수 있다.

현재 부산 신항만으로는 물류와 배후 단지의 역할밖에 못한다. 부산에서 대구까지 운하를 만들면 700만 가까운 강변 도시경제권역을 만들 수 있다. 상하이는 32킬로미터 떨어져 있는 양산(洋山)항을 도시 내부로 끌고 들어오기 위해 50만 인구의 루차오(蘆潮) 신도시를 만들었다. 항만 기능을 극대화하기 위해 신도시를 만든 것이다. 부산은 양산항보다 더 나은 항만을 만들고 있으면서 그런 도시를 세울 생각은 안 하고 배후 공단만 계획하고 있다.

바다와 바다를 연결한 최초의 운하는 미디운하(뚤루즈-랑그독 운하)다(235면의 그림 참조). 대서양과 지중해 사이의 내륙지방인 뚤루즈에서 대서양 사이에는 가론강이 있지만 뚤루즈에서부터 지중해까지는 강이 없다. 미디운하는 나뽈레옹이 '혁명의 가장 큰 전리품'이라 말한 대공사로, 가론강을 통해 내륙에 닿는 물류를 인공수로를 통해 대서양과 지중해로 이은 것이다.

미디운하는 도시와 도시를 연결하는 혈맥과 같아 보르도와 뚤루즈, 뚤루즈와 랑그독 사이의 도시와 농촌은 이 운하를 통

부산강서마스터플랜

Nakdong River Estuary Area
Development Plan

BUSAN URBAN DREAM

◎한반도의 Gateway로서 물류를 포함한 국제 비즈니스 인프라 도시
　한반도 Gateway로서의 역할을 수행하기 위한 국제물류, 무역, 금융 등 국제적인 경제활동이 이루어질 수 있는 국제비즈니스 인프라 도시

◎항만·공항 복합물류단지 및 동남권 배후산업단지를 지원하는 국제 교류거점
　항만·공항 복합물류단지 및 동남권 배후산업단지에서 발생하는 비즈니스를 국제컨퍼런스센터 및 컨벤션센터 등의 국제교류기능 인프라

◎항만과 공항이 어우러진 경제특구 형성을 위한 파생적 기능의 도시
　항만과 공항이 단순한 환적과 물류의 흐름 기능만을 수행하는 것이 아니라 지식기반의 경제특구를 형성함으로써, 시장의 기능과 공장의 기능을
　파생하여 새로운 부가가치를 창출하는 산업들을 지원할 수 있는 여건을 갖춘 도시 구축

◎신산업과 재래산업이 서로 조합하고 집적화(clustering)하여 지역경쟁력 제고
　복합물류단지 및 배후산업단지에서 발생하는 관련 산업의 중심업무기능을 집적화하여, 클러스터 내 입주업체간 경쟁 유도를 통한 써비스 질 제고.
　집적효과를 통한 신규기업의 유입 촉진 등 글로벌 기업들이 집적할 수 있는 환경 조성

서낙동강 운하도시 조감도

해 하나의 운하도시공동체가 되었다. 뚤루즈가 씨애틀과 겨루는 세계 최고의 항공산업도시가 될 수 있었던 것은 이렇게 대서양과 지중해 사이의 물길(미디운하와 가론강)이 있었기 때문이다.

보스톤과 필라델피아보다 후발도시였던 뉴욕이 세계 최강의 도시가 된 것 또한 이리운하를 만든 후 중부내륙 오대호 주변의 물류가 이리운하와 허드슨강을 통해서 뉴욕에서 유럽으로 갈 수 있었기 때문이다. 구미나 대구 일원과 낙동강 일대의 물류가 부산에 모여 세계로 가야 낙동강 일대의 경제가 일어날 수 있다.

세계도시는 도시 전체가 세계도시인 것은 아니다. 세계도시 런던을 세계도시로 만든 곳은 더씨티(the City)와 웨스트엔드이고 뉴욕을 세계도시로 만든 곳도 월스트리트, 타임스퀘어 등 맨해튼의 일부다. 런던 외곽의 그리니치빌리지나 뉴욕의 퀸즈와 브루클린은 오히려 부산 변두리나 다를 바가 없다. 한 도시를 세계도시화하는 것은 특별한 도시구역이다.

아무것도 없는 곳에서 세계도시화의 큰 사업을 시작하기는 어렵다. 서부산에는 부산신항이라는 세계 최강의 항만이 들어서고 있다. 부산신항과 김해공항과 앞으로 신설될 지방권 통합공항을 축으로 370만 인구의 부산을 조직화하면 맨해튼 같은 곳을 만들 수 있다.

바다와 강과 운하는 서로 별개다. 바다와 강과 운하가 잘 조직되면 강은 강대로 살고 운하는 운하대로 역할을 하고 운하와 강 사이에 도시화 토지를 만들 수 있다. 그것이 가능한 곳은 낙동강 일대뿐이다.

부산을 배후기지로 하여 부산신항 동측 서낙동강을 타고 들어가면서 강변공단을 만들어 낙동강 운하도시를 이룬다면 진해와 진주까지 도시회랑으로 이어질 수 있다. 88올림픽고속도로와 만나는 지점에 라인강의 뒤스부르크 같은 내항을 만들면 부산신항에 들어온 물류가 구미, 대구, 울산, 광주로 이어질 수 있다.

지금처럼 단순히 신항만의 배후기지를 만드는 일이 아니라 공항·항만·경제특구의 특별도시구역과 새로운 도시중심을 만드는 일이 우선되어야 한다.

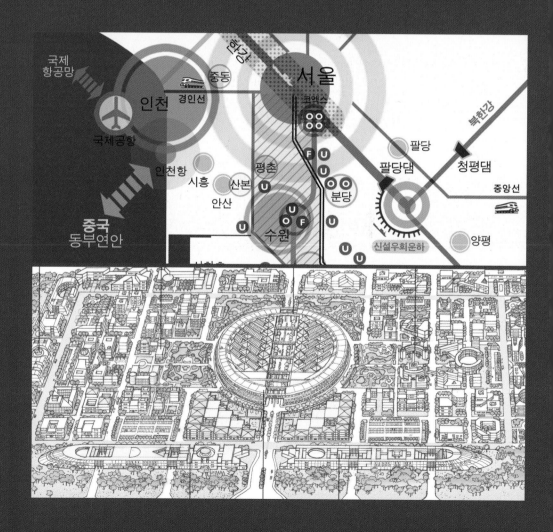

2장
수도권 혁신

서울·수도권은 화려하다. 불야성의 강남과 인천공항, 사대문안과 용산 일대의 건축군은 1970년 서울만을 기억하는 사람에게는 신기루 같다. 남산타워에서 바라보는 천만도시 서울과 인천항과 수원까지 이어지는 수도권의 위용은 서울 한가운데를 흐르는 한강의 기적같이 느껴진다.

그러나 아직 서울은 세계도시가 아니다. 인구의 대부분이 더 나은 경제기반을 찾아 모여든 외지인이며, 국가재정의 3분의 2 집중투자된 수도권 인프라는 부동산 부자들만의 것이 되었다. 세계도시로 발돋움하려면 우선 수도권 인프라가 2500만 수도권 인구 공동의 몫이 되도록 도시공간이 재구성되어야 한다. 서울의 도시교통과 문화인프라는 세계적 메트로폴리스라 하기 부끄러울 정도다. 수도권 교통수요와 문화인프라의 연계는 유럽의 중소도시만도 못하고, 특히 도시민주화의 척도인 문화인프라가 도심에 집중되어 있다. 더구나 보행중심 도시구역은 600년 역사도시 사대문안 서울에서도 실현되지 못했다.

수도권의 창조적 개혁은 주거와 산업의 공존에서 찾아야 한다. 21세기 도시문명의 모델은 주거·공장·시장의 공동 도시공간화가 될 터인데, 지금 수도권은 일자리와 잠자리가 상극의 길을 가고 있을 뿐이다.

서울시장, 경기지사, 인천시장은 서울·수도권을 하나의 유기체로 보지 못하고 각자도생을 위한 도시건설과 경영에만 몰두해왔다. 수도권 경제의 한 축인 써비스산업은 도처에 있으나 또다른 한 축이자 미래의 산업인 창조산업은 외곽으로 밀려나고 있다. 수도권 산업도시회랑이 새 지방자치단체로 분산되다보니 수도권 산업의 어반링크가 무너지고 있다. 수도권 산업의 와해와 주거대란 모두 지방자치단체의 영역을 넘어서버린 것이다.

한때 국가동력이던 수도권 산업은 퇴로를 준비해야 할 처지이고, 강남서울에 밀려 변두리가 된 강북서울과 서울 변두리 옛 마을은 뉴타운이라는 허영의 시장에 함몰되고 있다. 수도권 개혁이 우선되어야 지방의 분권국가화가 이루어지고 남북상생의 길이 열린다. 대통령이 나서야 하는 이유가 여기에 있다.

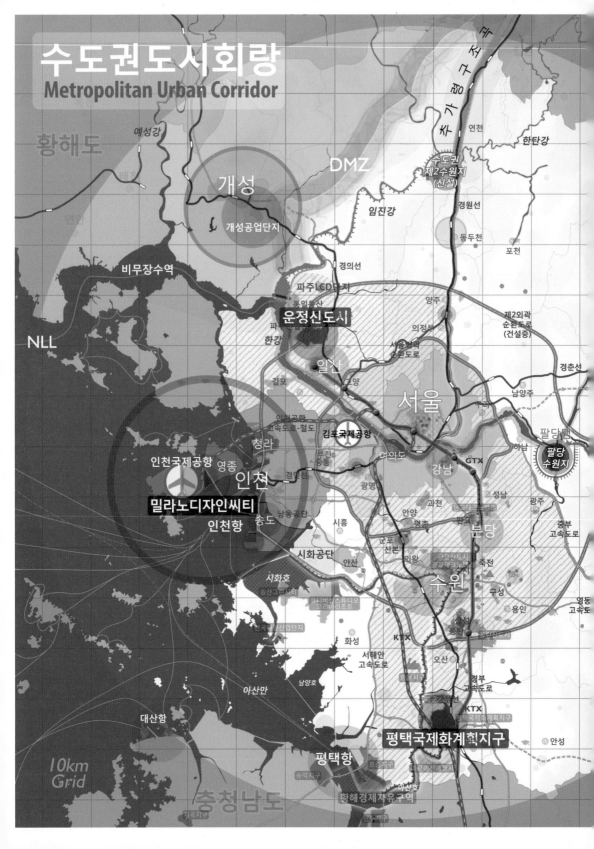

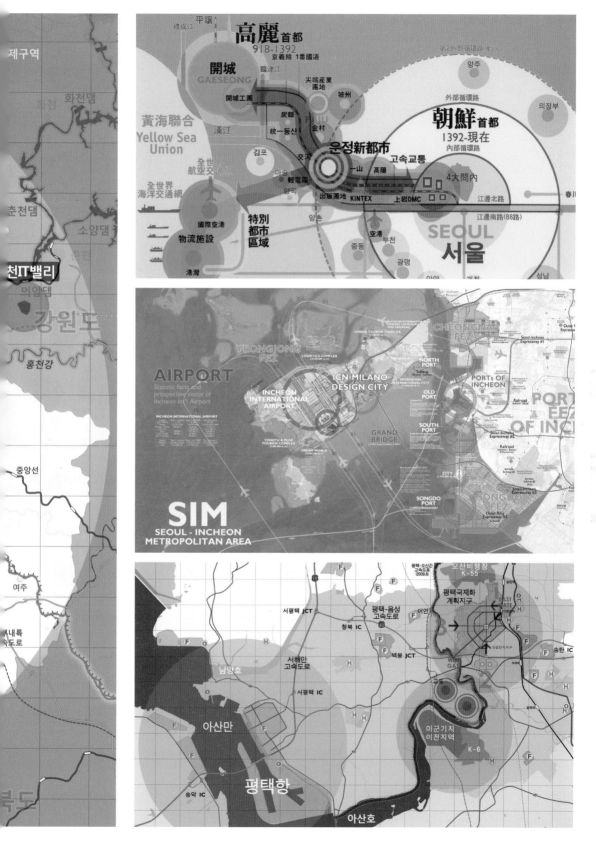

세계도시-메트로폴리스의 시초는 2차대전 이후의 런던, 뉴욕, 토오꾜오다. 모두 도시중심의 주거지역이 산업지역화하거나 고밀도주거군으로 바뀌고 시민 대부분이 외곽의 신주거단지로 옮겨가 살게 되면서 메트로폴리스가 형성되었다.

서울·수도권이 메트로폴리스로 거대화하면서 지가와 인건비가 상승하자 본래의 경쟁력 기반이던 2만여개에 육박하는 수도권의 중소기업형 제조업이 무너지고 있다. 1차산업과 2차산업의 공존이 중간도시의 이상(理想)이라면 2차산업과 3차산업의 조화는 거대도시 경제민주화의 기반이다. 수도권 도시산업을 창조적으로 산업화하지 못한 것도 원인이지만 2만

여개의 산업군을 조직화하지 못한 것이 더 큰 문제였다.

도시산업 없는 대도시는 건강한 도시가 아니다. 지금의 서울을 보면 도시경제의 핵인 도시산업은 뒤로 밀려나고 상가가 도시 전면을 점령한 형국이다. 500만 인구를 위한 공공공간은 인구 200만일 때보다 나아진 것이 없다.

수도권 혁신의 열쇠는 주거와 산업, 녹지와 공공공간의 공존에서 찾아야 한다. 20세기 도시산업의 모델은 주거와 공장이 하나의 공동체를 이룬 유럽의 선형 산업도시였다. 21세기 도시문명의 모델은 주거(Housing)와 공장(Factory)과 시장(Market)의 공동 도시공간화가 될 터인데 지금 수도권은 일자리와 잠자리가 상극의 길을 가고 있다. 이를 극복해낼 길은 수도권 산업도시회랑과 시장·공장·광장 네트워크에 있다.

서울·수도권은 불균형 메트로폴리스다. 서울은 강남과 강북이 다르고 수도권은 남과 북, 동과 서가 다르다. 수도권의 중심은 서측과 남측으로 기울어 있다.

베이징, 런던, 빠리 어느 수도권 도시든 정부청사와 공공기관과 외국대사관이 있는 지역, 최고의 대학과 문화인프라가 있는 곳이 땅값과 집값이 비싸고 고용밀도가 높다. 그러나 서울·수도권의 심장인 강북서울은 그러하지 않다. 대통령 관저를 비롯하여 국제기구, 언론기관, 해외공관이 모두 몰려 있고 문화인프라의 으뜸인 4대궁과 종묘사직은 물론 광화문, 명동 등이 자리해 있고 서울대, 연세대, 고려대, 이화여대 등 주요 대학이 있음에도 강북서울의 시세는 강남서울의 반이다. 강남에 있는 것이라고는 대법원, 예술의전당 등 지은 지 오래되지 않은 공공기관, 문화기관뿐 나머지 대부분은 상업공간이다. 이처럼 땅값과 집값이 강북서울의 두배이면서도 대학·도서관·공원 등이 부재하고 문화인프라가 부족한 강남서울에 너도나도 살고자 한다. 강남의 허황된 진상을 알게 해도 흔들리지 않는다.

실제로 더 나은 강북서울이 강남에 비해 내려앉는 것은 제대로 된 주거공간과 도시산업이 없기 때문이다. 작은 토지로 분할되어 군소주거군으로 남은 강북서울은 압구정, 반포 등 강남의 강변 주거단지와 분당, 송파 등 강남 외곽지역의 신주거단지가 들어서면서 2류 주거지역으로 밀렸다. 또한 기왕의 도시산업공간은 상업공간에 밀려 도시 경쟁력이 떨어진 것이다. 그래서 내가 일찍이 '강북 르네상스'를 주장한 것이고 '꿈꾸는 한강'을 말한 것인데, 서울시가 글과 도면은 보지도 않고 제목만 짜깁기하여 '한강 르네상스'로 바꾸어 한강을 놀이터로 만들고 뉴타운이라는 이름으로 강북의 유서깊은 땅에 금융권과 야합하여 부동산판을 벌인 것이다. '꿈꾸는 한강'은 한강에 서울시청·공공기관·문화인프라의 거점을 만들자는 것이었는데, 그들에게는 노들섬 오페라하우스와 새빛둥둥섬이 답으로 보인 모양이다.

강북서울은 개혁의 대상이다. 주거비용 중 땅값이 반 이상인 강북수도권의 주거문제는 결국 토지문제다. 토지문제를 근본적으로 해결하기 전에는 주거문제를 해결할 수 없다. 1960년대 말부터 강남수도권에 새로운 토지를 공급하기 위해 한강변 토지, 여의도 신도시, 강남을 개발하는 등 혁명적으로 토지를 창출해냈지만 강북수도권에는 아무 대안도 없었다. 현 정부의 보금자리 주택사업은 그린벨트를 해제했을 뿐 근본적인 해결책이 아니다.

강북서울의 옛 주거지역을 살리고자 뉴타운사업이 시작되었다. 그러나 올드타운의 고유한 상황과 조건을 고려하지 않은 채 강남 식의 고밀도·고층 주거군을 추구하던 뉴타운은 좌초하기 시작했다. 저밀도로 형성되어 있던 서민들의 땅을 불온한 부동산시장으로 내몬 이 사업은 과도한 토지비와 금융비용으로 인해 부동산 가치가 지속적으로 상승하지 않으면 실패할 수밖에 없다. 올드타운 특유의 조건을 전제한 용도와 용적의 혁신이 이루어지지 않은 뉴타운은 지금 방식으로는 더이상 길도 없고 출구도 없다.

대안은 지금의 틀 속에서 돌파구를 찾는 소극적 길과 여러 뉴타운을 묶어 완전도시구역으로 만드는 적극적인 길 두가지가 있다. 소극적 방안은 뉴타운의 용도와 용적에 관한 법령과 조례를 개정하고 건축계획의 발명적 혁신을 이루는 길이고, 적극적 방안은 셋 이상의 뉴타운을 묶어 런던의 바비칸센터

(Barbican Center)처럼 시장, 광장, 주거, 학교가 하나의 완전도시구역을 형성하는 방안이다.

　서울시청과 부동산 투기업자가 시작한 뉴타운문제는 이제 지방행정의 차원을 넘어섰다. 획기적인 발상의 전환이 필요하다.

1. 수도권 산업도시회랑

[수도권 혁신]

부산에서 서울로 올라온 청년 시절, 600년 역사가 한강과 북한산, 관악산 등 지리와 함께 뒤엉켜 있는 모습에 압도당했다. 그에 못지않게 강력한 인상을 주었던 것은 수도권 산업이었다. 굴뚝으로 가득한 경인공단과 동대문·남대문시장은 또다른 세상이었다. 종묘-남산간 재개발계획을 만들며 충무로, 청계천, 명동의 도시산업을 뒤지고 다녔다. 수많은 에디슨에 의해 도시산업이 이루어지고 있었다. 남한이 잘살게 될 가능성을 거기서 보았다.

그러하던 서울이 과밀해지고 써비스산업과 상업시설이 들어서면서 도시산업은 외곽으로 밀려나기 시작했다. 써비스산업으로 국가경쟁력을 당장 높일 수는 있었지만 지속가능한 대도시의 면모는 잃을 수밖에 없게 되었다. 뉴욕 맨해튼의 경우 쏘호, 그리니치빌리지 등의 공장지대는 사라졌지만 실리콘앨리라 불리는 마천루 그늘에서 젊은이들이 주도하는 창조적 산업이 일어나 뉴욕경제를 이끌어가고 있다. 우리도 그들처럼 서울·수도권의 창조적 산업을 이루어낼 수 있다.

도시산업은 서울을 넘어 수도권으로 그 스케일을 키워야 한다. 부평공단, 구로공단, 남동공단으로 구성된 경인공단과 삼성이 주도하는 수원·평택 신산업공단, 그리고 인천공항·평택항과 마지막으로 개성공단을 어반링크하여 도시회랑을 만들면 보스턴루트 128, 실리콘앨리 못지않은 21세기 신산업단지를 창조할 수 있다.

세계적 공장이 되려면 세계시장이 있어 주문제작이 이루어져야 한다. 세계 최대 견본시장으로, 세계시장을 목적으로 통합한 이딸리아의 피에라 밀라노(Fiera Milano)와 독일의 하노버 메쎄(Hannover Messe)를 유치하여 수도권 산업도시회랑을 세계시장화해야 한다. 이를 위해 밀라노디자인씨티를 5년간 기획·설계했으나 그곳이 경제특구인 이유로 인천시, LH공사, 기획재정부, 지식경제부, 문화체육관광부가 얽혀 더 나아가지 못하고 있다. 대통령의 의지가 있어야 이룰 수 있는 안이므로 '한반도 그랜드 디자인'에 담았다.

메트로폴리스는 2000만 인구 가까이 되는 도시를 말하며 중심인구 100만 전후인 복수의 도시가 모여 형성되는 경우가 대부분이다. 뉴욕은 맨해튼을 중심으로 브롱스, 브루클린, 퀸즈, 스태튼 아일랜드 등으로 이루어져 있다. 100만 전후 인구의 도시들이 모여 거대도시를 형성하다보면 100만 도시만으로는 이룰 수 없었던 세계적 가능성을 갖게 된다. 뉴욕 타임스퀘어와 월스트리트가 대표적이다. 타임스퀘어를 생각하면 42번가 지하에서 끝도 없이 올라오는 사람들이 떠오른다. 타임스퀘어는 맨해튼만의 광장이 아닌 브롱스, 브루클린, 스태튼 아일랜드 등의 광장인 것이다. 월스트리트는 1000만 도시 뉴욕이기에 가능한 세계 최고의 금융도시다.

세계적 메트로폴리스를 이루고 있는 중심도시들을 보면 조

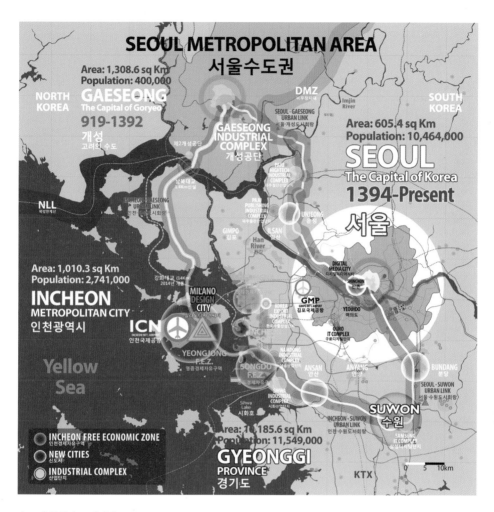

수도권 분석과 도시회랑

금씩 다른 양태를 지니고 있다. 보스턴 같은 문화인프라와 학교 중심 도시, 월스트리트 같은 금융 중심 도시, 일본 신주꾸 같은 시장과 사업 중심 도시 등 다양한 도시들이 있다. 이들은 각각 자립가능한 준완전도시를 이루고 있고 그중 몇 도시구역이 세계적인 도시로서 기능한다. 그런데 서울·수도권의 경우 사대문안 서울이 신촌, 청량리, 강남, 분당으로 확대하여 각각 100만 이상의 도시를 만들었으나 그 도시들이 여전히 서울 도심에 종속되어 있다. 각각의 도시에서는 잠만 자고 다른 도시중심으로 나가 일하는 것이다. 자신이 사는 인근의 100만 인구 공동체에서 삶을 영위할 수 있어야 한다. 문제의 가장 큰 원인은 도시산업의 부재에 있다.

1000만 도시 안에 문화인프라와 도시산업회랑이 함께 생기고 교통인프라를 따라 산업이 배치되어야 한다. 분당, 일산 신도시를 설계할 때도 산업군이 들어가야 한다고 강력히 주장했지만 아파트촌이 되고 말았다.

그러던 중 네번의 기회가 왔다.

김문수(金文洙) 경기도지사가 당선 직후 찾아왔다. 바다에 면한 인천이 빠져나가고 핵심인 서울이 빠진 채 수도권의 외곽으로만 존재하는 경기도는 중점도시 몇개를 집중육성·연계하여 도시회랑으로 연결하면 유기적인 도시가 될 수 있고 관리·조직하기도 용이하다고 말하니, 우선 수원을 중핵도시화하는 계획을 세우려 하니 마스터플랜을 만들어달라 한다. 오래 생각해오던 일이라 바로 스케치에 들어갔으나 관에서 하는 일은 그들의 관례에 따라야 하는 일이므로 처음부터 어려움에 봉착했다. 중국 프로젝트는 성장(省長)이나 서기(書記)가 결정하면 이루어지나 우리나라에서는 관료와 기득권 세력

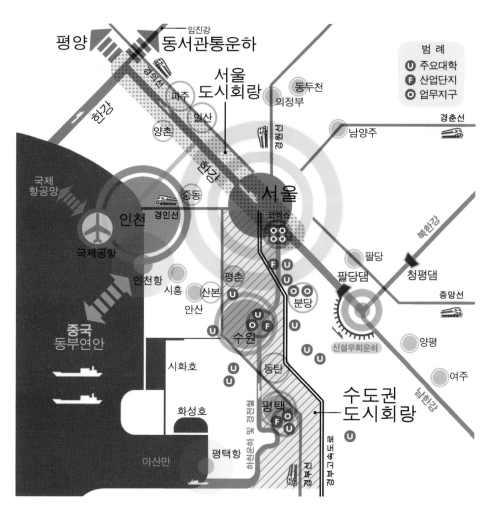

평양

임진강

동서관통운하

경의선

파주

일산

양촌

한강

국제
항공망

인천

국제공항

인천항

경인선

중동

시흥

안산

산본

평촌

수원

시화호

화성호

아산만

평택항

중국
동부연안

서울
도시회랑

동두천

의정부

경원선

남양주

경춘선

서울

코엑스

팔당

팔당댐

청평댐

북한강

중앙선

분당

신설우회운하

양평

여주

동탄

수도권
도시회랑

평택

남한강

하천운하 및 경전철

경부고속도로

경부선

범례
Ⓤ 주요대학
Ⓕ 산업단지
◎ 업무지구

수도권 산업도시회랑
개념도

과 함께 가야 한다. 그러느니 그만두고 싶었다.

파주 신도시에 대한 이야기가 한창일 때 주택공사 사장이 청와대 보고 전에 나를 찾아왔다. 주택공사가 집 없는 사람들을 위한 집만 지을 것이 아니라 이제는 도시공동체를 만들어

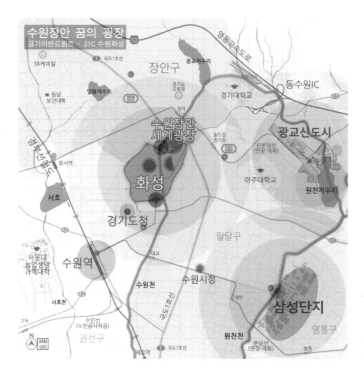

수원 광교CBD와 화성, 삼성전자 어반링크

살아 움직이는 도시를 만들려 하는데 파주가 그 첫 시도를 할 적지이므로 도와달라 한다. 주택공사 이사회를 소집해달라고 하여 이사들을 설득한 뒤 교육문화와 산업과 주거와 상업 모두가 한 도시에 있는 신도시 설계에 들어갔다. 모든 대학이 제2캠퍼스를 구상하고 있을 때다. 연대·이대·서강대·홍대의 통합 제2캠퍼스를 만들고 신촌과 한 구간으로 바로 연결한 통합 대학과 영상·출판·음악 신도시를 6개월 동안 구상했다. 그러던 중 감사원 측에서 수의계약을 했다는 지적이 들어와 현상 설계를 하게 되었다. 안을 설명할 때 심사위원장이 나와 눈을

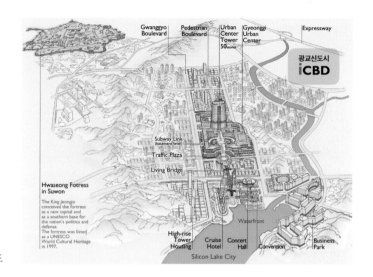

수원 광교CBD 조감도

마주치지 않으려 하는 것을 보고 안 되겠다는 직감이 들었다. 파주 신도시는 그렇게 무산되었다.

평택은 언젠가 용산의 미군기지가 이동하리라 예상한 곳이기도 하고 1969년 여의도 한강 마스터플랜 때 제2수도권으로 생각하던 곳이다. 미군부대에 대해서는 여러가지 감정이 들었지만, 프랑크푸르트가 미군부대로 융성했듯이 동아시아 주둔 미군부대의 활력을 바탕으로 평택을 국제화도시로 만들어야 한다고 생각해왔다. 그러던 차에 김병국 당시 외교안보부 수석비서관이 한샘 조창걸 회장에게 평택 신도시를 중국과 미국과 한국의 중간도시로 이해하고 실시설계를 할 수 있는 사람이 있는지를 물었고 내가 추천되었다. 내 안이 일부만 왜곡·실현되어서는 뜻이 없다고 보고 미리 계약을 요구했으나

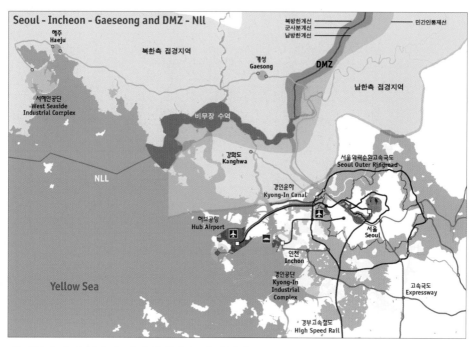

받아들여지지 않아 초기단계에서 무산되었다.

수도권과 개성

　인천의 경우 안상수(安相洙) 인천시장이 시장에 출마하면
서 인천공항을 수도권 산업도시회랑의 견본시장으로 만들고
싶다는 뜻을 밝히며 찾아왔다. 견본시장이란 피에라 밀라노
(Fiera Milano), 하노버 메쎄(Hanover Messe) 등 세계적 제조
업계가 참여하는 선물(先物)시장이다. 당시는 이 세계적 견본
시장의 업체들이 아시아에 상륙하고자 주식을 교환하여 세계
최대의 피에라-메쎄를 이룬 직후였다. 내가 피에라 밀라노를
수도권 공단에 끌어온 것은 세계 최강의 디자인파워를 가진
이딸리아와 함께 수도권공단과 개성공단과 평택공단을 연결

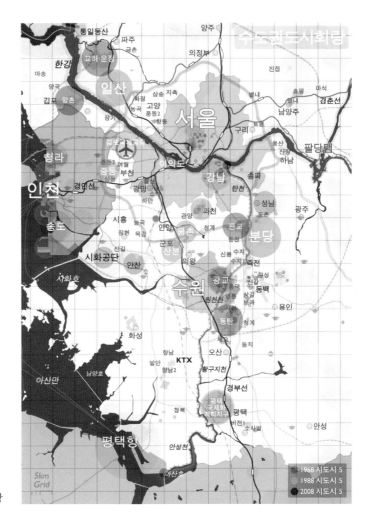

수도권 산업도시회랑

하는 공장–시장의 세계화 라인을 형성하려 했기 때문이다. 여
덟차례에 걸친 상호방문 끝에 밀라노시와 합의하여 두 시장
간의 협약을 이루었으나, 이는 대통령이 나서야 될 일이지 인
천시장의 의지만으로 될 일이 아니었다.

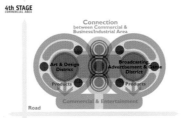

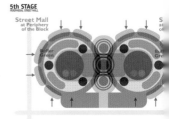

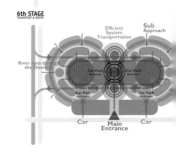

창조산업단지 개발계획 다
이어그램

네 신도시 안을 진행하면서 보니 기왕의 서울에 있던 경인
공단과 서울 도심의 동대문·남대문시장과 세운상가, 그리고
개성공단과 평택공단, 밀라노디자인씨티를 비롯하여 인천공
항과 평택항을 아우르는 마스터플랜은 대통령의 동의가 있어
야 가능한 일이었다.

메트로폴리스의 산업은 2차·3차산업의 수출과 수입, 소비
와 투자가 얽힌 다차원 산업이다. 서울·수도권은 세계에서 유
례를 찾아볼 수 없는 대규모 산업단지를 갖고 있으며 세계 무
역시장의 변동에 따라 끊임없이 변신을 거듭해왔다. 저임금
소기업 위주였던 구로공단이 4000여개 공장의 고임금 첨단디
지털 산업단지로 변했고, 5000여개 공장이 모인 남동공단은

창조산업단지 배치도와 개
발순서

세계적 경쟁력을 가진 자동차 부품단지로 변신했다. 3000여
개 업체가 입주한 부평공단도 아직은 건재하다. 그러나 최근
10년 사이 중국이 세계공장으로 나서고 높은 지가와 노임 탓
에 수도권 공단은 경쟁력을 잃어가고 있다. 서울·수도권의 창
조적 신산업을 창출해야 하는 이유가 여기에 있다.

부평, 구로, 남동 등 1만 2000여개 공장이 모인 경인공단만
한 규모의 수도권 공단은 세계 어디에도 없다. 이에 더해 서울
도심 한복판에 들어선 동대문·남대문시장과 세운상가 등 시
장형 공장이 오늘의 수도권을 만들었다. 정부 주도의 대기업
이 한국경제의 기적적 성장을 이끌어왔다고 말하지만, 성장

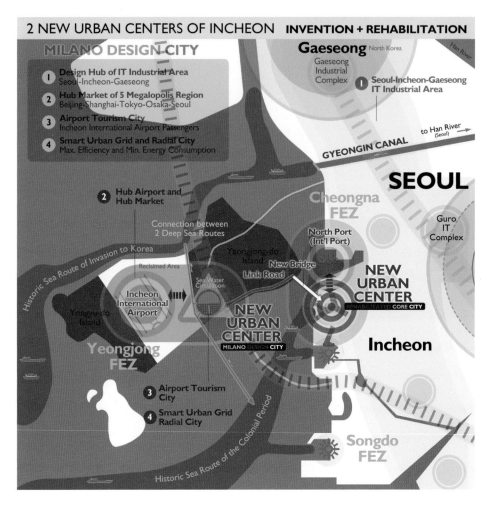

기존의 어반센터와 대응하는 새로운 어반센터로서의 밀라노디자인씨티

의 두 축은 현대차, 포스코, 삼성전자 등 대규모 장치산업 공단과 수도권의 구로, 남동, 부천의 공장들, 동대문·남대문시장, 세운상가 등 도시형 공단이었다. 경인공단과 함께 수도권 산업을 이끌어간 곳이 동대문·남대문시장과 세운상가다. 카

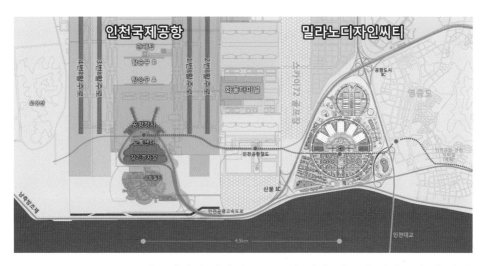

인천국제공항과 밀라노디
자인씨티 마스터플랜

이로대학의 알싸하드 교수가 아랍 최고의 시장도시 칸 칼릴
리를 보여주면서 여기에 시장과 공장이 함께하는 아랍의 세
계경쟁력이 있다 할 때 속으로 '여기보다 더 깊고 넓은 시장
이 서울에 세곳이나 있다'고 생각하며 미소 지었다. 세 시장은
단순한 시장이 아니라 시장이고 공장이고 광장이다. 내가 시
장·공장·광장을 도시생활의 꽃이라고 생각한 것은 동대문·
남대문시장과 세운상가를 남보다 많이 알고 거기서 일하고
배웠기 때문이다.

　세 시장에는 없는 것이 없다. 동대문시장은 원단이 가내공
장을 거쳐 세상의 모든 의류로 만들어지는 곳이며, 저축은행
보다 건전한 일수꾼들의 사채시장이 있고 최고의 식당가가
있는 곳이다. 남대문시장은 없는 것이 없는 도깨비시장이다.
남대문시장은 반공독재 시절에 러시아제 망원경, 심지어 AK-

운정신도시 마스터플랜과
파주 도시비전

47 자동화총기도 구할 수 있었고, 매킨토시 등 고급 음향기기
뿐 아니라 심해 잠수용 기구도 볼 수 있는 시장이었다. 세운상
가는 애플 다음으로 PC를 만든 곳으로 서울공대 출신의 말없
는 실력자들이 일하던 곳이다. 나는 삼성전자와 현대차가 세
운상가에서 시작되었다고 생각한다. 세운상가 자동차 부품공
장의 회장 겸 사장이고 네명의 직원 중 한 사람이기도 한 서울
공대 선배는 자기가 없으면 일본 최고 성능의 자동차들도 없
었을 것이라고 자신했다. 세운상가에서 산 부품으로 PC를 조
립한 때가 1970년이고 1980년대부터는 소프트웨어 작업이

운정신도시 중 대학도시
와 R&D단지, 다국적 신산
업단지, 상업지역 등 3개의
어반블럭으로 이루어진 특
별도시구역의 조감도

시작되고 있었다. 서울·수도권의 종묘 바로 앞에 세계를 제패
할 기술이 자라고 있었다. 메트로폴리스의 가장 유서깊은 유
적 바로 앞에 있는 과거 사창가에서 오늘날 대한민국 산업의
핵이 자라고 있었던 것이다.

도시 깊이 들어와 있는 이들 공단과 시장형 공단을 조직화
하고 이북의 개성공단까지 연결하여 산업도시회랑을 이루면
중국 어느 도시권보다 경쟁력을 높일 수 있을 뿐 아니라 모든
장르의 재능을 고용할 수 있는 사업모델을 이룰 수 있다.

한국경제가 세계 10위권으로 성장한 데는 한민족 DNA의
특별함이 있었다고 생각한다. 한민족은 도시 만들기와 디자
인에 특별했다. 600년 전 중세 최고의 계획신도시인 한양은
500년을 지속한 도시사례이며, 고려청자와 고려불화는 당시
는 물론 1000년이 지난 지금까지도 세계 최고의 상품이다. 금

속활자, 한글, 거북선 같은 것도 서울 메트로폴리스의 창조적 산업도시에서 만들 수 있고 만들어내야 한다.

서울·수도권의 강점은 세계 최강의 고급인력에 있다. 이제는 장치가 아니라 인간이 산업의 핵심이고 세계적 상품이 산업의 중심이다. 90퍼센트 이상을 수출하는 제조업이 세계적 경쟁력을 가지려면 제품을 세계시장에 선보일 수 있는 견본시장이 함께해야 한다. 수도권에는 동북아의 허브공항인 인천공항이 있고 중국의 대륙횡단열차가 시작하는 롄윈강에 가장 가까운 평택항이 있다. 인천공항과 평택항이 개성공단-경인공단과 서울 중심부의 창조산업과 연결되면 중국대륙과 유럽으로 직행할 수 있다.

1만 2000여 업체로 구성된 수도권공단과 개성공단을 함께 살릴 수 있는 삼합(三合)이 인천공항과 평택항과 세계 견본시장이다. 인천공항에 세계 1위의 견본시장인 피에라 밀라노, 하노버 메쎄의 아시아 공동본부를 유치해 경인공단과 개성공단과 서울 도심 창조산업이 세계로 가는 날개를 갖게 되면 시장과 공장이 함께하는 21세기 메트로폴리스의 모델을 만들어낼 수 있다. 고부가·다고용이 가능한 제조업의 최고 경쟁력은 주문생산에 있다. 인천공항은 동북아의 허브공항으로 이미 수도권 산업의 창이 되어 있고, 평택항은 롄윈강이 중국 횡단열차의 시종점인 만큼 중국 전역으로 가는 고부가 상품의 나들목이 될 수 있다. 평택항이 미8군기지와 함께 있는 지정학

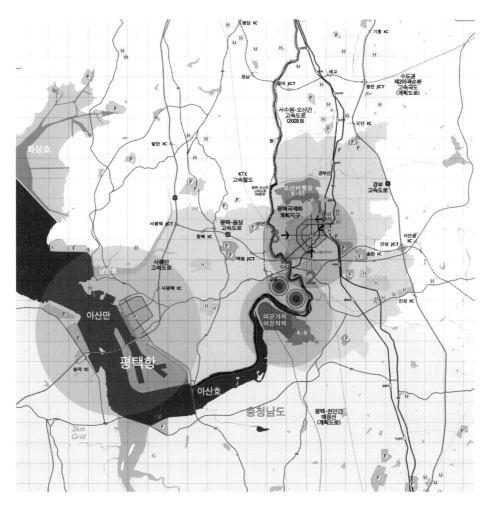

평택항, 평택신도시와 미
군기지 이전지역

적 이점을 최대한 활용하고 인천공항과 평택항이 서울 도심
의 창조산업과 경인공단, 그리고 개성공단과 삼합을 이루면
중세의 베네찌아 못지않은 환상적 세계공장·세계시장을 이
루게 될 것이다.

밀라노디자인씨티는 이러한 수도권 산업도시회랑의 견본 시장을 목표로 안상수 인천시장과 심재원(沈載元) 사장 등이 8년간 열차례 이상 밀라노를 다니며 모라띠 시장을 설득해 이루어진 안이다. 밀라노디자인씨티 전시관 기공식에는 나뽈리따노(G. Napolitano) 이딸리아 대통령까지 참석했다. 하지만 대통령 프로젝트라 할 수 있는 이 일에 우리 대통령이 나서지 않아 더 나아가지 못하고 있다.

개성공단은 정주영 회장 평생의 대사업으로 현대아산이 이북과 2000만평에 2000여 공장이 들어서는 대개성공단을 계약하고 마스터플랜까지 만들었으나 정주영, 정몽헌 회장이 연이어 별세하고 남한의 정권이 바뀌면서 100만평 140여개 공장밖에 들어서지 못했다. 한편 수도권 산업도시회랑은 이미 여러차례 시도했으나 지방자치단체의 이권사업에 밀려 추진되지 않았다.

밀라노디자인씨티를 살린다면 개성공단-서울도심 창조산업-경인공단이 인천공항과 평택항을 두 날개로 세계에 웅비하여 분단 60년 만에 남북 공동산업의 역사적 장을 열게 될 것이다.

개성공단은 2000만평 계약이 완료되었고 밀라노디자인씨티에는 밀라노의 디자인파워를 만든 8개의 핵심기관인 피에라 밀라노, 레오나르도 다빈치 미술관, 트리엔날레, 라스깔라 아카데미, 삐꼴로 극장, 베르디 음악원, IED 디자인학교 등이

밀라노의 10개 기관이 들
어오는 밀라노디자인씨티
조감도

들어서기로 되어 있다. 수도권 공단이 무너져내리고 있으나,
인천 세계견본시장, 평택항, 개성공단, 서울 도심 창조산업이
중국 종단철도가 시작되는 렌윈강으로 열차페리를 통해 이어
지면 중국의 공장과 시장을 압도하는 21세기 메트로폴리스
시장·공장으로 다시 일어설 수 있다.

서울 메트로폴리스가 살아야 한반도의 성장을 이어갈 수
있고 어려운 시기를 맞이한 수도권 산업도시회랑이 일어설
수 있다. 내 생각은 파주, 인천, 서울 도심, 평택의 도시산업군
이 개별적으로 약진하는 데서 더 나아가 서로 연계된 살아 있
는 거대도시 수도권 산업도시회랑을 만들어야 한다는 것이
다. 파주·평택 등 경기도와 밀라노디자인씨티가 도시회랑을
이루게 하려는 일은 중앙정부, 서울시, 경기도, 인천시, SH공

사, 지식경제부 등이 얽혀 있는 일이라 진행이 쉽지 않다. 이 딸리아 대통령까지 와서 전시관 개관식을 한 밀라노디자인씨티와 이제 삼성전자까지 들어서 명실상부한 메트로폴리스의 세계산업도시가 될 수 있는 여건을 갖춘 평택 국제도시 등은 대통령의 결단으로 하나하나의 별도 프로젝트가 아닌 수도권 전체의 혁신을 이룰 수 있는 프로젝트가 될 수 있기에 이 책에 싣는다. 2013 대통령이 할 일은 새로 구슬을 만들기보다 이미 있는 구슬을 꿰어 최고의 목걸이를 만드는 일이다.

2. 뉴타운

가장 속상하고 참기 어려운 일이 아무 잘못한 일이 없는데 남들에게 뒤떨어져버렸을 경우다. 서울시청과 동대문은 100년 역사도시구역 중 가장 볼 만하고 살 만했던 곳인데 지금은 부끄러운 서울의 거리가 되었다. 동대문 일대는 유일하게 남아 있는 도성의 모습을 살려야 하는 곳인데, 한 이라크인 건축가가 디자인한 기이한 모습의 건물이 들어서 있으며, 대한제국이 서울의 중심으로 만들고자 했던 서울시청 자리는 600년 역사도시의 얼굴이어야 하는데, 일본 국적의 구시청사와 국적불명의 신시청사가 덕수궁을 누르듯 들어섰다.

그보다 더 황당한 곳이 뉴타운이다. 지난 반세기 동안 300만 도시에서 1000만 도시로 확대된 서울에서 원주민들의 근거지에 지방정부와 금융권과 부동산업자들이 개발의 판을 벌인 것이 뉴타운이다. 뒤늦게 서울시가 이를 수습하고자 나서고 있으나 그마저도 갈피를 잡지 못하고 있다.

길이 없는 것은 아니나 발상의 대전환이 필요하다. 뉴타운은 지역·지구마다 그들만의 역사와 지리가 있다. 뉴타운 하나하나가 아니라 서넛을 연계하여 베네찌아 리알또(Rialto) 거리와 싼마르꼬 광장을 내장한 크루즈(cruise)선같이 만들고 런던 바비칸센터 같은 주거·문화·산업 융합단지를 이루어야 한다.

지난 10년 뉴타운사업을 시작해서 방치하고 말만 하는 이들에게 수습을 맡기기에는 늦었다. 건축·기계·에너지·재료공학의 준재들과 경영·금융의 귀재들이 특별대책반을 만들어 해결책을 만들어야 한다. 그 분야 최고의 인재들인 만큼 모두 다 바쁜 사람들이다. 하던 일을 제쳐두고 해법을 만들기 위해 합숙하며 작업해야 한다. 이들을 일하게 하려면 대통령이 나서야 한다. 상황의 심각성을 알고 해법을 아는 사람과 대통령이 소통해야 한다. 소통은 사람을 일하게 하여 기적을 만들어내는 대통령의 능력이다.

지난 반세기 동안 남한의 실질소득이 10배 오른 반면 수도권 땅값은 100배 올랐다. 1970년대까지 강남 중심지의 땅값은 강북 주요 지역과 비교가 안 될 정도로 낮았다. 옛 주거지역이던 강북서울은 1980년대까지 서울의 대표적 주거지였고, 중산층 집값은 강남과 비교되지 않았다.

1973년 분양한 반포아파트는 그뒤로 1년 이상 30퍼센트가 빈 집이었다. 청담동, 논현동 단독주택 대지에는 하수구가 없었다. 설계를 하다가 하도 기가 막혀 서울시에 공문을 보내 하수도도 없는 택지를 분양한 일은 서라벌에도 없던 일이라 쓴 적이 있다. 테헤란로는 빈 도로였고 잠실은 벌판이었다. 그러던 곳이 수도권의 심장이던 사대문안 강북서울을 제치고 서울의 중심이 되었다. 이럴 때 경제학자들이 나서서 무슨 말이

서울의 주요 대학과 뉴타운

뉴타운의 핵은 대학캠퍼스다. 연대, 이대, 홍대 등의 완충지대를 통합하여 대학 주거군으로 두고 학교 등 문화인프라를 재정비하여 대학산업군을 일으키면 뉴타운이 창조산업의 요람이 될 수 있다.

라도 해줄 줄 알았다. 아무도 짐작지 못한 일이 수도권 한가운데서 일어난 것이다. 대한민국이 수출로 경제대국이 될 때 강남에 땅과 집을 가진 사람들은 부자가 되었다. 국가 차원에서는 수출이 국가경제의 기반이었고 개인들에게는 부동산 투자가 일확천금의 기회였다. 1년에 100억 달러를 수출하여 국가 기념일로 삼은 나라가 2011년에는 1조 달러 수출대국이 되었고 세속의 이해에 남다른 자들은 강남부자가 되었다. 앞으로 20년 뒤에는 어떻게 될지에 대해 저명한 학자·전문가들이 아무 말 없는 가운데 강남 집값은 계속 오르고, 몰락을 거듭하던 강북서울에는 모사꾼들이 나서 뉴타운이라는 판을 벌렸다. 폭발적인 도시화에 따라 서울로 인구가 집중하면서 생긴 주거난을 토지개발로 해결해오다가 더이상 도시의 확대가 불가능해지자 도시 내부로 들어와 서울의 역사와 함께해온 사람들을 유혹해 재개발을 추진한 것이다.

뉴타운사업은 이명박 대통령이 서울시장으로 재임하던 2002년 강북지역을 종합적으로 개발하고자 시작한 사업이다. 2002년 은평, 길음, 왕십리 등 해방 후 들어선 신개발지가 뉴타운 시범지구로 선정되었고 2003년에는 돈의문, 한남, 미아 등 12곳, 2005년에는 상계, 흑석, 신림 등 11곳 등이 추가 지정되었다. 이후에도 뉴타운지구는 계속 확대되어 현재는 총 35개 지구 370개 구역이 지정되었으며 여기에 정비구역을 합하면 총 1300여개 구역에 이른다. 뉴타운으로 지정된 면적만도 서울 면적의 9퍼센트에 달하는 거대한 크기다.

서울시는 공공기반시설 투자를 전제로 공공에서 개발기본계획을 수립한 후 민간주도로 개발구역별 사업을 추진했다. 그러나 뉴타운사업은 개인땅에 투기자본이 몰려든, 언젠가

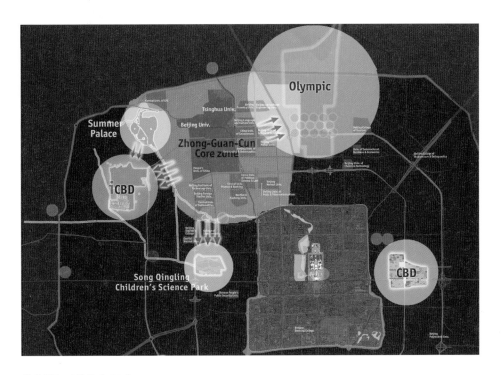

칭화대를 비롯하여 20여 대학과 200여 연구소가 모인 창조산업 본산인 베이징의 중관촌과 대학도시군. 용산의 개발에 있어서 주변 대학을 배경으로 하는 새로운 창조적 신산업의 본산이 되어야 한다.

무너질 사업이었다. 시범지구의 집값이 상승하여 뉴타운사업이 순항하는 듯 보이자 2005년 지방선거, 2008년 총선 등에서 후보들이 선심성 공약을 남발했고 그러다 보니 짧은 기간에 과다하게 뉴타운·정비구역이 지정된 것이다. 실제로 2005년 이후 7년 동안 지정된 뉴타운·정비구역의 수는 401구역으로 그전 7년간 지정된 양의 5.7배, 지난 40년간 지정된 정비구역의 3분의 1 정도에 달한다.

2008년 세계금융위기와 부동산 경기침체를 겪으면서 뉴타운사업은 위기를 맞는다. 수익성이 떨어지면서 재산권을 침

해받게 되자 원주민의 상당수가 반대로 돌아섰고 뉴타운 개발이 불투명해지자 개·보수를 포기해 사업지 일대가 슬럼화되었다. 2012년 8월 기준으로 1300개 구역 중 착공에 들어갔거나 준공된 구역은 32곳에 불과하고 266곳은 추진위원회나 조합조차 구성하지 못하고 있다. 관련자들의 불만이 어느 정도인지는 수천건의 소송이 진행 중이라는 사실로도 판단할 수 있다. 결국 주범은 공공이고 종범은 민간 PF(프로젝트금융)사업팀이다. 정리하자면 과다한 사업비로 인해 분담금이 늘어나 원주민의 재정착률이 떨어지고 정치꾼들의 포퓰리즘 아래 서울 전역에 수십개의 뉴타운이 추가 선정되면서 강북을 집중개발하여 강남북의 균형발전의 기틀을 마련하겠다는 본래의 목적을 상실한 것이다.

뉴타운 시범지구의 집값이 폭락하고 주민과의 갈등으로 인해 대다수의 사업추진이 사실상 중단되자 서울시는 2012년 1월 뉴타운·재개발 사업을 전면 재검토하는 출구전략을 발표한다. 사업추진 여부를 결정하기 위해 추진위원회나 조합 등 사업추진 주체가 없는 정비예정구역 266곳 중 163개 구역을 1차 실태조사 대상으로 선정한 뒤 그중 특히 민원이 많고 실태조사가 급한 28곳은 즉각 조사에 착수하기로 한 것이다. 실태조사를 통해 주민에게 정확한 정보를 전달하여 스스로 추진 여부를 결정토록 하고 30퍼센트 이상이 반대할 경우 구청에 사업취소를 요청할 수 있게 했다.

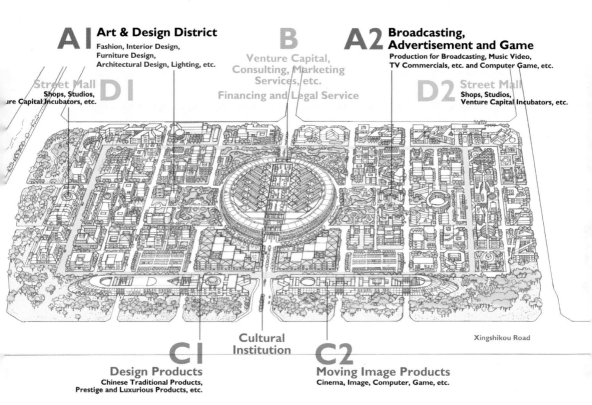

A I Art & Design District
Fashion, Interior Design,
Furniture Design,
Architectural Design, Lighting, etc.

B
Venture Capital,
Consulting, Marketing
Services, etc.

Financing and Legal Service

**A2 Broadcasting,
Advertisement and Game**
Production for Broadcasting, Music Video,
TV Commercials, etc. and Computer Game, etc.

Street Mall D I
Shops, Studios,
ure Capital Incubators, etc.

D2 Street Mall
Shops, Studios,
Venture Capital Incubators, etc.

Xingshikou Road

C I
Design Products
Chinese Traditional Products,
Prestige and Luxurious Products, etc.

**Cultural
Institution**

C2
Moving Image Products
Cinema, Image, Computer, Game, etc.

창조산업도시 사례: 중국
베이징의 VIP를 위한 전용
공항자리에 계획한 BCiA
조감도

그러나 서울시가 나서서 뉴타운을 지정하여 혼란을 자초하고 이제 와서 사업취소를 말하는 것은 국민 기만에 다름 아니다. 뉴타운 출구전략의 핵심인 매몰비용에 대한 서울시와 정부 간 입장 차도 좁혀지지 않고 있다. 이 사업이 도심재생이라는 공적 측면이 있으므로 정부가 일정 부분 국고지원을 해야 한다는 서울시의 입장과 달리, 정부는 개발이익을 얻고자 했던 뉴타운 조합원들의 손실을 국민의 세금으로 메워서는 안 된다며 '국고지원 불가'를 내세우고 있다. 수조원에 이르는 매몰비용에 대한 대안이 없는 서울시의 출구전략은 혼란을 가중시키고 있다.

경제민주화의 방안은 재벌개혁에만 있는 것이 아니다. 더 많은 사람에게 살 곳과 일할 곳을 만들어주는 일이 경제민주화의 시작일 텐데, 수도권은 '그들'의 천국이지 1000만 서울시민의 천국이 아니다. 또한 경제정의가 국민들에게 평등한 기회를 주는 것이라면 부동산 투기세력이 수도권 주거사업을 혼란에 빠뜨린 지금 그 정의는 어떻게 실현될 수 있을까. 중장기적으로 주거권을 인권 차원에서 다루도록 사회씨스템을 구축하고 구역해제 지역은 '마을만들기' 등 사람 중심의 주거재생사업으로 전환해야 한다.

수도권에 필요한 것은 더이상의 투자가 아니라 파괴를 수반한 창조적 개혁이다. 종묘-남산 사이 인현로 위에 세운 세운상가군은 도시산업과 주거의 공동공간을 의도한 것이었으나 결국 살던 사람은 쫓아내고 '그들'이 들어서, 지은 지 40년이 지난 지금은 재개발 대상으로 전락했다. 나뽈레옹 3세가 빠리개혁을 통해 도시공간의 민주화를 이루었던 사례를 평가하고 연구해야 한다.

뉴타운사업이 지금처럼 천편일률적인 중대형 아파트 공급사업으로 지속되어서는 창조적 개혁을 기대할 수 없다. 뉴타

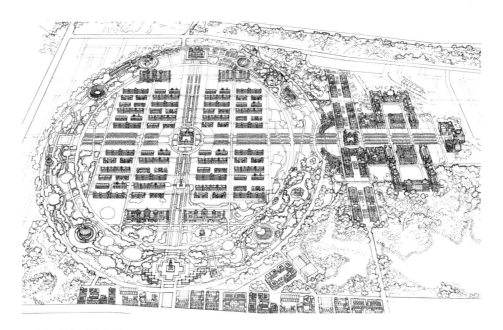

뉴타운 사례: 지부티 대통령의 부탁으로 UNDP(유엔개발계획)에 제출한 1800세대 완전주거도시

운·정비구역 1300곳마다의 역사·지리·인문에 따라 답이 달라야 한다.

그 첫걸음은 토지조직 개혁에서부터 시작되어야 한다. 뉴타운의 지번, 면적, 형태 등을 재조정하여 뉴타운 대상 토지를 재조직하고 뉴타운이 시장과 광장, 학교를 중심으로 하는 보행 중심의 도시형식을 이루도록 해야 한다. 빠리 보주광장(Place des Voges)은 무질서한 도시가로에 사각의 광장을 도입하여 가로망을 재구축하고 광장 주위에 공동주택군을 배치하여 건축공간과 도시공간을 하나로 융합해낸 사례다.

주거문제의 핵심은 무엇보다 원가경쟁력이다. 반값아파트는 정치인이 아니라 건축가와 발명가가 실현해낼 수 있는 일

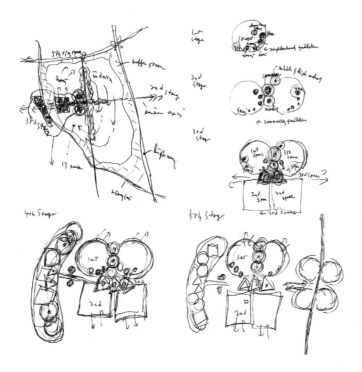

베이징 특별도시구역의 뉴타운 개발 개념 스케치. 본래는 청화대학을 이전하기 위해 첨단산업단지를 만들어 교외주거를 집합하려 했지만 신도시 수준에 머물고 말았다. 2001년 2월 베이징 전시회에서 우 량룡 교수, 중국 건설부장관, 청화대학장, 프랑꼬 만꾸조 교수 등에게 이 안을 설명했다.

이다. 컨베이어벨트 생산방식으로 원가를 5분의 1로 절감하여 T형 포드자동차를 만든 포드(H. Ford)는 자동차 양산화와 대중화를 달성해 세계기업을 만들어냈다. 주거원가 절감의 길은 건축공정이 공장과 현장으로 양분되는 공업생산 주택에 있다. 뉴타운을 한국 특유의 공동체로 만드는 일은 21세기형 고밀도·다목적 주거건축의 발명을 통해 가능한 일이다. 2000년 중국의 도시화에 따른 주거혁신을 위해, 뽕삐두센터를 설계한 리차드 로저스 팀과 2분의 1 원가의 고층주거를 2년간 연구한 결과 충분히 가능하다는 결론을 얻었다. 원가절감은

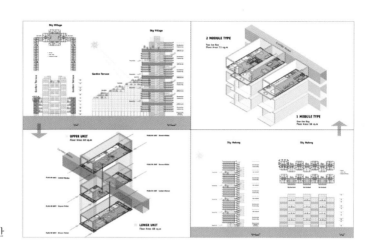

뉴타운 표준설계안

건축공학의 혁신 없이는 이룰 수 없다.

　도시형 주거공간의 경쟁력을 높이기 위한 또 하나의 방편
은 지하공간 개발이다. 뉴타운으로 지정된 지역을 건축법의
특별대상으로 지정해 주택건설촉진법의 제한을 넘어 토지 효
율의 극대화를 이루게 해야 한다. 기왕의 건축법과 주택건설
촉진법은 주거건축이 건축공학과 도시적 맥락을 무시한 채
지어지는 것을 방지하고자 만들어졌다. 하지만 뉴타운은 경
우가 다르므로 특별법을 지정해 실행해야 한다. 단순히 용적
률을 높이는 대책은 현재의 대안이 될 수 없다. 건축법과 주택
건설촉진법에 예외조항을 두어 지하층까지 지표면을 확대할
수 있도록 허용해야 한다. 토지원가를 줄이고 공업생산 방식
의 도입으로 질 좋은 건축공간을 싼값에 공급하는 등 뉴타운
특단의 건축도시화 방안이 나와야 한다.

한 단계 더 나아간 적극적인 해결책은 뉴타운의 개념을 바꾸는 것이다. 경쟁력 있는 도시구역은 주거공간에 시장, 공장, 광장 등 도시의 기반공간이 갖추어질 때 이루어진다. 앞서 언급했던 보주광장은 공동주택에 처음으로 도시공동체 공간 개념을 도입했다. 광장은 빠리 시민들의 산책과 공공축제를 위한 공간이 되고 이를 둘러싼 건물들 각각의 아랫부분은 갤러리와 상점으로, 윗부분은 주거지로 이루어졌다. 사유공간이던 공동주택이 공유공간을 중심으로 구성되는 집합주거형식을 시도한 것이다. 주거공간을 기하학적 질서의 공동부분과 자유형식의 사유부분으로 이원화한 보주광장의 건축형식은 이후 빠리 집합주거의 한 전형이 된다.

우리는 뉴타운을 산업·숙박업이 개입한 특유의 도시산업 주거구역으로 만들어야 한다. 돈을 버는 주거지역이 되어야 하는 것이다. 베네찌아의 경쟁력을 창출하는 것 중 하나의 방안은 숙박업이다. 베네찌아비엔날레가 열릴 때면 숙박비는 두세배 오르고 그마저도 예약이 힘들다. 때문에 일반 주거시설들이 숙박기능을 담당한다. 계절사업인 관광산업의 최대 수요에 맞추려는 계획은 비상식적이다. 유동적인 숙박 수요에 유연하게 대응할 수 있는 씨스템이 마련되어야 한다. 그러려면 주거지역이 이를 감당해야 한다. 서울에 오는 관광객의 90퍼센트가 강북을 찾는다. 뉴타운이 강북 특유의 관광숙박 기능을 담당할 수 있도록 해야 한다.

크루즈는 초고밀도 고층주거와 같다. 크루즈 안에 싼 마르꼬 광장이 들어선 개념으로 도시 주거지역의 대혁신을 이루어 아파트 원가를 대폭 줄이고 주요 공간이 산업공간으로 전이하면 돈을 버는 주거구역이 될 수 있다.

지금은 공단산업과 제조업이 아닌 소프트 인더스트리의 시대다. 건축법 개정을 통해 확보한 지하공간을 소프트 인더스트리의 전진기지로 만들어야 한다. 대규모 장치가 필요한 산업이 아니기 때문에 10평 정도의 공간만 있으면 가능하다. 또한 뉴타운의 대부분이 대학권과 접하고 있다. 서울의 주요 대학 모두가 뉴타운 한가운데에 있다. 여기에 뉴타운의 출구가 있고 답이 있다. 대학과 연계하여 소프트 인더스트리를 일으켜야 하는 것이다.

지상 주거공간의 답은 크루즈선이다. 여행기간에 따라 몇 달을 머물기도 하는 크루즈선은 그 자체로 고밀화된 주거와 다름없다. 도시 한복판에 크루즈선을 띄운다는 개념으로 공간조직을 계획해야 한다. 도시공동체에 대한 개념을 확대하여 베네찌아의 깜뽀(campo, 광장)처럼 공공공간이 개인공간을 겸용케 하여 두 공간을 친화적으로 공유하게 한다면 최소 주거면적에서도 쾌적한 삶을 살 수 있다.

런던의 바비칸센터는 2차대전 때 독일군의 공습을 받은 폐허 위에 극장, 콘서트홀, 도서관, 전시장, 영화관, 길드하우스 등을 중심으로 고밀도 아파트를 함께 두었다. 건폐율·용적률의 완화 등 고밀도의 아파트를 지을 수 있는 인센티브를 얻어 주거공간을 고밀도로 지을 수 있게 했고 그 덕분에 주거공간과 문화공간이 융합된 경쟁력 있는 주거단지를 이룰 수 있었다. 베네찌아는 섬마다 깜뽀가 있고 깜뽀의 공방·호텔·상점이 관광객을 끌어들이고 있어 주거공동체가 경제주체가 되었다. 광장은 그 자체가 시장이고 공장이다.

서너개의 뉴타운을 이와 같이 조직화하여 중앙에 학교와 시장과 도시광장을 두어 뉴타운 안에서 대부분의 일상생활을 영위할 수 있도록 해야 한다. 창조적 신산업군을 이루게 되면 다른 도시구역의 인구도 흡수할 수 있을 것이다. 그래야 명실상부한 뉴타운이 되는 것이다.

지금처럼 뉴타운문제에 접근해서는 부동산 가치 상승 외에는 기대할 것이 없다. 뉴타운을 산업형 복합주거단지로 만들어나가는 길만이 퇴로이자 출구다. 뉴타운이 신도시공동체로 일어서게 하려면 지금까지 건축시장을 과점하던 관료·설계자·시공자·사업자들이 물러나고, 발명과 혁신을 할 수 있는 도시경영과 도시건설 분야의 학자와 전문가들이 나서야 한

런던 바비칸센터 지구

런던 바비칸 지구	● 위치 : 런던 지하철 바비칸역과 모아게이트역 사이 ● 부지면적 : 약 141,640M² (약 42,800평) ● 주거시설 : 총 2,113세대 (6,500명 거주), 43층 고층아파트 3개동, 10층 ㄷ자형 아파트 2개동, 호텔(200실 규모) ● 바비칸예술센터 : 콘서트홀(2,000석 규모), 공연극장(1,250석 규모), 도서관, 미술관 등 ● 교육기관 : 길드홀음악연구학교, 시립여학교 ● 특징 : 보행자와 차량동선의 완전 분리, 3층 높이의 공중보행로, 수변공간과 작은 폭포, 역사적 문화재 보존

다. 한 예로 전문가들의 안을 토대로 고려대와 성신여대의 벽을 허물고 그 지역 고유의 역사구역을 보존하고 주변 중고등학교와 시장, 광장지대를 재조직하고 지하철, 공원 등 문화인프라를 구축하면 고려대-성신여대를 하바드-레드클리프 같은 명문대학 구역으로 만드는 일이 가능하다.

미아뉴타운, 길음뉴타운을 핵으로 하여 북한산 자락의 다른 주거지역과 북한산의 자연, 정릉천, 정릉 일대의 녹지를 집합하여 돈암동의 새로운 신촌을 이루게 하는 것이 뉴타운의 새로운 길이다.

뉴타운이 일어서려면 주택건설촉진법이 아니라 혁신적인 도시건축촉진법을 시행하는 등 맨해튼이나 바비칸센터같이

리슐리외, 마자랭 등 프랑스를 지배한 집권계급의 정원이던 빠리의 보주광장. 광장을 둘러싸고 있는 건축물들의 1층은 공공공간화하고 상부는 개인공간으로 만들어 공유의 공간을 극적으로 확대했다.

도심 내의 고밀도 주거산업공간군으로의 대전환을 가능케 하는 법적 장치를 우선 만들어야 한다. 현재의 조례에 따라 가불가(可不可)를 따질 것이 아니라 뉴타운·재개발 관련법의 정비를 통해 자유를 얻어야 한다.

　뉴타운은 현재 여기에 관여하고 있는 사회운동가·건축미술가보다는 창조산업과 기계공학·건축공학·조선공학의 영웅과 천재가 나서서 답을 찾아야 하는 험하고 어려운 길이다. FTA와 농수축산업과 뉴타운문제는 갈수록 그 출구를 찾기 어려운 미로의 세계다. FTA 아래 농수축산업의 살 길이 F&B(Food and Beverage) 공장과 국제경매장 공항도시에 있듯이 뉴타운 회생의 길도 철학적 담론의 영역이 아니라 최소 에너지·최고 효율의 도시산업과 공장생산 도시와 디지털씨티 그리고 크루즈형 도시산업·주거지역에 있다. 해결할 방안이 없는 사람들이 비켜서야 전문가가 일을 할 수 있다. 이는 대통령의 리더십이 필요한 일이다. 이것이 바로 새로운 뉴타운 안이 '2013 대통령 프로젝트'의 하나가 된 이유다.

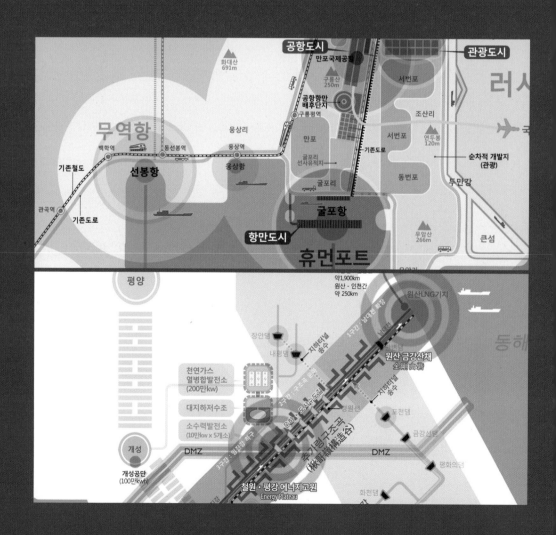

공항도시

관광도시

화대산
691m

만포국제공항

구룡산
250m

러시

서번포

무역항

조산리

웅상리

웅상리

공항항만
배후단지

만포

연두봉
120m

순차적 개발지
(관광)

백학역

동선봉역

구룡평역

서번포

기존철도

웅상역

웅상항

굴포리
선사유적지

기존도로

동번포

선봉항

두만강

관곡역

기존도로

굴포리

우암산
266m

큰섬

굴포항

항만도시

휴먼포트

평양

약1,900km
원산 - 인천간
약 250km

원산LNG기지

동해

장안댐

원산 금강산채

천연가스
열병합발전소
(200만kw)

내평댐

지하터널
용수

대지하저수조

포천댐

소수력발전소
(10만kw x 5개소)

철원 · 평강 에너지고원
Energy Plateau

금강산댐

개성

DMZ

DMZ

평화의댐

개성공단
(100만kwh)

회천댐

3장
북한 도시건설

대한제국이라는 주권국가를 선언한 것이 115년 전의 일이다. 중국과 일본을 견제하고 구미 열강과 외교전을 벌였으며, 러시아를 끌어들여 한반도 국가경영의 대계를 세우고 수도 서울을 중심으로 철도와 항만, 신작로 등 국가 하드웨어와 정부조직, 토지소유제도 등을 일신해 낸 대한제국이 일본에 병합된 것은 102년 전이다. 일본제국이 36년 만에 패망했으나 대한제국은 해체되고 남과 북의 두 정부가 들어선 후 65년이 지났다.

2013년, 남북한이 힘을 합하면 100년 만에 통합된 주권국가를 다시 선언할 수 있는, 세계사적 흐름과 국민의지와 시대정신이 함께하는 때다. 100년 만에 우리 힘으로 남북공동사업을 벌일 절호의 기회이며 이는 향후 5년이 고비다. 이번 대선이 중요한 이유가 바로 여기에 있다.

도시는 인간사회의 삶을 담아내는 하드웨어다. 도시건설에서 가장 중요한 것은 우수인력이다. 남한의 가능성과 북한의 잠재력을 합하면 21세기 최대 사업이 될 도시건설과 경영에서 최강의 팀을 이룰 수 있다. 이를 위해 우선 한반도에서 남북공동 도시사업을 성공적으로 이루어 세계시장에 보여야 한다.

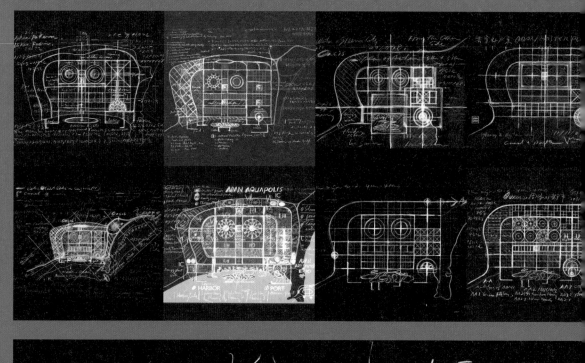

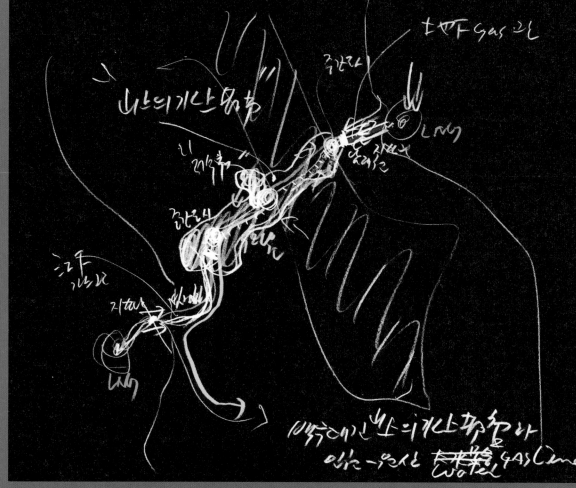

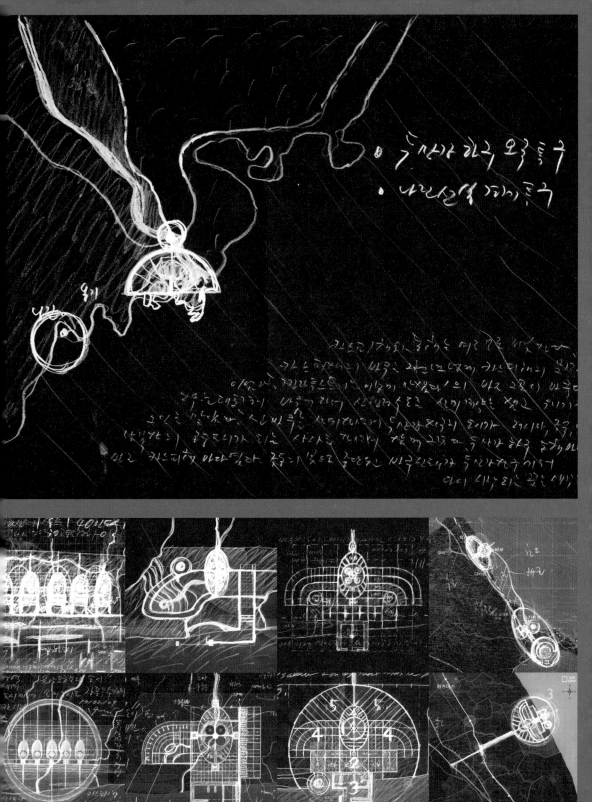

한민족의 유래에 대해서는 바이깔 호수에 살던 고대 부족이 동진해 한반도에 정착했다는 설이 유력하다. 고구려 광개토대왕은 만주를 통합하여 한민족 최대의 영역을 만들고 뒤를 이은 장수왕이 평양에 신도시를 건설하고 수도를 국내성에서 평양으로 옮겼다. 백제도 건국 당시 한성에 첫 도읍을 정한 뒤 공주, 부여로 신도시를 건설하며 천도했다. 신라만이 도읍을 옮기지 않고 본래의 터에서 확장해나갔다. 삼국통일을 이룬 신라가 경순왕 때에 이르러 세력이 약해진 틈을 타 후고구려를 세운 궁예는 철원에 신수도를 정했고, 이후 고려를 건국한 왕건은 개성에 신수도를 건설했다. 600년 전 불교국가를 멸하고 등장한 조선은 유교 도시원리에 따라 한양을 세웠다. 이처럼 한민족 DNA에는 도시건설에 있어 어느 민족보다 강력한 염원과 능력이 있다.

전세계는 끝없는 도시화를 거듭하고 있다. 19세기 초까지만 해도 세계 인구의 5퍼센트만이 도시에 거주했는데 이제는 세계 인구의 절반이 도시에 거주한다. 18, 19세기 아시아와 아메리카 대륙에 유럽의 식민도시들이 세워지면서 세계도시화의 큰 흐름을 주도했다면 20, 21세기에는 중국, 인도, 중동, 아프리카가 세계도시화의 주류가 되었다.

위대한 문명은 위대한 도시를 남겼다. 위대한 도시가 문명을 지속해온 것이다. 유럽이 르네상스 이후 지금까지 세계에서 가장 앞서왔던 것은 중세와 르네상스와 산업혁명을 거치면서 만든 위대한 도시들 덕분이었다. 미국이 2차대전 이후 세계를 주도하고 있는 것도 뉴욕, 시카고, LA, 쌘프란시스코 등 세계적 도시를 만들었기 때문이다.

지속가능한 문명의 요체는 자연보호라기보다는 위대한 도시건설이다. 자연보호는 소극적인 지속가능발전이지만 위대한 도시건설은 토지를 집중 개발함으로써 자연과 공존하는 적극적인 지속가능발전의 틀을 만드는 것이다. 고밀도의 도시는 산술적으로 저밀도의 도시보다 도시 건설과 경영에서 자연훼손이 적을 수밖에 없다. 하지만 지구온난화와 에너지 고갈 시대를 맞은 21세기에 와서는 20세기의 유럽 도시, 미국 도시들이 그들만의 천국이었음이 드러나고 있다. 20세기에는 그 도시들이 위대한 도시문명을 이루었으나 이제는 인류 재앙의 근원이 되고 있다. 그러나 정작 유럽 도시와는 달리 자연과 인간의 질서를 일치시켜온 저밀도 도시였던 동아시아의 도시들은 현대화의 물결에 휩쓸려서 지상에서 사라지거나 도시 정체성을 잃은, 서양 도시의 아류가 되어가고 있다.

유럽과 미국 도시의 모델은 이제는 인류가 넘어서야 할 과제가 되었다. 20세기의 가장 위대한 도시설계가 르꼬르뷔지에는 1943년 아테네헌장에서 자동차와 공존하는 20세기 도시를 선언했으나, 21세기 현대도시는 결국 자동차에게 도시를 빼앗긴 모습이 되었다.

한국이 세계 10위의 경제국가로 성장했으나 우리의 도시가 인류문명의 정체성과 보편성을 지닌 지속가능한 도시인지, 우리 경제가 침체를 거듭하고 있는 이유가 혹시 서양 도시의 아류인 우리 도시들의 하드웨어에서 비롯하는 것은 아닌지를 생각해야 할 때다. 대개 제조업의 경우 물류비가 인건비보다 높은 것은 도시효율이 현저히 떨어졌기 때문이며 부동산가격의 과도한 상승은 토지이용의 실패에서 비롯한 것이다. 도시경쟁력은 인구와 산업과 도시의 효율에 있는데, 앞으로는 이를 더이상 기대할 수 없는 구조적 문제가 생긴 것이다.

부(富)가 문명을 만들고 문명이 도시를 만든다. 한 국가와 민족이 융성했을 때 위대한 도시를 후손에게 남겨 지속가능한 발전을 이루게 해야 하는데, 우리는 고려 이후 1000년 만에 찾아온 기회를 오히려 후손들에 짐이 되고 인류에 재앙이 되는 도시를 만드는 데 쓴 것은 아닌지 반성해야 한다.

우리의 과오를 반성하고 위기를 기회로 바꿀 수 있는 길이 중국과 인도에서 펼쳐지고 있다. 중국과 인도의 산업화와 도시화는 인류가 지금까지 경험한 어떤 것보다 더 큰 규모로 세계를 변화시킬 것이다. 산업화는 결국 도시화다. 산업혁명 이후 유럽의 농촌은 도시로, 소도시는 대도시가 되었다. 중국이 농경사회에서 산업사회로 바뀌어가면서 앞으로 10~20년 사이에 3억에서 5억에 이르는 농촌인구가 도시로 유입될 것은 자명한 사실로 받아들여지고 있다. 인구 10만~20만의 베네찌아만한 도시 3000 내지 5000개가 10~20년 사이에 만들어져야 하는 것이다. 이러한 도전은 인류 역사상 없었던 일이다. 남한에서도 지난 30년간 참으로 많은 농촌인구가 도시로 이동하며 새로운 도시가 만들어지면서 전국토가 난개발되고 1000년을 지속해온 문명의 하드웨어가 지상에서 사라졌다. 또한 국토의 불균형발전으로 한반도의 균형이 무너졌다. 중국 도시들이 맞은 도전은 이보다 10배가 넘는 스케일이다. 이런 점에서 중국의 도시화는 매우 중요한 실험이 될 것이다.

우리가 그동안 만들어온 도시는 우리가 이루어온 것을 지속적으로 발전시킬 수 있게 하는 도시가 아니었다. 그럼에도 중국은 우리가 걸어온 길을 답습하고 있고, 인도는 중국의 뒤를 따르고 있다. 지금 중국과 인도에서는 수천개의 도시들이 난개발되고 있다. 중국과 인도의 도시들이 서양 도시들처럼 세계 인구 중 5퍼센트가 에너지 25퍼센트를 쓰는 방식을 따라 가면 인류는 공멸할 수밖에 없다. 이제야말로 아시아에서라도 인류의 문명공존을 위한 지속가능발전의 도시를 만들어야 한다.

알렉산드로스 대왕이 헬레니즘의 도시 알렉산드리아를 만들었듯이 한국, 중국, 일본, 인도가 동아시아 문명의 도시를 만들면 그 도시들이 동아시아의 문명을 이끌어나갈 것이다. 문제는 어떻게 만드느냐다. 10~20년 안에 10만~15만의 도시 5000여개가 만들어진다는 점을 가정하면 그 도시들을 비행기, 항공모함이나 초고층 건축물같이 완벽히 통제된 제작방식에 의해 만들어낼 수 있다. 엠파이어스테이트 빌딩을 단 2년 만에 건설할 수 있었던 것은 사전제작이 가능했기 때문이다. 여의도를 오늘의 도시로 만드는 데는 40년이 걸렸지만 디지털시대에는 5년이면 가능하다. 우리가 도시건설의 기술과 속도 면에서는 세계에서 가장 앞서 있다.

여의도와 한강, 서울대 마스터플랜을 하고 있을 당시는 새마을사업으로 농촌 주택의 반 가까이를 다시 지으려 할 때였다. 중세와 르네상스 시대의 유럽 농촌주거는 완벽한 설계도로 지었기에 아름답게 남았고 산업혁명 이후 급속한 도시화에 따른 도시형 건축들도 표준설계도가 있어 오늘의 모습이 가능했다. 아름답고 뛰어난 설계도를 공급할 수 있다면 새마을사업이 아름다운 농촌 만들기에 성공할 수 있으리라 보고 참여하려 했다. 당시 프랑스에서는 건축가가 표준설계도의 안을 내고 한채 지어질 때마다 설계비의 5퍼센트를 받았다. 스무채가 지어지면 온전한 설계비를 받을 수 있는 셈이다. 그 제도를 도입하고자 주택공사와 건설부 등을 설득하던 중 여의도와 한강, 서울대 계획이 우선이어서 끝까지 추진하지 못했다. 당시에는 집만 개량하고 있었기 때문에 언젠가는 근본적인 농촌 구조개혁이 있어야 할 터이므로 그때 도농복합의 완벽한 도시건축도면을 만들면 될 것이라 생각하여 비껴섰다. 여의도와 서울대로 돌아갔지만 농촌을 잊은 것은 아니다. 한국문명의 근원인 농촌과 농업의 현대화에 성공해 농촌이 도시와 두 축을 이루어야 아름답고 강한 나라가 된다는 생각은 그때나 지금이나 같다.

40년이 지난 2011년부터 칭화대학과 함께 도농복합체에 대한 연구를 다시 하고 있다. 단순히 건축물을 다루는 것이 아닌 공장, 시장, 광장, 학교, 주거 등이 있는 포괄적 인간공동체 설계이므로 사전에 모든 것이 연구되고 실험되어야 한다. 디지털 설계가 없던 과거에는 불가능한 일이다. 디지털 설계·제작 시대에는 과거에 수백명이 했던 일을 서너명이 할 수 있다. 실험, 분석 등을 거친 사전제작을 통해 도농복합체의 도면을 만들면 지식정보화시대의 미학과 철학, 공학이 집약된 인간공동체 건설이 가능한 것이다. 철학적·미학적 상상력이 함께 융합된다면 도시와 농촌의 괴리를 극복하고 위대한 공동체를 만들 수 있게 될 것이다.

도시건설의 방식은 기존 도시재개발과 신도시 건설 두가지가 있다. 동아시아가 부딪힌 가장 큰 주제는 새로 지어야 할 신도시들이다. 우리가 가장 앞선 도시건설 능력을 갖고 있음에도 불구하고 왜 도시제작에서 앞서 나서지 못하는가?

예전에는 도시 같은 복합체를 사전에 제작할 수 없었다. 지금 도시화의 규모와 속도, 21세기 정보혁명은 도시제작을 가능하게 할 것이다. 인구 5만의 도시 정도면 완벽히 계획하고 상당부분을 사전에 제작할 수 있다. 특히 산업도시 건설에서는 사전제작이 필요불가결하다. 도시를 미리 설계·제작할 수 있다면 도시건설 비용은 반으로 절감할 수 있다.

건설비를 반으로 줄일 수 있다는 것은 도시효율을 그만큼 높일 수 있다는 뜻이다. 도시의 에너지, 물류, 유지관리 모두에 드는 비용을 줄일 수 있는 것이다. 동아시아 도시의 물류비는 노동자 임금의 세배 내지 다섯배에 달한다.

21세기 지식정보화시대에는 도시를 철저히 계량화하여 통제·제어할 수 있는 거대한 인간집합의 하드웨어로 만드는 일이 가능하다. 디지털씨티는 인류가 지금까지 이룬 가장 위대한 발명이 될 것이다. 디지털씨티의 모델을 한국이 개발할 수 있다면 중국의 5000개, 인도의 3000개 도시 건설에 참여할 수 있는 길이 열릴 것이며 중국과 인도에 이어 러시아와 브라질의 신도시 건설도 주도할 수 있을 것이다. 다행히 한국은 지식정보화의 세계강국이 되었고 전자·조선·철강·자동차·석유화학 분야에서 최고의 능력을 보유하고 있다. 21세기형 도시를 만드는 다섯 기술분야 모두 앞서 있으며 인력구조 면에서도 세계 최고 수준이다.

문제는 도시를 상상하고 생각하고 만들 수 있는 창조적 핵심인력이다. 거대자본과 위대한 두뇌가 힘을 합하면 중국과 인도, 러시아 등의 신도시 건설을 주도할 수 있다. 최소의 에너지를 쓰고 최고의 효율을 발휘하면서도 가장 경제적으로 지을 수 있으며 모두가 살고 싶어하는 21세기 도시모델을 우리가 만들어낸다면 전세계에 수출할 수 있을 뿐만 아니라 이후 50년, 100년 동안 끊임없이 도시경영의 소프트웨어를 제공할 수 있다. 도시건설은 100년 산업이다.

역사적으로 도시건설에 뛰어난 민족적 DNA를 지니고 있는 남과 북이 도시 건설과 경영에 함께 나서야 한다. 실제로 중동에 처음 건설된 쿠웨이트 신도시 국제현상에서 한국의 아키반이 미국의 벡텔을 제치고 당선했고 지금까지도 한국의 건설회사들이 중동·아프리카의 신도시와 인프라 건설의 선두를 점하고 있다.

도시건설은 도시·토목·건축산업 모두의 설계, 시공, 감리와 경영까지를 고려해야 하는 작업이다. 인간사회의 모든 삶을 담는 거대한 하드웨어가 도시다. 그런 점에서 도시건설에서 가장 중요한 것은 과학과 공학 전반에 걸친 수많은 우수인력의 투입이다. 남한은 도시건설에 있어 오랜 경험과 풍부한 기술력을 갖추고 있지만 고임금체제에 시달리고 있다. 이를 해결할 수 있는 것이 북한의 우수한 인적자원이다. 21세기 최대 사업이 될 도시건설에 남한과 북한의 가능성과 잠재력이 합해지면 도시건설과 도시경영에서 최강의 팀이 될 수 있다. 그러기 위해서는 우선 한반도에서 남북공동 도시사업을 성공적으로 이루어 세계시장에 선보여야 한다.

북한은 도시건설의 대상지로 최적의 조건을 갖고 있다. 대부분의 땅이 국유화되어 혁신적인 도시개발이 과감하게 이루어질 수 있으며 중국, 일본, 한국 등 경제강국과 이웃하고 있다는 지리적 이점이 있다. 또한 완전무장한 100만 군대가 군사적으로 대치하고 있는 상황에서 남북의 공동 도시건설은 60년 분단체제를 극복할 수 있는 상징사업이 될 것이다. 세계적으로 투자가치가 높고 가능성과 잠재력을 가진 지역을 선정해 남북이 공동으로 도시건설에 나서야 할 이유가 여기에 있다.

그 첫 시도로 '두만강 하구 다국적도시'를 제안한다. 북한이 중국과 공동으로 나진·선봉, 황금평·위화도를 개발하더라도 얻을 수 있는 것은 토지임대비가 전부다. 나진·선봉항은 물류항만인데다 배후지가 거의 없고 그나마도 개발이 완료되어 더이상 고용을 창출하지 못한다. 나진·선봉에 러시아, 중국, 일본, 남한, 북한 다섯 나라가 참여하는 두만강 하구 다국적도시가 더해지면 21세기 인류의 꽃과 같은 도시가 될 것이다.

두번째 남북공동사업은 남북분단의 상징공간인 비무장지대 동서관통운하와 백두대간 에너지도시다. 원산과 인천을 잇는 운하도시가 시베리아의 천연가스와 백두대간의 물을 남북한에 공급하게 할 수 있다. 사실 이 사업은 공학적으로는 비교적 간단한 사업이지만 해결해야 할 정치·군사적 문제들이 한결 복잡하므로 두번째로 돌린 것이다.

'두만강 하구 다국적도시'와 '동서관통운하와 백두대간 에너지도시'는 꿈 같은 안일 수도 있다. 그러나 그 꿈은 남북한이 함께하면 현실로 만들 수 있다.

1. 두만강 하구 다국적도시

[북한 도시건설]

랴오닝(遼寧)성과 진저우(錦州)시가 함께한 진저우 항만도시 계획에서는 수출입기능 항만뿐 아니라 수상 배후공단을 만드는 안을 제안했다. 쿠웨이트 도시개발팀 EWAA와 계약한 아덴 신도시는 세계 최대의 가와르(Ghawar)유전이 사막을 통과하여 아덴에 이르도록 송유관으로 연결해 호르무즈해협을 통과하지 않는 석유수출항을 만드는 계획이었다. 노무현 대통령이 아제르바이잔 알리예프(I. H. Aliyev) 대통령을 만나 계약한 바구 신행정도시 계획에서는 중앙아시아 일대 최대의 석유화학도시, 농수축산도시, 카스피해의 바다도시를 만드는 안을 구상했다.

진저우, 아덴, 바구에서의 경험이 두만강 하구 다국적도시의 바탕이 되었다. 진저우 항만도시같이 공장·시장이 함께하는 항만공단도시를 구상하고 아덴 신도시보다 더 큰 물류가 앞을 지나는 두만강 하구 공항·항만을 계획했다. 카프카스산맥과 카스피해가 만나는 바구와 유사한 지형이기에 바구 신행정도시같이 시베리아의 천연가스 저장기지를 두만강 다국적도시에 두어 동아시아의 LNG기지 도시를 만들고자 했다. 티베트 샹그릴라 같은, 백두산과 동해가 만나는 두만강 하구 굴포리 선사유적지 일대는 21세기에 걸맞은 신도시를 만들 수 있는 최고의 장소다.

두만강 하구 다국적도시는 시장도시·공항도시·항만도시·공단도시·관광도시 등 다섯 도시구역으로 이루어진 복합도시다. 최근 발표된 중국과 북한의 나진·선봉 개발과 두만강 하구 다국적도시가 하나로 이어지면 앞으로 '청해'(Blue Sea)라고 부르고자 하는 동해의 블루오션이 될 수 있다. 중국과 시베리아를 횡단하는 TCR(Trans China Railroad)과 TSR(Trans Siberian Railroad)이 만나는 곳이 두만강 역이다. 나진·선봉이 두만강 하구 다국적도시와 연결된다면 세계 각지로 뻗어나가는 물류항이 될 수 있고, 배후공단을 두어 항만도시화하면 나진, 선봉, 굴포 세 항만이 세계 최강의 복합항만공단도시가 될 수 있다.

1960년대 말 여의도·한강 마스터플랜이 끝난 후 곧바로 관악산 서울대학교 마스터플랜 작업이 시작되었고 바로 이어 쿠웨이트 신도시 설계에 참여했다. 근 10년 동안 건축설계를 포기한 채 도시에 매달린 셈이다. 그러나 1978년 정부가 신행정수도에 참여해달라고 했을 때에는 '이제 더 이상은 아니다'라는 생각이 들었다. 국가사업에 헌신하는 일은 영광스럽고 의미있는 일이지만 건축을 미뤄두고 너무 오래 도시설계에 머물렀다.

건축으로 돌아가 시작한 예술의전당 일이 끝나자 유럽, 중국, 미국의 세계적 대학에서 우리가 해온 프로젝트를 함께 토론하고 연구하고자 하는 제안이 들어왔다. 마침 건축과 도시의 원론과 개념의 세계에서 멀어졌다고 느끼던 차여서 이후 7

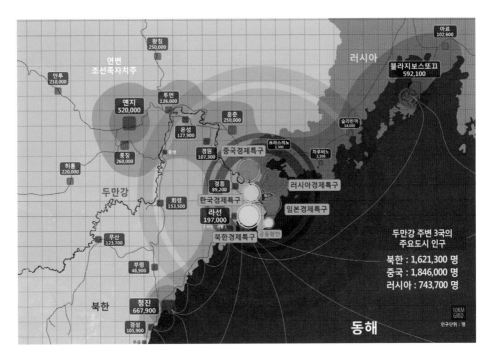

두만강 하구 다국적도시와
주변

년간 베네찌아대학, 칭화대학, 컬럼비아대학에서 석·박사과
정생들을 지도했다.

　베이징 칭화대학과 뉴욕 컬럼비아대학에 앞서 베네찌아대
학으로 간 이유는 베네찌아, 피렌쩨, 밀라노 등 이딸리아 도시
들이 한반도 지방도시의 이상적 모델이 될 것이라고 생각해
서였다. 또한 이딸리아는 G7 국가 최초로 북한과 수교를 맺은
나라이기 때문이다. 이딸리아인들은 나를 만날 때마다 북한
에서 왔는지 남한에서 왔는지를 물었다. 그때마다 나는 이북
에서 태어났고 남한에서 자랐다고 말한다. 한국의 지식인들

도시개발을 통해 북한의 획기적인 개혁이 될
두만강 하구 다국적도시. 1969년 여의도 이
후 40여년 만에 다시 시작한 한반도 도시개
발의 신역사다.

보다 이딸리아인들이 남북문제에 관심이 많았는지 오히려 베네찌아대학에서 남북문제를 폭넓게 다룰 수 있었다.

동유럽과 서유럽 사이 반도와 대륙이 만나는 접점에 위치한 베네찌아는 십자군전쟁 당시 서유럽의 전진기지로 한때 오스만투르크제국과 겨룰 정도의 강국이었다. 역사를 공부하며 나는 베네찌아가 해낸 역할을 두만강 일대가 할 수 있다는 생각이 들었다. 러시아는 끝없이 동진을 거듭해 블라지보스또끄까지 진출했다. 중국의 동북3성은 태평양 측 바다로 나와야 하고 일본은 유럽과 중국대륙 진출을 위한 교두보가 필요하다. 이런 지정학적 요인이 두만강 하구가 21세기 한반도의 기회의 땅이 될 수 있다고 본 이유다.

베네찌아대학과 베네찌아시 초청으로 '김석철 건축·도시 전시회'를 연 그해, 베네찌아비엔날레 대상을 받은 백남준(白南準) 선생과 함께 발칸반도의 요충인 크로아티아 국립박물관에서 '백남준·김석철 2인전'을 열었다. '두만강 하구도시' 안을 본 크로아티아 공대 학장이 "당신이 하고 있는 일은 20세기의 가장 뜻있는 도시구상이다"라며 베네찌아, 러시아와 공동으로 연구하자고 했으나 중국의 참여 없이는 무의미한 일이라 생각하여 보류했다.

중국을 알기 위해 중국의 최고 전문가, 최고위층 인사들을 찾던 중, 우 량릉 교수의 초청으로 3년 가까이 칭화대학에서 '중국의 도시화'를 공동연구하게 되었다. 당시 다롄(大連)시장을 거쳐 랴오닝성장이 된 보 시라이(薄熙來)가 황해도시공동체에 대한 우리 연구를 높이 평가해, 황해도시공동체를 주제로 동북3성과 인천과 새만금이 이루는 'CHINA-KOREA PAIR F.E.Z' 전시회를 갖고 책으로도 발간했다. 동북3성의 물류가 세계로 나가는 길이 다롄을 통하는 길뿐이라 다롄이 화물적체 문제로 골머리를 앓고 있을 때다. 항구 규모는 확장할 수 있겠지만 랴오둥반도의 다롄은 동북3성의 모든 지역은 물론 베이징 중심의 허베이 지역에서도 그에 이르는 동선이 너무 길다. 다롄은 본래 일본이 만주 전체를 점령하기 위해 바다로부터 접근하기 편한 지점을 고른 곳이라 대륙에서 외부로 나가기에는 불편한 위치다. 그리하여 대안으로 베이징과 선양(瀋陽)을 잇는 산하이관(山海關) 일대 보하이만에 진저우 항만도시를 구상하는 한편 동북3성의 물류가 두만강 하구를 통해 동해로 나가는 도시설계안을 만들고 있던 중, 보 시라이 성장이 중앙정부의 상무부장으로 발탁되어 더 진행하지 못했다. 그러나 진저우 항만도시를 설계한 경험은 두만강 하구 다국적도시를 구상하는 밑바탕이 되었다.

이후 류 지 부원장과 의기투합하여 동북아의 상징도시이며 중국문명의 메카인 취푸 신도시 설계계획에 참여했다. 두만강 하구 다국적도시를 설득하려면 중국 최고의 상징도시인 취푸 신도시 계획을 중국지도자들에게 보이는 일이 우선이라 생각하여 2006년 베이징 조어대에서 열린 '21세기 중국 전략

황해연합에 러시아, 일본
일대와 중국 남부해안, 태
평양까지 연결되면 후보지
의 역사·지리적 정체성을
상실하고 정치적 논의로
빠질 수 있다. 그러나 황해
도시공동체는 어디까지나
문화인프라가 주가 되는
경제공동체다.

논단'에서 취푸 신도시를 21세기 중국 신도시의 모델로 제안
했다(본서 제2부 3장 참조). 이로 인해 두만강 하구 다국적도시 구
상은 잠시 중단되었으나 뉴욕 컬럼비아대학 졸업설계 스튜디
오를 담당하게 되었을 때 그들과 함께 압록강·두만강의 황해
도시공동체와 두만강 하구 다국적도시를 연구했다. 당시 뉴
욕시 공공도서관에서 6·25전쟁 관련 자료사진들이 50년 만
에 공개되어 이북 관련 도시자료와 두만강 하구 자료를 볼 만
큼 보았다. 두만강 하구에는 거대한 호수들과 늪지가 있었다.
지형적으로는 빠나마운하와 비슷했다. 중국의 동북3성과 러

시아의 시베리아, 일본열도가 얽혀 지경학적으로 발칸반도 같이 뜨거운 곳인 두만강 하구는 북한을 부자나라의 반열에 올라서도록 할 수 있는 위대한 기회의 땅이다. 중국과 러시아와 일본이 두만강 하구에 동북3성과 시베리아와 동해를 아우

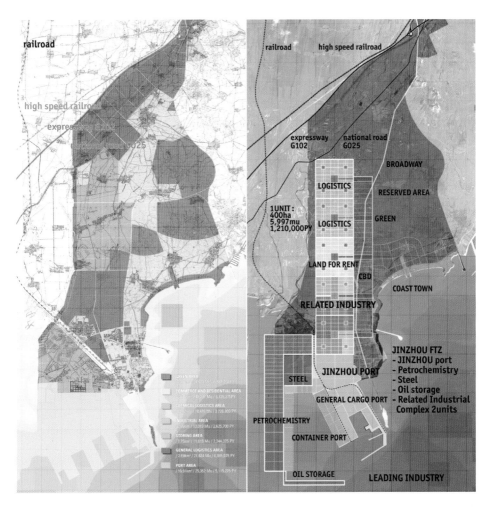

railroad

high speed railro

express

railroad   high speed railroad

expressway   national road
G102   G025

BROADWAY

LOGISTICS   RESERVED AREA

1UNIT :
400ha   LOGISTICS   GREEN
5,997mu
1,210,000PY

LAND FOR RENT

CBD

COAST TOWN

RELATED INDUSTRY

JINZHOU FTZ
- JINZHOU port
STEEL   JINZHOU PORT   - Petrochemistry
- Steel
GENERAL CARGO PORT   - Oil storage
- Related Industrial
PETROCHEMISTRY   Complex 2units

CONTAINER PORT

OIL STORAGE   LEADING INDUSTRY

진저우 항만과 배후단지
마스터플랜

르는 항만과 공항을 만들면 빠나마운하보다 더 큰 경제권역

을 이룰 수 있다고 보았다.

  2004년 양국 수교 120주년을 기념하는 제1회 한국·이딸리

아 포럼이 로마에서 열렸다. 옆자리의 이딸리아 외무장관이

남북통일에 대한 안을 만들고 있느냐고 묻기에, 남북통일은 정치가들의 몫이고 내가 할 일은 통일 이후 한반도 디자인이라 답하며 남북문제의 특별함을 설명했다. "중국, 일본, 한국을 세 나라로 보기는 어렵다. 중국은 유럽 전체보다 세배나 큰 왕년의 제국이다. 중국은 역사적으로 EU처럼 여러 나라였다. 황제와 군왕들이 중국을 나누어 통치했다. 중국이 가장 완벽하게 황제에 의해 장악된 건륭제 때도 독립하다시피 한 17개 경제권역이 EU보다 느슨한 국가연합을 이루었다. 한반도의 통일은 중국과의 관계 정립이 우선이며 중국이라는 거대국가보다 2000년 동안 지속적 교류가 있던 중국 동부해안과 동북 3성, 한반도, 일본 서남해안 일대의 유대를 되찾는 것이 한반도 통일의 길이다." 이 말을 들은 외무장관이 로마대학 총장과 만나보라며 전화를 연결해주었다. 이후 로마대학 총장과 만나 여러 대화를 나누는 과정에 또다로(B. Todaro) 건축대학장과 친구가 되었다. 그는 두만강 하구 프로젝트를 함께 하자며 서울까지 찾아왔다.

2010년 제4회 한국·이딸리아 포럼으로 밀라노에 가서 연설할 때 "밀라노디자인씨티는 분단된 남북의 중간도시로서 한국과 이딸리아가 함께 만드는 도시가 될 것이다. 콜럼버스가 신대륙으로 갈 것을 이사벨라 여왕에게 청했듯이 나도 모라띠 시장에게 남북한 공동사업을 청하고 있다"고 했더니 기립박수가 나왔다. 그날 저녁 모라띠 시장이 라스깔라(La

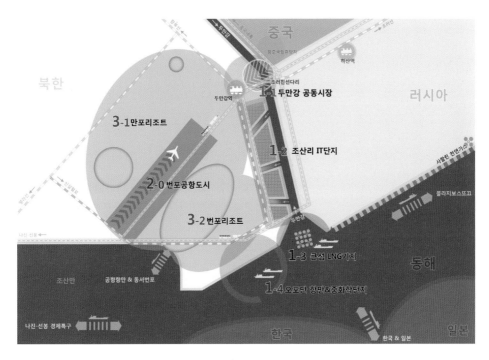

두만강 하구 다국적도시
컨셉 다이어그램

Scala) 극장에 초대했다. 마시면 안 되는 술을 얼결에 마시는 바람에 어지러워 VIP홀에서 쓰러져 밀라노 시립병원으로 실려갔다. 피를 많이 흘려 혈압이 40mmHg까지 내려갔다. 나는 쌍뜨뻬쩨르부르그행 비행기표를 예약해둔 상태였다. 길이 아닌 길을 가고 있는 세종시와 두만강 하구 다국적도시의 모델로 그곳을 염두에 두고 있었다. 응급실 의사에게 쌍뜨뻬쩨르부르그로 가야 한다고 말하니 비행기를 타는 순간 혈압이 더 떨어질 것이라 한다. 담당의사와 상의해볼 수는 있겠지만 절대 안 되리라는 것이다. 잠이 들었다가 새벽 3시에 깼다. 침대

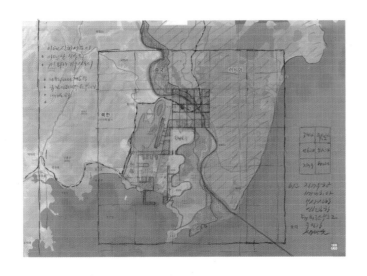

두만강 하구 다국적도시 1
안 스케치

곁에 놓인 엑스레이 봉투 위에 세종시와 두만강 하구 다국적
도시안을 그렸다. 독일과 폴란드 때문에 유럽으로 가는 길이
막힌 러시아가 발트해를 통해 유럽으로 나아갈 수 있었던 것
은 쌍뜨뻬쩨르부르그 천도 덕분이었다. 두만강 하구가 동북3
성의 쌍뜨뻬쩨르부르그 역할을 할 수 있다는 생각이 들었다.
두만강 하구 3국의 접경지대에 러시아, 중국, 일본, 남한과 북
한 다섯 나라가 함께하는 '두만강 하구 다국적도시'를 그리려
면 쌍뜨뻬쩨르부르그에 반드시 가야겠다고 다짐했다.

아침이 되어 출근한 담당의사에게 스케치를 보이며 비행기
를 타야 한다고 말했다. "어차피 뇌가 아물려면 한달 이상이
걸리는데 그 기간 동안 밀라노에 머무를 수는 없는 것 아니냐.
쌍뜨뻬쩨르부르그를 거쳐 바로 한국으로 가는 것이 가장 빠

두만강 하구 다국적도시 1
안 스케치

른 길이다. 한국에 가면 치료를 빨리 받을 수 있다"며 의사를 설득했다. 결국 간신히 퇴원 승낙을 받아 다음날 앰뷸런스를 타고 공항으로 가서 쌍뜨뻬쩨르부르그행 비행기를 탈 수 있었다.

쌍뜨뻬쩨르부르그에는 눈이 오고 있었다. 도서관과 고서점에 가서 자료를 찾아보았다. 뾰뜨르대제가 한반도에서 태어났으면 두만강 하구를 세계도시로 만들었을 것이라는 확신이 들었다. 눈발 속에서 뾰뜨르대제의 첫 구상이 실현된 발트해안 도시구역을 다니며 두만강 하구에 대한 생각을 정리했다.

떠나는 날 한국행 비행기는 오후 4시였다. 체크아웃을 하고 밖으로 나와 거리를 걷던 중 불현듯 마띠스(E. Matisse)의 「댄스」가 소장된 에르미따주(Hermitage) 박물관에 들러야 한다

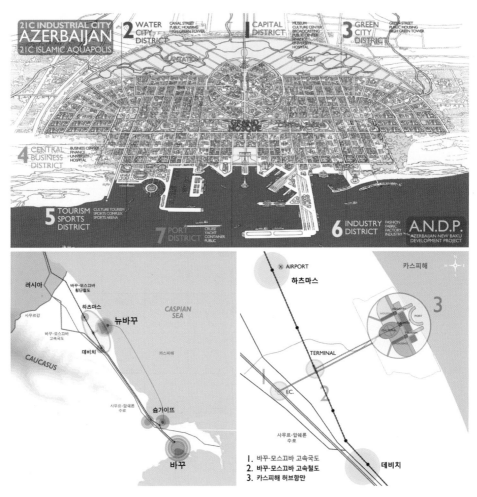

신행정수도청 장관에게 보고한 최종안 조감도와 뉴바꾸 신행정도시 위치도

는 생각이 들었다. 비행기를 타기 위해 3시까지 공항으로 가려면 교통체증을 감안하더라도 2시에 호텔에 도착하면 충분하겠다 판단하고 에르미따주 박물관으로 갔다. 호텔에 도착했더니 프론트 직원이 난리가 났다. 비행시간에 늦었다는 것

뉴바꾸 신행정도시 개념도

이다. 택시를 타고 정신없이 공항으로 가는 와중에도 머릿속에는 두만 강 하구 다국적도시에 대한 구상이 떠나지 않아 스케치북에 메모하며 대략의 안을 그렸다.

4시가 조금 못 되어 가까스로 공항에 도착했다. 헐레벌떡 도착하니 이륙 15분 전이다. 한숨 돌리고 보니 쌍뜨뻬쩨르부르그에서 그린 두만강 하구 다국적도시 스케치를 택시에 두고 내린 것을 알게 되었다. 스케치를 복원하는 일은 불가능에 가까운 일이다.

두만강 하구 다국적도시에 쌍뜨뻬쩨르부르그보다 더 깊이 영향을 미친 것이 카스피해와 카프카스산맥 사이의 '불의 나라 바람의 도시' 바꾸다. 중앙아시아와 서남아시아(중동) 최대의 천연가스 생산지가 아제르바이잔이고 동아시아 최대의 천연가스 지대가 두만강 북측 시베리아다. 백두산이 동아시아의 영산(靈山)이듯 카프카스산은 중앙아시아의 영산이다. 백두산이 동해로 흘러내린 곳이 두만강 하구이고 카프카스산

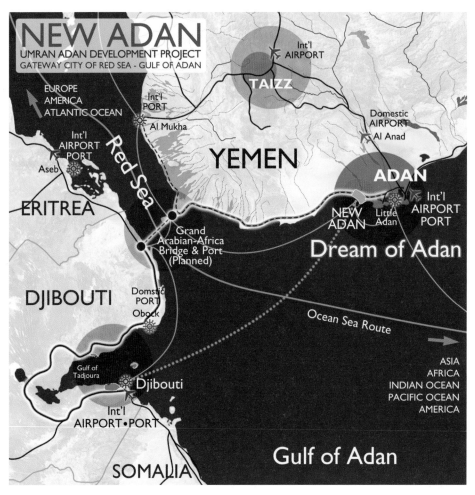

홍해와 아덴만 사이에 위
치한 아덴 신도시와 지부
티 신도시

이 카스피해로 흘러간 곳이 바꾸 신도시 예정지다.

　아제르바이잔 신행정도시부와 한국토지공사의 계약 아래
우리가 바꾸 신행정도시 기획과 설계를 맡게 되었을 때 드디
어 두만강 하구 다국적도시의 서광이 열리는구나 생각했다.

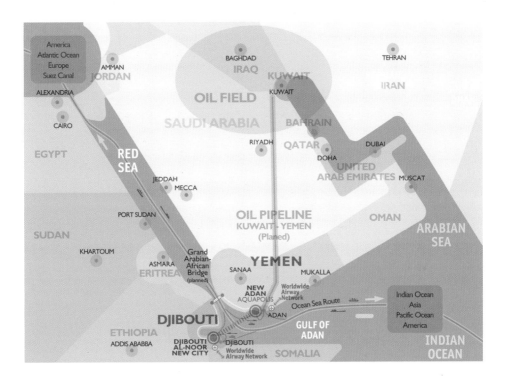

이라크, 쿠웨이트, 사우디 아라비아의 풍부한 석유와 천연가스를 파이프라인을 이용하여 홍해와 아덴만 사이에 위치한 아덴 신도시를 통해 전세계로 수출할 수 있다

거의 같은 시기에 나는 쿠웨이트 펀드의 지원을 받은 지주회사와 EWAA Real Estate(쿠웨이트의 개발·투자회사)로부터 의뢰받아 아덴과 지부티(Djibouti) 신도시를 설계하던 중이었다. 세 도시 모두 두만강 하구같이 큰 바다로 열린 산유국 도시이고 지경학적으로 세계강국이 얽힌 지역이어서 두만강 하구 다국적도시 설계에 큰 도움이 될 것이라 생각했다. 광화문에 100평의 도시사무실을 별도로 만들고 몰두하다가 암이 재발하여 일단 중단했다. 예멘의 아덴 신도시는 우리를 지명했던 쌀레(Saleh) 대통령이 물러나면서 무산되었으나 바꾸 신도시는 국

가간 계약이므로 나의 건강에 달린 것
이고 두만강 하구 다국적도시
에 뜻을 세운 이상 계속해
야 하는 프로젝트다.

'두만강 하구 다국
적도시'는 이번 대선
을 계기로 생각한 안
이 아니라 10여년 동안
주목해오던, 한반도의 요
충지에 세우려는 21세기 신
도시 안이다. 북한경제의 퀀텀점
프(Quantum Jump, 약진)는 혁명적 도시

아덴 신도시 개념도

건설에 달려 있다. 남한 경제성장은 울산에서 시작된 공단도
시가 포항과 구미, 창원 등 전국적으로 확대되면서 이루어졌
다. 북한에서도 여러곳에 경제특구를 만들었지만 아직 성공
적이지 못하다. 국토인프라를 다룰 때는 역사, 지리, 인문과
이미 구축되어 있는 국토인프라를 함께 다루어야 하지만 북
한은 국토인프라가 제대로 건설되어 있지 않다. 북한 전체를
발전시키기보다 가능성이 큰 지역에 집중 투자해서 추동력을
일으키려면 발전가능성이 압도적으로 높은 요충지에서부터
시작해야 한다. 십자군전쟁 때의 베네찌아, 1차대전 때의 발

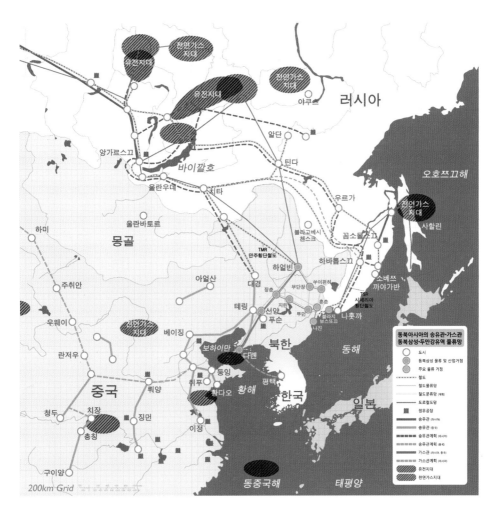

동북아시아와 러시아 동북부의 유전지대, 천연가스지대 및 송유관 현황

칸반도, 19세기의 수에즈운하, 2차대전 당시의 뉴욕 등 역사 흐름에 따라 전세계의 힘이 모이고 경제적 이권이 충돌하는 요충지가 있어왔다.

　1960년대 말 한강 마스터플랜 때부터 북의 경제를 도약시킬 수 있는 최적지로 두만강 하구를 염두에 두었다. 지금은 러시아가 두만강 하구까지 내려와 있고 중국은 훈춘(琿春)까지 철도가 부설되어 있다. 한편 북한에는 만포, 번포 등 거대한 호수와 굴포리 서포항 유적지만 있어 이북의 다른 지역과 독립되어 독자개발을 할 수 있다. 두만강 하구 다국적도시를 구상하는 지역은 구체적으로 두만강과 굴포리 서포항 유적지 일대다. 과거와 현재의 진체(眞體)와 구체(具體)를 미래의 한민족 공간으로 만들고 싶다.

한반도가 지금의 형상을 갖게 된 것은 세종조에 이르러서다. 그 전까지만 해도 두만강 하구는 여진족의 영토였다. 의화단사건을 계기로 러시아가 20만 대군을 이끌고 만주를 점령한 뒤 중국대륙의 동해 바닷길이 봉쇄된 적도 있다. 이처럼 두만강 일대는 한반도에서 가장 변방이면서도 그렇기 때문에 오히려 더 큰 가능성을 가진 곳이다.

중국이 세계로 가려면 중앙아시아를 지나 유럽으로 가는 길보다 태평양을 건너가는 길이 더 유리하다. 수출이 중국경제의 반 가까이를 차지하는 상황에서 원자재 수입과 가공품 수출 대부분이 태평양을 통해 이루어지기 때문이다.

두만강 하구 앞바다는 세계 최대 물류의 길목 중 하나다. 두만강 하구를 운하화하여 중국 동북3성의 중공업과 농축산업 물류가 동해로 바로 연결되면 태평양을 통해 일본과 미 대륙

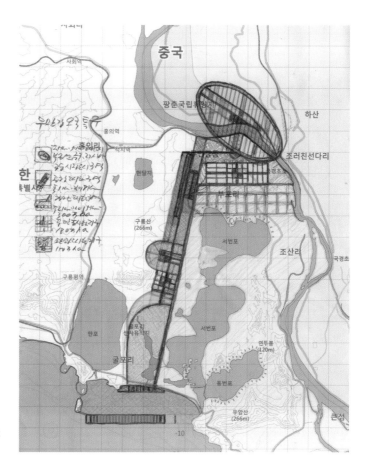

두만강 하구 다국적도시 2
안 스케치

으로 바로 이어질 수 있다.

천연가스 최대 생산국 러시아의 가장 큰 시장은 한·중·일 3
국이다. 천연가스 최대 소비국인 한국과 일본이 가장 근거리
에 있다. 유럽은 카스피해 연안과 북해 연안에서 천연가스 소
비량의 대부분을 공급받고 있다. 두만강 하구에 천연가스 저
장기지를 건설하면 에너지 공급루트의 기항지로서 한국과 일

본 전역에 천연가스를 공급할 수 있고
이로써 중국의 공산품과 농축산물, 러
시아의 에너지가 모이는 공동시장을
이룰 수 있다.

일본이 유럽으로 가기 위해서는 주
로 인도양 등을 통해 돌아가야 하고
중국으로 갈 때는 다롄, 톈진 등 중국
에서 가장 바쁘고 복잡한 항만을 거쳐
야 한다. 일본이 두만강 하구를 통할
수 있다면 일본 서남해안에서 배를 이
용해 두만강 하구까지 온 뒤 시베리아
횡단철도와 중국 횡단철도를 통해 유
럽과 중국으로 바로 갈 수 있다.

최근 북한이 나진·선봉과 황금평·
위화도 개발에 외자를 유치하기 위해
중국과 공동개발을 추진 중이다. 정주
영 회장은 울산에 조선소를 건설하기
위해 미포만에 대지를 정한 뒤 미포
만 모래사장 사진 한장과 외국 조선소
에서 빌린 유조선 설계도 한장을 들고
유럽을 떠돌며 자본을 유치했다. 하지

부유식창고저장형 방조제
(Floating Offlanding unit)

만주횡단철도(TMR)
중국 투먼
남양

곡물시장　공동시장

LNG기지

운하·공항도시

활주로

新 두만강역

모스끄바
시베리아횡단철도(TSR)
하바롭스끄

구룡산

공항청사　부포리

전자·자동차
공단

공항지원시설

다국적
시장·공장도시

운하

서번포

조산리

연두봉

동번포

우암산

두만강

두만강 하구 다국적도시 조감도. 이
도시는 첫째, 북·중·러 3국 영토에
세워지는 교역의 허브인 다국적 시
장·공장도시, 둘째, 항구와 시장·공
장을 잇는 운하와 국제공항을 둔 운
하·공항도시, 셋째, 부유식 부두를
갖춘 항만도시, 넷째, 굴포리 선사
유적지 등의 관광허브·만인성채 등
네개의 도시특구로 이루어진다.

만 이런 에피소드의 기개만으로는 부족하다. 최소한의 계획 없이 추진한 나진·선봉, 황금평·위화도 공동개발사업은 단순한 토지임대사업으로 전락할 공산이 크다.

국제자본의 도움이 필요하다면 가장 먼저 나진·선봉과 황금평·위화도가 적지인지 확인한 뒤 세계가 매력을 느낄 만한 사업을 제안해야 한다. 황금평·위화도에서는 경제적 파급효과를 크게 기대하기 어렵다. 랴오닝성 일대에 황금평보다 좋은 땅을 갖고 있는 중국이 황금평·위화도에 투자하는 목적은 나진·선봉 개발권을 확보하기 위해서일 것이다. 다롄과 톈진이 과포화에 이른 상태에서 태평양으로 열린 나진·선봉은 중국의 필수적인 선택이다.

중국은 이미 오래전부터 나진·선봉을 향한 장기적이고 치밀한 국가전략을 진행해왔다. 중국 국무원은 1985년 훈춘시에 변경무역구를 신설해 개발하기 시작했고 이후 훈춘 주변 인프라에 집중 투자했다. 1990년에는 유엔개발계획으로부터 30년간 300억 달러 투자를 유치해 항만과 철도를 건설하고 북한과의 접경지대인 두만강 하류 종합개발계획까지 마련했다. 1994년에는 북한과의 직접무역을 위해 변경에 세관을 개설했다. 2009년부터 건설하기 시작한 고속철이 완공되면 중국 대부분의 지역에서 훈춘까지 24시간 내에 물류 수송이 가능해져 동해를 통해 북한과 한국, 일본까지 해운이 가능하다. 작년부터는 인민폐가 나진·선봉특구의 공식 화폐로 자리잡

두만강 하구 다국적도시 2
안 광역 스케치

아 중국인의 방문이 끊임없이 이어지고 있다. 중국이 나진·
선봉 공동개발권을 확보한다면 30년 가까이 이루어진 중국의
전략이 성공하는 것이다.

그러나 나진·선봉만을 개발해서는 북한경제에 큰 도움이
되지 못한다. 나진항은 3개의 부두로 구성되어 있으며 부두
연장은 2448미터이고 부두 전면 수심은 11미터로 5000~1만
톤급 선박 15척이 동시에 접안할 수 있으며, 연간 하역능력은
300만톤, 보관능력은 10만톤이다. 나진항이 북한의 대외무역
에서 차지하는 비중은 9.2퍼센트 정도이며 주로 시멘트, 면화,

만주횡단철도(TMR)

훈춘

크라스끼노
3,300

모스끄바
시베리아횡단철도(TSR)
하바롭스끄

중국

철도망

자루비노
3,100

철도망

북한

경흥
89,200
(아오지)

러시아

국제항공망

신규철도 착공예정
(중국훈춘 - 나진선봉)

만포국제공항

두만강하구
다국적도시

배후산업단지

배후도시영역

라선시영역

라선
197,000

국제항공망

배후도시영역

두만강

배후산업단지

무역항

선봉항

휴먼포트

굴포항

국제 크루즈라인

청진
김책(성진)
원산

무역항

나진항

동해

국제 무역해운망

타이어, 합판, 코크스(해탄) 등을 취급하고 있다.

두만강 하구 다국적도시
광역 개념도

선봉항은 나진항으로부터 37킬로미터 떨어진 거리에 위치

하고, 1980년 원유수입 전용부두로 전환됨에 따라 연간 하역

능력은 300만톤에 이른다. 항만 인근에 입지한 승리화학연합

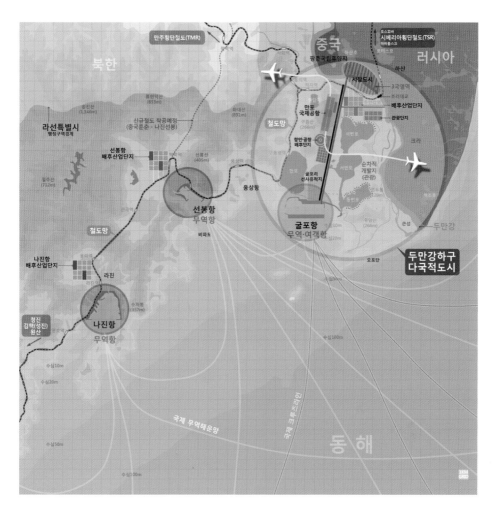

의 라벨 텍스트:

만주횡단철도(TMR)

중국

오스파바
시베리아횡단철도(TSR)
하바로스크

러시아

북한

훈춘국립휴양지

사장도시

하산

3국경역
조러대교
배후산업단지
관광단지

훈춘
국제공항

라선특별시
행정구역경계

신규철도 착공예정
(중국훈춘-나진선봉)

철도망

선봉항
배후산업단지

장안공항
배후단지

순차적
개발지
(관광)

크라

선봉항
무역항

웅상항

굴포리
선사유적지

굴포항
무역·여객항

두만강

나진항
배후산업단지

라진

두만강하구
다국적도시

청진
김책(성진)
원산

나진항
무역항

국제 무역해운망

국제 크루즈관광망

동 해

두만강 하구 다국적도시
가 현재 북한과 중국이 공
동진행 중인 나진·선봉항,
TCR, TSR과 이루는 삼합의
도시원리를 보이는 개념도

기업소에서는 연간 약 20만톤의 원유를 처리할 수 있으며 또
한 35만킬로와트를 생산하는 북한 유일의 석유화력발전소가
인근에 위치해 있다. 선봉항에는 80미터 길이의 남동쪽 방파
제, 285미터의 동쪽 방파제 및 180미터의 북서쪽 방파제 등 3

개의 방파제가 있고 부두 전면 수심은 23미터로 바지선이 들고 날 수 있다.

두만강 하구 다국적도시는 나진·선봉과 별개로 진행되지만 나진·선봉까지 살리는 대규모 도시사업이 되어야 뜻이 있다. 나진·선봉 지역은 수출입 기능을 갖춘 공단물류항만인데 두만강 하구 다국적도시는 시장·공항·항만·관광도시 등 네 특별도시 권역으로 이루어진 도농복합체다. 또한 나진·선봉이 북한과 중국만이 참여하는 도시개발인 데 비해 두만강 하구 다국적도시는 러시아, 중국, 일본, 남북한은 물론 중동까지 참여하는 다국적 도시개발이다.

두만강역(驛) 일대는 전세계적으로 볼 때 만주와 시베리아를 횡단하는 TCR과 TSR이 만나고 러시아와 중국, 북한이 얽혀 있는 곳이다. 그 역 일대의 땅 100만평, 중국 땅 100만평, 북한 땅 100만평 등 총 300만평으로 이루어지는 삼국 공동도시 개발은 세계적 경쟁력을 가진 도시건설사업이다. 러시아와 북한을 지나는 조러친선대교가 있는 두만강역 일대의 삼국 공동도시는 두만강역을 통해 TCR과 TSR이 접하는 환상적인 물류의 교착지다. 시베리아의 천연가스, 동북3성의 농축산물, 남북한이 함께하는 세계 최강의 전자·자동차·조선산업이 삼합의 시

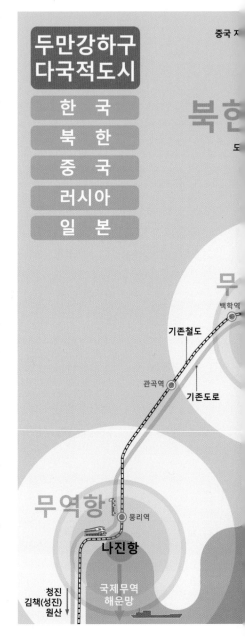

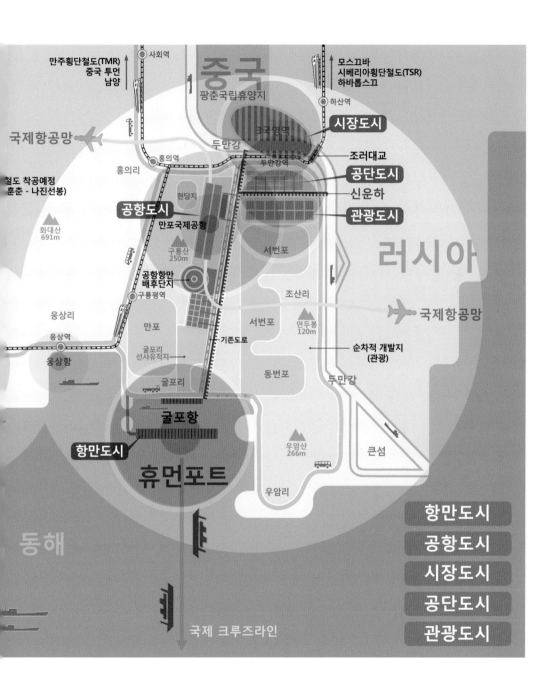

장·공장도시를 이룬다면 21세기 동북아시아의 베네찌아 같은 도시가 될 것이다.

삼합의 첫번째를 이루는 천연가스도시는 전세계 에너지시장이 향하고 있는 바꾸와 같이 세계적 규모의 에너지도시를 두만강 하구 100만평 러시아 땅에 만들자는 것이다.

두번째, 중국 땅 100만평은 동북3성 최고의 농축산물도시로 만들 수 있다. 동북3성의 물류가 동해를 통해 세계로 나아가기 위해서는 고도로 집약된 농축산 시장도시가 필요하다.

세번째, 북한 땅인 두만강 측 100만평에는 전자·자동차도시를 만들어야 한다. 한국이 가장 앞서 있는 것이 전자와 자동차이고 전자장치화된 자동차가 가장 필요한 것이 동북3성과 시베리아다. 한민족DNA를 지닌 우리와 북한이 힘을 합쳐 세계 최고의 전자·자동차도시를 만들자는 것이다.

이들 세 도시요소로 이루어진 300만평의 시장·공장도시가 두만강 하구 다국적도시다.

세 도시구역이 경쟁력을 갖기 위해서는 바다로 나가는 길이 열려야 한다. 두만강은 수심이 일정치 않고 폭이 제각각이고 겨울에는 언다. 바다가 육지 안으로 들어온 내해는 얼지 않기 때문에 1년 내내 배가 들어올 수 있다. 두만강 하구의 내해인 서번포, 동번포, 만포를 가로지르는 운하를 통해 삼국 공동도시가 운하와 호수군을 지나 굴포항에 연결되면 바로 바다에 닿을 수 있다.

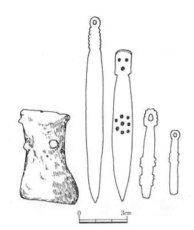

두만강 하구 굴포리 석포
항 선사유적지 출토 유물
(자료출처: 한국학중앙연구원)

굴포항은 나진·선봉항과 달리 인근이 세계적 역사유적지이고 항만조건이 어려워 아직 항구로 개발하지 못했다. 그러나 해안 바로 가까이 다가선 20미터 수심의 굴포 앞바다에 플로팅 아일랜드(floating island)를 만들어 그 자체가 대량의 천연가스와 곡류를 저장하는 방파제가 되면 엄청난 가능성을 가진 항만이 될 수 있다.

두만강역 일대 300만평의 삼국 공동도시와 굴포항을 연결하는 운하는 자연스레 공항으로 연결될 수 있다. 두만강 하구의 호수와 늪지대는 공항을 쉽게 건설할 수 있는 지리적 여건을 갖추고 있다. 7년 동안 베네찌아 신공항 건설 과정을 보면서 내해에 공항을 만드는 최고의 기술을 보았다. 시장과 항만과 공항이 연계되면 두만강 하구 다국적도시에 날개를 달 수 있다.

웅기군 굴포리 서포항에는 구석기시대부터 청동기시대까지 이어진 10여만년의 주거지 유적이 있다. 그 유적은 1947년 두만강 하구에서 서쪽으로 약 30킬로미터 떨어진 해안가의 구릉 기슭에서 발견되어 1960년부터 64년까지 북조선사회과학원 고고학자들의 다섯차례에 걸친 조사를 통해 총 30기의 집터와 2기의 무덤이 발굴되었다. 구석기시대 문화층 2개, 신석기시대 문화층 5개, 청동기시대 문화층 2개 등 시기를 달리해 퇴적된 9개의 문화층이 확인되었고 무덤은 모두 움무

덤〔土壙墓〕으로 청동기시대 하층에 있다. 한국민족문화대백과에 따르면, 북한 고고학자들은 굴포리 서포항 유적을 연대순으로 각각 구석기 1기층이 기원전 10여만년의 중기, 2기층이 3만~4만년의 후기, 신석기 1기층이 5000년기 말~4000년기 초, 2기층이 4000년기 후반기, 3기층이 3000년기 초, 4, 5기층이 2000년기 초, 청동기시대는 2000년기 후반기로 나누었다. 청동기시대에는 본격적인 농경생활에 접어들었을 것으로 짐작되나, 낚시바늘·작살·화살촉·창·단검 등이 다량으로 출토된 점으로 미루어보면 어로나 수렵에도 많이 의존했을 것으로 보인다.

구석시기대부터 청동기시대까지의 유적이 함께 있는 곳은 천혜의 자연임을 증명하며 세계적으로도 유례가 드물다. 한반도 인류가 바이깔 호수로부터 수만리를 이동해 정착한 굴포리 서포항 유적지는 당연히 아름다운 곳일 수밖에 없다. 윈난성의 샹그릴라보다 더 환상적인 아름다움과 신비로움을 가진 곳으로 이만한 곳이면 세계적인 리조트를 만들 수 있다. 항만과 공항과 시베리아와 유럽과 중국대륙을 가로지르는 철도를 아우르고 있는 두만강 하구 다국적도시는 동북아 최고의 관광지로 세계인의 시장과 공장과 광장이 될 가능성이 있는 곳이다.

여러 나라로 둘러싸인 바다에는 나라 이름이 없다. 러시아, 스웨덴, 독일 사이의 바다는 발트해이고 러시아, 아제르바이

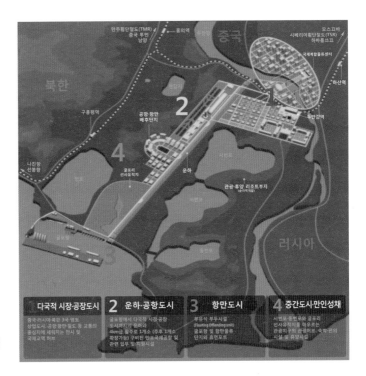

두만강 하구 다국적도시
조감도

잔, 이란 사이의 바다는 카스피해다. 터키와 발칸반도 사이 바
다는 흑해이고, 이집트, 사우디아라비아, 예멘 사이 바다는 홍
해이며 중국과 한국 사이의 바다는 황해다. 러시아, 남북한,
일본 사이 바다를 일본해라 부르는 것은 말이 안 되지만 동해
라 하자는 것도 어색하다. 동해를 청해(Blue Sea)라 하자는 주
장이 두만강 하구 다국적도시안을 만들면서 더욱 절실해졌
다. 청해의 동북3성·시베리아·남북한·일본의 상징도시로 두
만강 하구 다국적도시를 선언하는 것이 태평양과 황해 사이
의 블루오션을 세계에 알리는 일이 될 것이다.

내 제안의 근원은 세종대왕 때의 한반도를 되찾자는 것이다. 우리는 어느새 압록강과 두만강 아래 한반도를 휴전선 아래 한반도로 인식했다. 1969년 여의도·한강 마스터플랜을 구상하고 있을 때 헬기를 타고 한강 상류부터 하구까지 내려다보면서 '통일 없이는 한반도가 없다'는 것을 몸으로 느꼈다. 한반도는 수천년 동안 독립국가를 유지하고 세계 최강의 중국과 겨룬 한민족의 본거지다. 지금과 같이 남북으로 나뉘어서는 한반도가 가진 가능성과 잠재력의 반도 누릴 수 없다.

　　북한이 핵개발로 이룰 수 없는 경제기적을 달성할 수 있는 길이 두만강 하구 다국적도시에 있다. 남한의 경제기적은 울산에서 시작되었다. 울산은 배만 대면 항구가 되는 곳이다. 그와 비슷한 조건을 가진 곳이 두만강 하구다. 북한에서도 가장 빈곤한 지역인 두만강 하구는 아무도 주목하지 않았던 땅이고 두만강 하구 다국적도시는 아직 아무도 하지 못한 일이다.

　　1993년 베네찌아대학 초청으로 까뜨론궁에서 '5국특구'안을 구상하고 베이징 칭화대학 대강당에서 '동북아시아의 희망봉 두만강 5국특구'를 발표한 후 20년이 가까이 흘렀다. 20년이면 강산이 변하고도 남을 시간이다.

　　2002년 대선에서 노무현 후보가 내건 공약의 내용은 수도를 옮기겠다는 것이 전부였다. 당선 후에는 마스터플랜을 마련한다, 법적인 문제를 검토한다며 임기를 다 보내면서 구체적 안이 없는 공약이 얼마나 허망한지를 보여주었다. 5년간의 대통령 임기 안에 혁명적 도시산업을 이루기 위해서는 가급적 후보시절에 이미 검증된 안을 만들어 대선을 통해 국민적 동의를 얻어야 한다. 그래야 당선 후 바로 전문가를 투입하여 안을 실행할 수 있다. 남한의 대통령이 내세운 안은 북한도 저절로 알게 되므로 북한의 지도자가 용인하고 2400만 인민이 동의한다면 안을 현실화할 수 있다.

이번 대선을 기해 대선후보들에게 두만강 하구 다국적도시 안을 보이려 마음 먹고, 쌍뜨뻬쩨르부르그에서 잃어버린 스케치를 다시 그리려 했지만 제대로 되지 않는다. 스케치는 사랑같이 순간으로 존재하는 것 같다. 쌍뜨뻬쩨르부르그의 눈발 속에 사라진 영상같이 아득하다. 두만강 하구의 호수들과 동해바다의 위성지도와 해도를 구해 당시의 기억을 더듬어 안을 만들고 있다. '두만강 하구 다국적도시'에서 기적 같은 도시산업을 일으켜 남북한 상생 발전의 큰 전기를 만들 수 있다는 믿음을 갖고 안을 다시 그리고 있다.

2. 동서관통운하와 백두대간 에너지도시

[북한 도시건설]

수도권 에너지문제는 시베리아의 천연가스에 길이 있고 물문제는 백두대간에 답이 있다. 이런 문제들을 일거에 풀 수 있는 길이 남북한 동서관통운하다. 추가령구조곡과 경원선 사이를 소형운하화해 임진강과 남대천을 연결하면 동해와 서해가 연결될 수 있다. 한강과 임진강을 도시권으로 연계하고 임진강이 추가령구조곡을 따라 동진하여 남대천과 이어져 원산에 닿게 하는 것이다. 지금 막다른 길에 몰린 수도권이 돌파구를 여는 길이 여기에 있다. 임진강과 남대천을 잇는 운하를 통해 백두대간의 물을 흐르게 하고 운하 하부에 LNG 가스관을 부설하면 에너지와 물 문제를 동시에 해결할 수 있다.

에너지와 물이 있으면 도시화가 이루어진다. 동서관통운하 일대는 한반도에서 가장 청정한 지역이다. 미디운하 주변의 수상도시처럼 백두대간을 관통하는 소운하를 따라 선형의 수상도시회랑을 만들어 동해와 서해를 이으면 한반도에서 가장 풍요로운 곳이 될 수 있다. 한계에 도달한 서울·수도권이 임진강을 지나 원산까지 이어진다면 동해와 서해를 아우르는 수도권의 확대를 이룰 수 있다.

백두대간 비무장지대를 횡단하는 동서관통운하는 에너지와 물과 문화가 흐르는, 인간과 도시의 강이다. 미국 이리운하같이 20~50톤의 배가 이동하는 휴먼스케일의 운하이므로 인력으로 건설이 가능하다. 정치적 합의만 되면 이북의 노동력과 남한의 기술력으로 3년 안에 완성할 수 있는 사업이다.

동서관통운하는 꿈에 가까운 안이다. 이렇게 꿈꾸는 과정에 현실의 돌파구가 있다.

'한반도 그랜드 디자인'은 한반도 역사, 지리, 인문의 집합에서 시작되었다. 고려 이후 한반도의 천년의 수도권인 서울·개성을 생각해보자. 고구려가 랴오둥반도까지를 지배했던 삼국시대에는 한반도라는 개념이 없었다. 한반도에 한민족이 모여 살기 시작한 때는 통일신라 이후부터다. 신라는 삼국을 통일하려는 목적보다 고구려와 백제의 침입을 방어하기 위해 당나라를 끌어들였고 그뒤에 한반도를 차지하려던 당나라를 쫓아내고 한반도의 큰 부분을 차지하는 통일신라를 형성했다. 외세를 이용하고 한민족 고유의 영토를 상당 부분 잃어가면서 통일을 이룬 신라를 부정적으로 보는 시각도 있다. 그러나 역사의 진화과정을 볼 때 신라가 적대적으로 대립하고 있던 삼국을 한반도 한민족의 범주 안에서 국가형

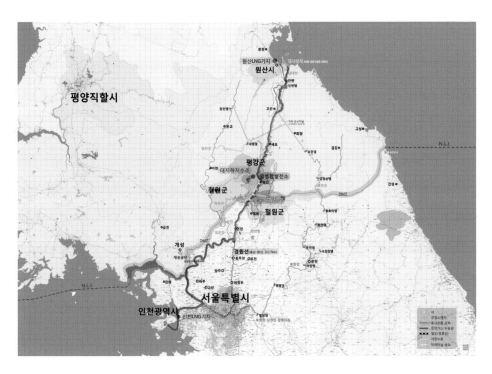

1차시안을 『창작과비평』에 발표한 후 수차례 심재원 사장의 도움을 받아 북한의 도시설계 자료를 보완하여 만든 안

태로 통합해냈다는 점은 높이 평가해야 한다.

역사는 과거의 고고학적 유적으로 증거를 남긴다. 고고학적으로 보면 통일신라를 신라만의 통일이라고 보기는 어렵다. 삼국의 유물 중 비교적 온전한 상태로 남아 있는 불교예술로 예를 들어보자. 삼국에 불교가 전파된 뒤 삼국마다 독특한 불교문화가 등장했다. 통일신라 이후 토함산에 만들어진 불국사는 백제와 신라가 함께 만든 삼국통일의 상징이라고 봐야 한다. 다보탑과 석가탑에서 우리는 통일신라가 백제문명을 아우른 흔적을 볼 수 있다. 경주의 안압지는 고구려와 백제의 유민들이 각자의 기량과 힘을 쏟아부어 만든 통일의 상징물 중 하나다.

신라가 서라벌을 중심으로 삼국을 통일했지만 고구려와 백제 유민들은 삼국통일 200여년 만에 후고구려와 후백제로 이어지는 후삼국시대를 이루게 된다. 후삼국시대는 잊혀진 시대다. 그러나 이후 한반도의 패권을 장악한 후고구려가 고구려 계승을 내세워 고려를 건국하고 개성으로 천도하면서 다시 한번 한반도 한민족의 기틀을 마련한다. 삼국시대에 시작한 불교의 흐름이 고려 말까지 이어지는 동안 중국에는 유교국가인 송나라가 들어선다. 송나라의 유학은 공자, 맹자에 의해 집대성된 원(原)유학의 틀을 벗어나 불교의 형이상학과 도교의 철학을 수용한 주자학이라는 이름의 신유학이다. 송나라의 신유학이 고려에 들어오면서 불교는 쇠퇴하고 정도전 등 신유학을 신봉하는 유학자들이 역성혁명을 일으켰다. 조선왕조는 독자적인 정통성을 확립하고 국정을 일신하기 위해 수도를 개성에서 40킬로미터 떨어진 서울로 옮긴다. 이는 상징적인 천도였을 뿐 사실상 수도를 옮긴 것이라 보기 힘들다. 경제수도의 역할을 한 개성과 정치수도의 역할을 한 서울을 하나의 도시권이라 보는 것이 타당하다. 결국 한반도는 개성과 서울 일대에 수도를 두고 천년을 지속한 것이다.

일본이 강점하면서 한반도는 서울을 중심으로 재편되기 시작한다. 경의선, 경원선, 경인선, 경부선, 호남선의 다섯 철도

원산 금강산채
- 소프트 인더스트리 유치
- 관광허브 역할을 하는 도시와 농촌의 중간도시
- 아카데미와 문화인프라를 통해 인구공동체를 형성

철원·평강 에너지고원
- 남과 북이 직면한 물과 에너지 문제를 해결
- 백두대간의 물을 담는 대지저수조를 만들면 열병합발전(250만kw)과 소수력발전(50만kw)이 가능

인천 밀라노 디자인 씨티
- 공장지대의 R&D와 디자인을 융합하여 전세계로 퍼져나갈 수 있는 세계시장
- 세계적인 디자인 파워를 가지고 있는 밀라노의 주요기관들이 한국의 카운터 파트너들과 협력해 아시아의 디자인 허브와 문화 인프라를 구축

동서관통운하와 백두대간 에너지도시와 3곳의 중심권

가 서울을 중심으로 놓이고 한반도의 모든 흐름이 서울에 모이면서 개성은 변방이 되었다. 해방 이후 서울-개성을 중심으로 수도권이 재정립되었어야 하는데 38선으로 개성의 발전 가능성이 제약되었고, 6·25전쟁으로 개성이 아예 이북으로 편입되면서 서울은 머리가 잘린 형태의 수도권역을 이루게 되었다. 더군다나 전쟁 후 인구가 몰려들면서 서울은 기형적인 도시성장을 겪을 수밖에 없었다. 북쪽이 가로막힌 상태에서 도시가 3방으로 확장된 것이다. 자본주의와 공산주의가 첨예하게 대치한 채 서울·수도권은 기적적 성장을 이루었지만

수도권 일극집중과 지방권 몰락이라는 문제를 가져왔다.

흔들리는 한반도체제는 큰 변혁의 소용돌이에 빠져들고 있다. 또 하나의 역사적 선택의 시간이 다가오고 있다. 우연과 필연의 조합인 미래를 예측하는 것은 불확정성의 영역에 속하지만, 그런 상황을 대비하고 준비하는 것이 시대의지다. 북한이 어떻게 변할지 현재로선 아무도 모른다. 지금 같은 수준의 통일의지는 '고도'(Godot)를 기다리는 마음과 다름없다.

나뽈레옹은 지중해의 섬 꼬르시까에서 나고 자라면서 유럽 통일을 꿈꾸었고 뾰뜨르대제는 선진 유럽에서 배운 학문과 기술을 바탕으로 러시아의 개혁을 단행했다. 이와 같이 성장하면서 겪은 체험은 개인의 일이나 국가적 대사의 토대를 이룬다. 나는 5살까지 함경남도 석왕사 입구 외갓집에 살면서 원산과 서울을 네차례 오갔다. 네번 모두 경원선을 타고 추가령구조곡을 거쳐 서울로 왔다. 그때 보았던 서울의 잔영은 여전히 기억 속에 남아 있다. 추가령구조곡과 명사십리, 금강산은 내 기억장치의 기반이다. 내가 가진 것은 남에게 줄 수 있지만 기억장치는 내가 죽으면 함께 사라진다. 나는 이 기억장치를 토대로 경원선과 추가령구조곡 사이 동서관통운하와 백두대간 에너지도시를 구상했다. 이 계획은 한반도의 시대의지를 실현하는 길이기도 하다.

한반도 동서의 두 바다를 연결하는 동서관통운하는 블라

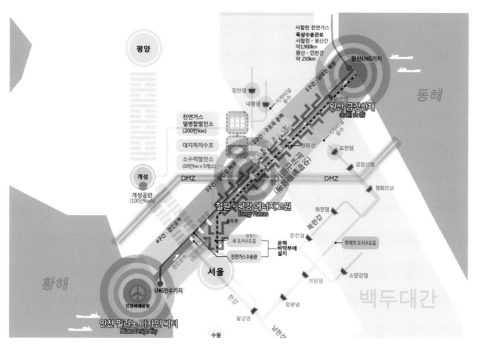

동서관통운하와 백두대간
에너지도시 개념도

지보스또끄, 나홋까, 훈춘, 원산, 울산, 시모노세끼를 아우르는 해안도시공동체의 가능성을 열 것이다. 황해도시공동체란 1500년 동안 끊임없이 문화적·문명적 교류가 일어난 한반도와 중국 동부해안, 일본 서남해안 일대의 국가를 초월하는 도시공동체를 일컫는다. 한반도가 외연을 확대해나가면서 중국, 일본의 도시와 러시아 시베리아까지를 아우르고자 하는 동북아 해안공동체로 생각할 수 있다. 황해도시공동체의 블루오션이 될 한반도 중심의 해안도시공동체는 황해도시공동체가 한 단계 진전한 개념으로 봐야 한다.

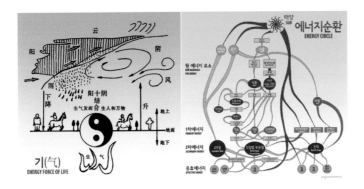

2010년 서울시가 월드디자인캐피탈(WDC)로 선정되고 한국이 G20 스마트그리드 주관국이 되었을 때, 서울시 주최로 잠실 주경기장에서 열린 서울디자인한마당에서 최소 에너지·최고 효율의 도시를 전시했다

수도권의 가장 큰 문제는 토지다. 서울·수도권은 메트로폴리스가 되었으나 토지 부족과 인구 집중으로 특정세력에 의한 토지과점과 그들의 토지에 대한 재투자가 이어져 부동산은 기득권층의 축재수단으로 전락했다. 현재 상황에서 수도권의 토지 부족을 해결할 수 있는 길은 임진강 쪽에 있다.

두번째 문제는 에너지다. 사실 이것은 수도권에만 국한된 것이 아닌 나라 전체의 문제이기도 하다. 현재 수도권의 에너지는 중동의 천연가스를 인천 LNG기지로 들여온 뒤 가스관을 통해 공급된다. 2500만의 수도권이 인천 LNG기지에 의존하고 있다. 그런데 중동보다 가까운 시베리아에 엄청난 양의 저렴한 천연가스가 있다. 시베리아의 천연가스를 끌고 와야 수도권 에너지문제가 해소될 수 있다.

세번째 문제는 물이다. 수도권의 물 부족은 앞으로 15년 안에 심각한 사태를 맞게 된다. 우리가 물을 공급받는 한강의 수

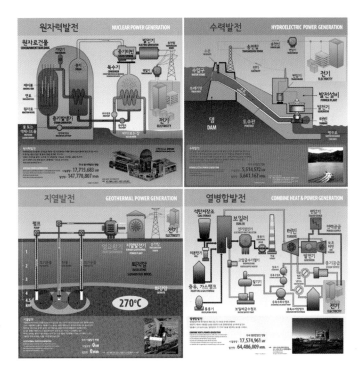

원자력, 수력, 지열, 열병합을 이용한 에너지 발전 개념도

원은 백두대간에서 비롯한 것이다. 북한이 금강산댐을 만든 이유는 에너지문제 해결을 위해서이기도 하지만 남한에 공급되는 수량을 조절하기 위함이기도 하다. 백두대간의 물이 차단되면 수도권에 공급되는 물이 줄어들게 된다.

한편 북한은 극심한 에너지 부족에 시달리고 있다. 원자력발전소를 지어 에너지를 얻기 위해서는 20년이 걸리고 석탄·석유 발전소 건설에는 10년이 걸린다. 가장 빠르고 효율적인 방법은 3년 안에 건설이 가능한 열병합발전소다. 열병합발전소는 가스와 물이 절대적으로 필요하기 때문에 해안선이나 수량이 풍부한 곳에 짓게 마련이다. 수자원을 확보하여 천연가스와 결합시키면 열병합 발전소를 건설할 수 있다.

이런 문제들을 일거에 풀 수 있는 길이 한반도 동서관통운하다. 수도권을 남북으로 확장하는 일은 불가능하다. 서측은 황해, 동측은 백두대간으로 가로막혀 있다. 서울의 도시화 토지를 지금 면적의 두배 이상 키우려면 휴전선과 백두대간을 넘어 한강과 임진강을 따라 동북측으로 확대하는 길이 최선이다. 백두대간으로 인해 한반도의 동과 서가 차단된 것 같지만 중간에 추가령구조곡이라는 침식곡이 있다. 서울과 원산, 서해와 동해를 잇는 경원선이 이 골짜기를 따라 만들어졌다. 추가령구조곡과 경원선 사이를 소형 운하화하여 임진강과 남대천을 연결하면 동해와 서해가 연결될 수 있다. 한강과 임진강을 도시권으로 연계하고 임진강을 추가령구조곡 따라 동진하게끔 하여 남대천과 잇고 원산에 닿게 하는 것이 막다른 길에 몰려 있는 수도권이 돌파구를 여는 길이다.

삐레네산맥으로 막힌 가론강을 미디운하로 연결하여 지중해와 대서양을 이은 덕분에 프랑스 중부지방이 살아났고 항공산업단지 뚤루즈가 만들어진 것이다. 서해에만 닿아 있는 수도권을 동서관통운하로 동해와 관통케 하면 서울을 명실상부한 한반도 중심도시로 만들 수 있다.

임진강과 남대천을 잇는 운하를 통해 백두대간의 물을 흐르게 하고 운하 하부에 LNG 가스관을 부설하면 에너지와 물

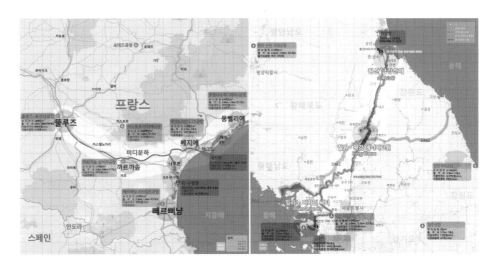

원산-인천(256km)을 잇는 동서관통 대운하와 뚤루즈-토(Thau)호(240km)를 잇는 미디운하 비교

문제를 동시에 해결할 수 있다. 중동 천연가스기지는 인천에, 시베리아 천연가스기지는 원산에 두어 중동과 시베리아 에너지를 가스관으로 연결하고 운하 중간지대인 철원고원에 지하저수조를 만들어 백두대간의 물 흐름을 조직화하면 250만킬로와트의 열병합발전과 5개의 50만킬로와트 소규모 수력발전이 가능하고 이로써 평양 이남 전지역에 에너지를 공급할 수 있다. 열병합발전소와 소(小)수력발전소가 결합하면 강력한 씨너지효과를 낼 수 있다.

에너지와 물이 있으면 도시화가 이루어진다. 동서관통운하 일대는 한반도에서 가장 청정한 자연친화 지역이다. 미디운하변은 프랑스에서 가장 아름다운 지역의 하나다. 미디운하 주변의 수상도시처럼 백두대간 관통 소운하를 따라 선형의 수상도시를 만들어 서해와 동해를 이으면 한반도에서 가장 풍요로운 곳이 될 수 있다.

수도권 일대에 세계적 규모의 공단들이 있지만 이를 위한 세계시장은 없다. 동서관통운하 서측 인천공항에 밀라노디자인씨티, 동측 원산항·금강산에 만인성채(萬人城砦)의 바다도시를 만들어 이를 철원의 에너지씨티와 어반링크를 이루게 하면 한계에 도달한 수도권 제2의 경제권역이 될 수 있다.

백두대간 비무장지대를 횡단하는 동서관통운하는 에너지와 물과 문화가 흐르는 인간과 도시의 강이다. 한강에 5000톤 화물선을 띄워 낙동강으로 가게 한다는 이명박정부의 한반도대운하와는 근본적으로 다르다. 미디운하, 이리운하같이 20~50톤의 배가 이동하는 휴먼스케일의 운하이므로 인력(人力)으로 건설이 가능하다. 정치적 합의만 되면 북한의 노동력과 남한의 기술력으로 3년 안에 완성할 수 있는 사업이다.

이 계획의 1차 시안을 『창작과비평』에 발표한 뒤 심재원 사장과 함께 추가령구조곡과 경원선 일대의 토지를 수로로 연결, 동서관통운하를 확보하고 지하가스관으로 250만킬로와트의 열병합발전소와 백두대간의 50만킬로와트의 소수력발전을 더한 에너지 회랑을 구상했다. 또한 공사비 2조원에 대해서는 60년간 방치된 임진강 모래의 채취사업을 통해 5년 동안 이를 확보하는 실행계획을 검토했다(239면 그림 참조).

이 계획을 세우는 데 지난 5년간 북한개발에 참여한 분들의

문천

원산 금강산채
金剛山砦

원산LNG기지

원산시

평안남도

원산청년발전소
1호 : 40,000 kw
2,3호 : 6,000 kw
4호 : 8,000 kw
(2009년 완공)

임진강
발원:강원도 법동군 두류산

고미탄천
발원:강원도 법동군 대화봉

황해북도

장안댐

판교

내평댐

이천

임진강

철원군

역곡천

1구간:남대천 확장 (72.5km)

2구간:구조곡 운하 (68.2km)

열병합발전소

평강군

평안천

태치하저수조

소수력발전소

철원 · 평강 에너지고원
Energy Plateau

차탄천

DMZ

연천

안변

안변댐

안변청년발전소
200,000 kw
(2010년 확충)

현무암지대
(암반지하수 부존 적지)

고산

지하 도수터널
(유역변경식 발전방식)

회양

세포
남대천
발원:강원도 세포군 성산리

철원평강고원
면적:650 km²

평강

한탄강
발원:강원도 평강군

금강산댐

북한강

DMZ

강원도

고성

북한강
발원:강원도 금강군 옥발봉

금강

포천댐

평화의댐

화천댐

시
군청소재지
기존수로 이용
운하(기존수로 확장)
운하(신규 건설)

동서관통운하와 백두대간
에너지도시, 추가령구조곡

헌신적인 도움이 있었다. 특히 개성공단과 KEDO의 설계자인 심재원 사장이 북한 관련 정보를 주었다. 발전소와 댐 건설의 최고전문가로 수없이 북한을 오가며 북한의 고위인사와 전문가를 만나온 심사장은 한반도 관통운하와 백두대간 에너지도시라면 김정일 위원장을 설득할 수 있을 것이라 했다.

흔들리는 분단체제가 급격한 대변혁을 맞이한 이때 추가령 구조곡과 경원선 사이의 선형 도시군과 동서관통운하를 제안하는 것은 바로 2013년이 한반도 100년 사상 가장 큰 변화가 있을 시기이기 때문이다. 대통령선거가 중요한 이유는 5년마다 한번씩 민족과 국가와 시대정신의 문제를 전국민이 다시 생각하게 하기 때문이다. 특히 2013년은 지난 60년간의 분단체제를 딛고 새로운 역사를 열어가야만 하는 해다.

북핵문제로 6자회담이 교착된 상황에서 비무장지대를 세계 최고의 평화지대로 만들겠다는 한반도 동서관통운하는 꿈에 가까운 안일지도 모른다. 그러나 꿈꾸는 과정에 현실의 돌파구가 있는 것이다. 북한은 우리의 적도 아니고 짐도 아니다. 북한은 제2의 도약을 가능케 할 파트너이며 희망이다. 전세계가 남과 북을 주시하고 있다. 중요한 것은 남과 북의 장벽을 허물려는 한반도 한민족의 마음이다. 어머니 등에 업혀 서울과 원산을 오가던 기억장치가 집합된 백두대간 에너지도시는 나만의 꿈이 아니라 남북한 국민 모두의 꿈이며, 2012 대선에서 선택된 대통령과 북한의 지도자가 마음을 열고 함께 이루어나가야 하고 이룰 수 있는 안이다. 적어도 이런 꿈을 공유하는 것 자체가 남과 북이 마음을 열고 다른 현안을 풀어나가는 데에도 큰 도움이 될 것이다.

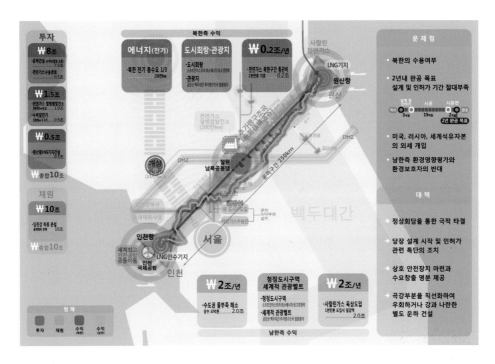

동서관통운하와 백두대간
에너지도시 건설비용 개념
도

　‘지방분권정부’와 ‘수도권 혁신’을 이루고 ‘두만강 하구 다
국적도시’와 ‘동서관통운하와 백두대간 에너지도시’를 만들
어 서울·수도권을 세계적 도시로 만들 수 있는 사람이 대통령
이 될 수 있도록 국민들이 마음을 모아야 한다. 대통령이 임기
안에 이것을 이룰 수 있으면 독재와 유신 없이도 세계 최고의
경제기적을 이어갈 수 있다. 이번 선거에서 민주주의의 위대
한 힘을 보이려면 대선 후보들이 국민이 선택할 수 있는 국가
경영의 비전을 보여야 한다.

1967년부터 45년 동안 한반도 하드웨어를 설계했다.

1969년 박정희 대통령에게 간접 보고한 '여의도 한강 마스터플랜' 보고서,

2006년 조어대에서 중국 지도자 등에게 연설한 '취푸 신도시계획'

2011년 이명박 대통령에게 직접 보고한 지방권 자립과 신공항·과학벨트 등

논문, 연설을 모으고 도올 김용옥 교수와의 대담,

창비 인터뷰, 일간지 등의 인터뷰 등을 정리했다.

제2부

여의도·한강에서
한반도 그랜드 디자인으로

01. 여의도 및 한강연안 개발계획

[1969년 대통령 보고문건]

'여의도 및 한강연안 개발계획' 서문은 정도전이 역사도시 한양을 기획한 이래 575년 만에 최초로 만든 서울의 구조개혁과 도시철학을 담은 글로 나에게도 그러하지만 서울 도시설계 역사상으로도 중요한 문건이라 자부한다. 역사도시 외곽에 신도시를 건설한 빠리의 라데빵스, 토오꾜오만(灣) 신도시에 비해 여의도와 한강연안 계획이 앞섰다고 자부한다. 장마 때는 강과 땅의 경계도 보이지 않던 한강을 상류는 상수원으로, 본류는 400만 도시의 도시화구역으로, 하류는 강과 바다가 함께하는 방식으로 한강의 도시화는 이루어졌고 사대문안 서울과 버금가는 여의도 신도심도 만들어졌다.

1969년 5월에 대통령 보고를 위해 만든 '여의도 및 한강연안 개발계획' 보고서를 40년 뒤 청계천 고서점에서 찾았다. 1967년부터 심혈을 기울인 여의도 마스터플랜을 박정희 대통령에게 직접 보고할 수 없게 되어 만들었던 서면보고서다. 이 책의 제1부 '2013 대통령 프로젝트'를 쓰면서 가장 먼저 생각했던 글이라 제2부 맨 앞에 실었다. 다들 이해하기 어렵다고 하는데 지금 읽어보니 나도 이해하기 어렵다. 대통령이 직접 읽었는지는 알 수 없으나 여의도 마스터플랜의 원안과 다르게 5·16광장(현 여의도광장)이 들어서는 것을 보고 대통령의 지지가 없는 도시설계는 하지 않겠다고 생각했다. 그러나 큰 틀에서 한강과 여의도의 꿈은 이루어졌다. 그후 도시설계를 글로 쓰는 일은 1995년 '꿈꾸는 한강'을 조선일보에 연재하기 전까지 하지 않았다. 글은 나의 상상력 바깥의 세계라는 생각에서다.

서두에 짧은 소회를 덧붙인 것은 그때의 열정이 한반도 그랜드 디자인의 시작이었던 것 같은 감상에서다.

고등학교 재학 중이던 1960년 4월 19일 수업을 받던 도중 "경기고등학교 학생이라면 혁명에 동참해 목숨을 버릴 수 있어야 한다"는 수학선생의 말씀에 몇몇 학생들이 교실을 뛰쳐나갔다. 군중과 함께 청와대로 향하는데 총성이 들리고 모든 사람이 사방으로 흩어졌다. 세종로를 향해 도망가던 중 광화문 네거리에 이르러 주위를 둘러보니 탱크가 다가오고 있었다. 갈 곳이 없었다. 그러다 문득 친구네가 한다던, 동아일보 옆 서린호텔이 생각났다. 달려가 문을 두드렸고 친구가 문을 열어주어 대피할 수 있었다.

그날 밤 친구 집에서 자려고 누워 많은 생각을 했다. 역사의 거대한 흐름은 지성인들의 철학적 사유를 넘어 민중의 의지에 따라 만들어진다. 나뽈레옹에 의해 진압된 프랑스혁명을 떠올리며 우리에게도 나뽈레옹이 나타나지 않을까라는 생각이 문득 들었다.

다음해 5월 16일 새벽, 박정희 소장이 쿠데타를 일으켰다는 소식을 들었다. 순간 '이 사람이 나뽈레옹인가?'하는 생각이 들었다. 5·16군사정변을 통해 집권한 박정희 의장에 의한 군정통치가 시작된 것이다.

대학에 들어가자 양자역학에 반하여 모든 것을 잊었다. 가끔 신문에서 소식을 접할 때마다 '나뽈레옹이 이렇게 시류를 타고 흔들리는 길을 가지는 않았는데…'라는 생각이 들었다. 박정희 의장은 조만간 원대복귀하겠다던 혁명공약 제6조를 번복하고 1963년 대통령선거에 출마하여 당선되었다.

졸업 후 김중업(金重業) 선생 사무실로 갈 때까지도 박정희 대통령과 내가 인연이 있으리라는 생각은 하지 못했다. 김수근(金壽根) 선생 사무실로 옮겨 여의도 마스터플랜을 하게 되었을 때 박대통령의 친서를 보았다. "400만 인구도 감당 못하는 서울을 확장해 600만 인구를 수용할 수 있는 신도시 구역을 만들어야 한다. 서측은 바다로, 북측과 동측은 산으로 막혔으니 남쪽으로 나아가야 한다. 한강과 여의도를 개발하여 20세기 서울을 만들어야 한다"는 내용을 보고 감동을 받았다.

300페이지의 영문 보고서를 쓰고 모형을 만들어 대통령에게 보고해야 하는 여의도 마스터플랜에 아무도 나서지 않아 내가 하게 되었다. 몇가지 안을 구상하여 글을 쓰고 스케치를 해서 대통령에게 전달되도록 시도했다. "그대로 계속 진행하라"는 지시를 받자 대통령이 나의 안을 보고 지지한다는 생각이 들어 2년을 몰두해 종합적인 안을 만들었다. 최종안을 대통령에게 직접 보고하려 했는데 서울시장이 나서서 보고한 후 내려온 지시는 여의도 계획의 핵인 국회와 대법원의 가로축을 잘라 그 사이에 5·16광장을 만들라는 것이었다. 설계자가 직접 보고하여 설득했어야 했는데, 그러지 못하다 보니 결국 원안이 왜곡되어버린 것이다. 크게 실망하여 다시는 국가원수가 관여하는 도시설계를 맡지 않겠다고 다짐하고 관련 자료를 다 버렸다. 바로 그 자료를 40년 만에 찾은 것이다.

1970년 박정희 대통령의 지시로 서울대 종합화 계획과 관악산 캠퍼스 계획이 실시되었다. 여러 곳에 흩어져 이름만 종합대학일 뿐이던 서울대의 단과대학들을 관악캠퍼스로 이전해 공간공동체로 만들고자 한 것이다. 나는 관악캠퍼스 계획을 위해 구성된 공과대학 교수연합팀의 최종안 책임자로 일했다. "한국의 미래는 서울대에 있다. 모든 학문이 융합하는 종합캠퍼스를 만들어 나라를 이끌어갈 인재를 양성해야 한다. 부지로는 관악산 일대만한 곳이 없다"는 박대통령의 친서를 그때 보았다. 대통령이 직접 관악산에 와 마스터플랜 설명을 듣는다 하여 여의도 때의 아픔을 반복하지 않기 위해 내가 직접 보고하겠다고 했다. 나는 종합캠퍼스를 종합도시화하는 거대한 안을 추가하여 대통령을 설득하겠다고 마음먹고 넉달 가까이 합숙하다시피 일했다. 열심히 준비하던 중 총리가 대신 온다는 소식을 들었다. 관악산 캠퍼스의 대학도시화는 대통령이 안을 이해하고 추진해야만 이룰 수 있는 대통령 프로젝트였다. 그 길로 관악산에서 내려왔다.

2년 후 박정희 대통령 지시로 경주 역사구역을 포함한 경주 관광종합개발계획이 시작되었다. "천년도시 경주에 손을 대면 안 된다. 경주 외곽에 관광도시를 만들고 경주는 복원해야 한다"는 나의 주장이 받아들여져서인지는 모르나, 경주는 그대로 두고 외곽에 보문단지를 계획하라는 대통령 지시가 있어 특별팀을 구성해 청와대 별관에서 반년간 일했다. 마스터플랜을 완성해 IBRD(국제부흥개발은행)의 자금지원을 받았다. 세번째 대통령 프로젝트를 치른 셈이다.

1976년 현대건설이 사우디아라비아 주베일(Jubayl) 산업항만 공사 계약을 체결했다. 설계 및 공사감리는 미국의 벡텔이 맡았다. 이를 계기로 박대통령은 우리가 직접 설계와 감리, 시공까지 하는 사업을 원했고 그리하여 중앙정보부의 주도하에 중동의 도시설계 진출을 시도하게 되었다. 국내 건설업체 25개사로 구성된 한국해외건설주식회사(KOCC)를 설립해 대형공사 수주를 준비하며 함께할 건축가를 찾기 시작했다. 당시에는 아무도 국제도시 설계 경험이 없었고 무엇보다 영문으로 시방서(示方書)를 작성할 능력이 없어 서울대 관악산 캠퍼스 계획과 경주 보문단지 계획을 작업한 우리가 설계를 맡게 되었다. 쿠웨이트 자라(Zahra) 주거단지 국제현상에 참여한 것은 미국의 벡텔과 일본과 영국, 그리고 우리였다. 모두 벡텔의 우세를 점쳤지만 우리가 당선되었다. 중동 최초의 신도시를 설계하게 된 것이다. 당시로서는 굉장한 사건이었고 나로서는 네번째 대통령 프로젝트를 수행한 것이다.

1977년 박정희 대통령이 신행정수도 계획을 발표한다. 나는 이미 알코바, 리야드 등 중동 신도시 설계에 참여하고 있었고 수도이전에 대해 부정적이었기 때문에 신행정수도 계획에 참여하지 않았으나 대기업들이 요청해와 그 중심업무지구 일을 맡았다. 1979년 박대통령 구미 생가의 개보수작업 도중 대통령의 친서를 받았다. "원형을 살리는 데 중점을 두어 검소하게 하며, 없던 것을 추가하지 말고 새마을 취로사업 시기에 하라"는 내용이었다. 그다운 글이라 생각했다.

2010년 박지만 회장이 찾아와 박대통령 기념관 설계를 청했다. 마포에 건립한 기념관은 인정할 수 없으니 육영재단이 있는 어린이대공원에 기념관을 짓고 싶다는 것이다. 나는 설계비는 받지 않겠지만 그 대신 전시기획도 내가 하겠다 했다. 그것이 건축과 도시와 함께한 내 생애 45년에 가장 큰 영향을 미친 박대통령에 대한 예라고 생각했다. 언젠가 내가 설계한 박정희 대통령 기념관이 세계적 명소로 서게 되리라 생각한다.

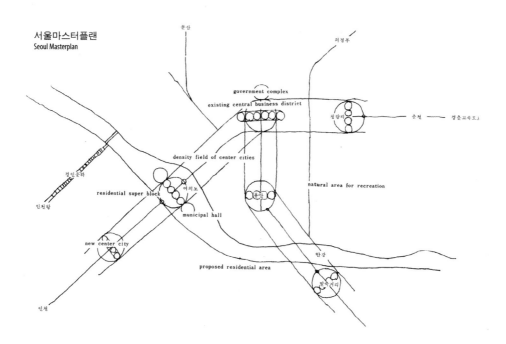

서울마스터플랜
Seoul Masterplan

government complex

existing central business district

density field of center cities

경인운하

residential super block

여의도

municipal hall

natural area for recreation

new center city

proposed residential area

인천항

인천

분산

의정부

성량리

순천 ── 경춘고속도로↓

한강

말죽거리

한강을 중심으로 마주한
두개의 도시 서울을 예견
한 마스터플랜. 경인운하
와 인천 축상의 도시성장
을 말죽거리 강남보다 크
게 보았다.

여의도 및 한강연안 마스터플랜(1969년)

기본계획

1-1. 서울 마스터플랜과 여의도 계획

우리 사회가 총체적 도시화로 향하고 있는 것은 이미 사실이다. 그러나 우리의 도시화는 단위 도시의 수적 증가보다 기존 도시의 연계성 심화 내지 기존 도시구역의 확대로 이루어지고 있다.

여의도 계획은 이러한 전국적인 도시화에 따른 기존 도시 시공간구조의 붕괴와 확대일로에 있는 서울 도시가 전국토와 수도권에서 갖는 시공간 구조에서의 핵심적인 역할을 전제로 이루어졌다.

우리는 서울의 도시적 본질에서부터 새로운 발전의 가능성을 끌어내기 위해서 서울이 처한 문명사적인 의의와 경제적·사회적 요인 및 도시 시공간구조의 기본조직으로부터 새로운 도시 시공간구조의 변화를 추구하였으며 변화된 서울의 도시 경제 조직과 과정을 기반으로 하여 20년 후의 성장과 발전의 윤곽을 상정하였다.

미래의 관점에서는 물론 지금 오늘에도 서울의 시공간구조는 과도적인 성장의 불합리와 한계를 노정하고 있다.

여의도 계획에서 우리는 서울의 도시 확대에 따른 도심지

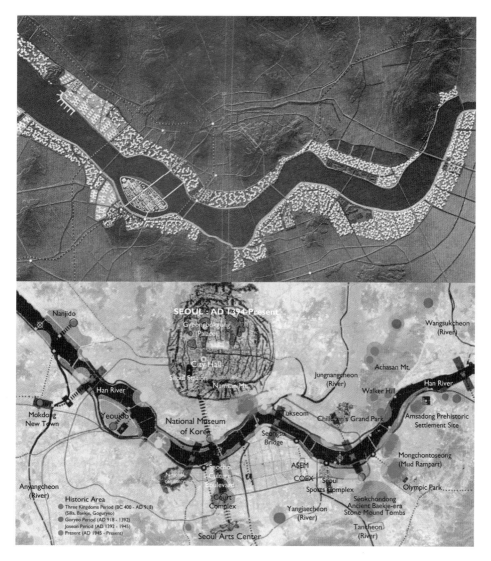

1969년 한강연안 마스터
플랜 당시 만든 모형(위)과
1995년 한강 주변의 2000
년 역사를 표현한 '꿈꾸는
한강'(아래)

역의 과밀과 황폐된 주변지역으로의 계속적 인구유입을 어떻게 새로운 도시화 역동성의 창조로 전환시킬 수 있는가 하는 문제를 함께 생각했다.

그리하여 여의도 계획에 앞서 수도권 도시화에 따른 도시 지원시설의 배치와 기본산업의 배치 그리고 전국토에 영향을 주는 행정기구의 재배치문제를 우선적으로 생각하여 국회와 시청 이전을 구상하였다. 우선적 도시기능인 학교와 시장의 대응적 도시기능집단 계획과 교통씨스템 및 특별주거단지 등을 아울러 제시하고 그러한 전반적인 도시구도하에서 여의도의 도시적 당위를 검토하였다.

우리가 제안하는 서울 마스터플랜의 도시 시공간구조의 기본질서는 기초도시집단과 기능도시집단의 두가지 유형의 조합으로 이루어졌다. 현대 도시는 시간구조에서는 최소이동의 원리를, 공간구조에서는 응집경제이론을 근거로 이루어졌다.

우리가 제시하는 서울 마스터플랜에서 기능도시집단은 도시기능적 연쇄의 한 조직체로서 위계에 따라 계층조직을 이루게 하였다. 도시중심은 기능적 상호작용으로 모든 기능도시집단에 대응한 도시활동뿐 아니라 시공간적 거리에 대해서도 동일하고 강력한 영향력을 발휘하도록 선형 개념으로 집합하게 하였다.

이것은 결국 도시의 중심기능을 선형 기능도시집단과 자연과 도시화 구역 사이의 기초도시집단으로 유형화할 것이며,

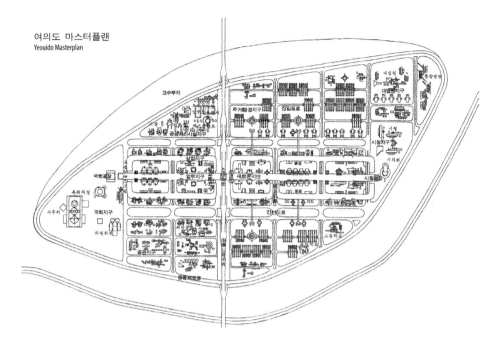

여의도 마스터플랜
Yeouido Masterplan

동서로 두개의 광장축, 남
북으로 하나의 통과교통축
을 중심으로 국회의사당,
대법원, 시청과 시의회를
두는 여의도 마스터플랜

도시의 기본적 작용에 속하는 지원시설과 기본산업 및 전국
적인 영향을 주는 행정기구 등이 이에 접속할 것이다.

여의도는 이 선형 기능도시집단의 기본단위인 여러 도심
중 하나로 계획된 것이다.

여의도 계획에서 제시된 도시 시공간구조의 기본질서는 서
울 마스터플랜에서 제안된 시공간 질서의 원리에서 출발하여
그 기본단위가 어떻게 구성되어 발전하는가를 보여주는 것에
서 시작되었다.

물론 여의도 계획은 서울 마스터플랜의 거점표본 개발의
기본단위를 보이는 것이지만 이 기본질서가 다른 지역에 적

용될 때는 경제적·사회적 발전과 문화적 가치 그리고 지리적 조건 등의 변화에 따라 독특한 조직을 갖게 될 것이다.

1-2. 여의도 계획 개요

우리가 200만 인구에서 400만 인구로 확대되고 있는 기존 서울 도시구조 안에 보급시키고 또 새로이 여의도에 시도하려고 하는 새로운 도시 시공간구조의 제안은 기존의 구조로는 400만 인구를 수용할 수 없는 사태에 이르리라는 것이 충분히 예측되기 때문이다. 그리하여 우리는 서울-도시의 전역에 걸쳐 도시적 분할이 가능하다고 생각되는 거점을 가려내고 그것들을 연구하였다.

이러한 연구를 기초로 하여 도시와 도시의 보다 넓은 이미지를 탐구하고 그것을 구체화하면서 외형적 구조보다는 서울-도시에 내재하는 시공간 질서를 발견하고 20년 후의 서울-도시의 합리적인 도시기능집단과 기초도시집단을 위한 필요와 요구를 규정하였고, 그때의 교통상황과 도시 발전단계를 고려하여 여의도가 서울 대도시권에서 갖는 당위를 추구하였다.

그리하여 20년 후 여의도의 건강한 도심과 주거환경 및 공공시설을 위한 기능의 스케일을 작정하고 그때의 교통환경과 환경조건의 개선으로 여의도가 서울 전도시권에서 선형 기능 도시집단의 기본단위가 되어야 한다는 점에 근거하여 옛 도

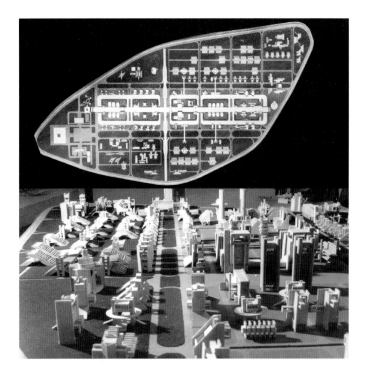

여의도 마스터플랜 모형

시구역에서 인천과 강남으로 이어지는 400만 도시 서울 마스
터플랜을 구상하였다. 또한 대도시의 경제적·사회적·문화적
생활의 중요성에 비추어 심장부에 놓여야 한다고 생각되는
주요 도시 활동군을 조직화하였다.

이와 같은 공간분석의 결과 여의도의 규모를 장래의 필요
와 요구에 비추어 고도로 발전하는 생산성이 정비되는 경우
의 기본단위 도시 규모인 야간 인구 3만, 주간 인구 18만으로
산정하였다.

여의도 계획은 여의도 자체의 도시화에 국한된 것이 아니

라 혼돈된 서울의 시공간구조에 전화의 계기를 주어 창조적 진화를 이룩하도록 하는 영속적 성장의 한 출발을 암시하는 것이며 여러 기간에 걸친 단계적 실현이 가능한 항구적인 도시구조를 창조하려는 것이다.

여의도 계획은 인구 200만 도시 서울의 현 도시구조 개혁에서 시작하여 서서히 여의도가 서울의 구도심과 연계되어 400만 도시 서울에 새로운 변환의 계기를 어떻게 실현하는가 하는 전수도권의 성장계획과 연결되어 있다.

여의도 계획에 요약된 방법은 서울의 기존 시가를 자극함은 물론 서울-인천과 서울-수원 축에 이르는 대도시권에도 긍정적인 영향을 줄 것을 전제로 한 것이다.

도시의 인간공간을 되찾으며 산업화가 가해왔던 압박으로부터 도시를 해방하는 현실적인 합리에서부터 여의도 계획은 시작되었으며 한강연안 계획 역시 그러한 과정을 통해 서울의 파탄을 새로운 도시중심군의 창조로 전화시키려는 대서울 계획이다.

02. 새만금을 '어반클러스터'로

[도올 김용옥 인터뷰] 문화일보 2003년 2월 12일

도올 김용옥 교수가 문화일보의 대기자로 있을 때 새만금사업이 국가적 이슈였다. 그가 국민의 입장에서 새만금의 대안에 대해 묻는 특별 인터뷰다. 인터뷰의 전재를 허락해준 김용옥 교수와 문화일보 측에 감사드린다.

김석철은 천재다. 퉁명스럽게 던지는 나의 이런 말을 매우 의아스럽게 생각할지도 모르겠지만 크게 놀랄 일은 아니다. 하늘(天)에서 재능(才)을 부여받았으면 누구든지 천재이기 때문이다. 천재는 항상 과(過)한 구석이 있다. 이태백처럼 하늘에서 쏟아지는 황하의 물을 들이키듯 과음을 즐긴다든가, 번뜩이는 재치와 구상으로 지나치게 많은 일에 몰두하거나, 꺼질 줄 모르는 격정의 화염에 휩싸여 열애에 탐닉하거나, 하여튼 과한 것은 천재의 한 속성이다. 김석철도 일을 너무 열심히 한다. 아키반(Archiban)의 대표로 많은 설계일을 하면서도 명지대학교 건축대학장, 베네찌아 건축대학·컬럼비아대학 건축대학원 초빙교수로서 맹활약을 하고 있다.

오늘날 우리가 보는 여의도의 모습도 대강 그의 머릿속에

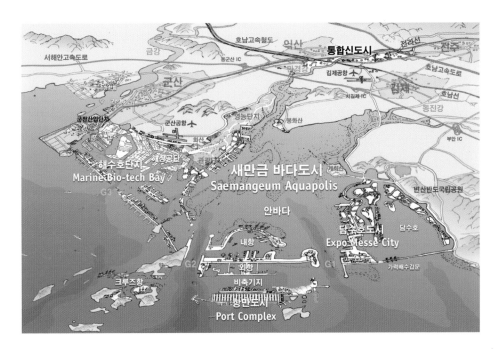

새만금 바다도시 1안 조감도. 새만금 방조제를 3분의 2만 쌓았을 때라 세 곳(G1, G2, G3)에서 해수유통을 가능케 하고 방조제 안을 안바다(laguna)로 한 바다도시를 제안했다

서 나온 것이며, 한강 연안의 대체적 구상도 그가 초안한 것이다. 예술의전당, 관악산 서울대 캠퍼스, 경주 보문단지, 쿠웨이트 자라의 주거단지, 제주도의 영화박물관 등 우리 주변의 수없는 건축들이 그의 작품이다. 밀양의 한학자 가문에서 태어나 영남루와 남천강변 솔밭을 거닐면서 철인의 꿈을 키웠던 그에게는 깊은 한학의 소양이 있다.

경기고 시절, 인류문명의 골격을 만드는 건축을 통해서도 큰 철학을 구현할 수 있다고 말씀해주신 박종홍(朴鍾鴻) 선생의 권유에 따라 서울공대 건축과에 들어갔다고 하는 그는 대학시절부터 이미 김중업 선생 설계사무실에서 큰 건물 설계

새만금 바다도시 2안 조감
도. 1안에 더하여 방조제를
이용하여 크루즈항, 비축
기지와 외항을 두는 바다
도시를 제안했다

를 도맡았다. 그후에는 섬세한 감성의 소유자 김수근 선생 밑
에서 도시설계를 주로 공부했다. 그런데 김석철은 요즘 새만
금 구상에 미쳐 있다. 너무 새만금에 몰두하다가 건강까지 상
했다고 한다. 뉴욕 컬럼비아대학 강의를 마치고 엊그제 귀국
한 그를 나는 가회동 한구석의 한옥 두채를 개축하여 만든 조
촐한 아키반 사무실에서 만났다. 2월 10일 오전 11시였다.

　새만금 간척사업을 놓고 환경단체와 전북자치단체 사이에
옥신각신 찬반싸움의 골이 깊어지고 있을 때 돌연 등장한 김
석철안은 세간에 깊은 충격을 주었다. 새만금 갯벌이라는 광

지도 내 라벨:
금강, 서해안고속도로, 익산, 전라선, 전주, 장항, 장항항, 둔군산IC, 전주IC, 김제IC, 군산, 만경강, 서김제IC, 김제, 호남고속도로, 군산항, 군산공항, 호남고속철도, 군장산업단지, 과학영농도시, 동진강, 혁신도시, 부안IC, 부안, 개화산, 담수호도시 1, 경제공동특구 1, 담수호도시 2, 변산반도 국립공원, 경제공동특구 2, 관광특구, 해수호, 해수호, 해수호, 고군산군도, 항만도시

새만금 바다도시 3안 조감도. 새만금 방조제를 모두 쌓았을 때라 바깥에 항만도시 방조제 안에 해수호와 담수호를 두는 바다도시를 제안했다

활한 생명의 보고를 있는 그대로 보존하면서도 전북도민들의 개발 열망을 충족시킬 수 있는 획기적인 새로운 대안을 제시했기 때문이었다. 그러나 아직도 지방의 언론들은 김석철안이 실현가능성이 없는 허황된 것이라고 빈축하고 있고, 노무현 당선자나 전북도정을 맡고 있는 사람들은 선뜻 그의 구상을 받아들이지 않고 있다.

그러나 내가 생각하기엔 이 모든 것이 이해의 부족에서 기인하는 것이다. 김석철안은 새만금의 유일한 활로다. 김석철안은 돌연히 하루아침에 급조된 것이 아니라, 그의 회갑 생애의 기나긴 도시설계 체험의 축적이 빚어낸 찬란한 다이아몬

드와도 같은 것이다. 그의 주장의 핵심은 앞으로 오는 인류문명의 대세는 국가와 국가 간의 경쟁이 아니라 도시와 도시 간의 경쟁의 시대로 특징지어진다는 테제에서 출발한다. 새만금문제를 농지의 확보라는 원시적인 발상으로부터 근원적으로 차원을 달리하여, 경쟁력 있는 도시들의 집적태인 어반클러스터(urban cluster)로서 생각해야 한다는 것이다.

"생각해보세요. 미국? 그 거대한 땅덩어리가 대부분 인간의 발자취도 가지 않은 원시림 아니면 산맥, 사막, 대평원, 그리고 목가적인 소도시일 뿐입니다. 그러나 우리가 미국 하면 그런 풍경을 떠올리지 않습니다. 세계 최첨단의 마천루로 가득찬 맨해튼의 스카이라인을 생각하죠. 다시 말해 미국의 경쟁력은 뉴욕이라는 도시의 경쟁력입니다. 극단적으로 말하자면 뉴욕이라는 한 도시의 경쟁력이 미국이라는 국가 전체를 먹여살린다는 것이죠. 뉴욕은 금융의 도시며, 기업의 도시며, 물류의 도시입니다. 그런데 이 뉴욕의 경쟁력은 행정도시로서의 워싱턴, 그리고 학문도시로서의 보스턴과 연계된 클러스터를 이루면서 효율적인 기능을 하고 있는 것입니다. 런던이나 빠리 같은 유럽의 도시들이 역사적으로 자연스럽게 형성되어온 복합도시들임에 비하여, 미국 동부의 도시들은 이러한 기능적 분화를 이룩해낸 새로운 개념의 기능도시라는 것입니다. 즉 미국은 새로운 도시문명의 패러다임을 제시하면서 인류문명의 최강자로 등장한 것입니다. 필라델피아 같은

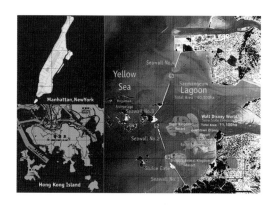

같은 축적으로 비교한 새만금, 뉴욕 맨해튼, 홍콩섬

곳에는 시청 건물 꼭대기의 윌리엄 펜(William Penn) 동상 높이 이상으로는 건물을 못 짓게 엄격한 고도제한을 하면서도 맨해튼에는 건폐율과 용적률을 무제한으로 허용했습니다.

앞으로는 이와 같이 경쟁력 있는 도시를 만들어내는 것이 미래지도자의 모습이라는 것입니다. 중국에서는 현재 상하이나 베이징을 성공적으로 이끈 지도자들이 정치지도자로 부상하고 있습니다. 다시 말해 그들은 앞으로 오는 세기는 국가경쟁력이 아니라 도시경쟁력 시대라는 것을 잘 깨닫고 있는 것이죠. 새만금도 경상도에 콤플렉스를 느끼는 전라도 사람들의 한풀이로 이해되어서는 아니 된다는 것이죠. 21세기 세계와 경쟁할 수 있는 전혀 새로운 개념의 도시문명의 탄생이라는 측면에서 접근해야 한다는 것입니다. 아, 글쎄 생각해보세요. 새만금의 스케일이 1억 2000만평이 넘어요. 그것은 그린벨트를 뺀 서울시와 동일한 싸이즈예요. 어떻게 이렇게 거대한 토지계획이 농업기반공사나 지방자치단체의 프로젝트로서 기안되고 종결될 수 있다는 말입니까? 그것이 반드시 한반도 전체의 경영전략으로서, 중앙정부와 지방정부가 긴밀한 유기적 관계를 갖는 고차원의 국가전략으로서 인식되어야 한다는 것은 너무도 당연한 일이 아니겠습니까? 그렇다면 향후의 한반도전략이 무엇이냐? 이런 걸 이야기해야겠지요."

──그게 뭡니까?

"아, 그거야 손쉽게 노무현 당선자의 동북아중심국가론을 얘기해도 좋겠지요. 그런데 동북아중심국가라는 말 자체가 어폐가 심해요. 우리나라가 어떻게 동북아의 중심국가가 된다는 말입니까? 일본이나 중국 같은 세계 대강국들이 버티고 있는데 과거 대동아공영권을 외치던 일제 우익 비슷한 뉘앙스의 담론들을 내깔기면 이 세계 누가 좋아하겠습니까? 우리나라 사람들에게는 1960~70년대를 통해 형성된 국수적 민족주의, 그리고 80년대를 통해 형성된 저항적 민족주의의 검토되지 않은 환상이 있어요. 그냥 단군 이래로 한민족이 세계의 중심이라고 종교적으로 믿어버려요. 자, 동북아중심국가라는 말의 구체적 함의는 이제 동북아시아의 중심이 황해도시공동체(Yellow Sea Urban Community)가 될 수밖에 없다는 것을 의미합니다. 다시 말해서 우리나라가 황해도시공동체 속에서 어떤 기능을 할 수 있느냐? 바로 그 기능 속에서 우리 민족의 어반클러스터를 어떻게 효율적으로 창조할 수 있느냐? 이런 얘기로 압축된다는 것이죠."

그의 말을 이해하기 위해서는 '황해도시공동체'라는 단어를 정밀하게 푸는 작업이 중요하다. 여기 핵심은 또다시 '도시'라는 말이다. 인류사회의 변화는 구체적으로 농촌인구가

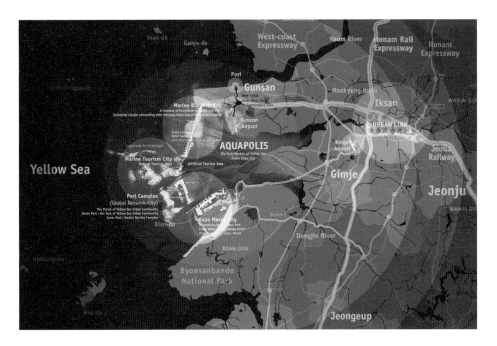

새만금 도시연합

도시인구로 전환되는 과정, 즉 어바니제이션(urbanization)에서만 일어난다는 것이다. 유럽·미국·일본의 경우 농촌인구가 3퍼센트밖에 되지 않는다. 이런 곳에서는 이제 격변하는 사회 변화를 기대할 구석이 없다. 결국 정체하고 만다는 것이다. 우리나라는 현재 9퍼센트다. 앞으로도 약 6퍼센트 정도의 변화 가능성만 남아 있는 것이다. 그런데 중국은 농촌인구가 75퍼센트며 북한은 80퍼센트다. 생각해보라. 중국은 인구가 13억이다. 이 13억의 75퍼센트가 되는 인구가 앞으로 20~30년 내에 도시로 이동하는 현상을 한번 상상이나 해보자! 중국은 20년 동안 경제성장률 10퍼센트 대를 유지해왔다. 그리고 올해

부터 매년 1000만호의 아파트를 건립하겠다고 발표했다. 매년 분당 규모의 도시 100개가 생겨나는 것이다. 그런데 이러한 도시가 대부분 베이징·톈진·상하이·홍콩을 연결하는 황해 연안으로 집결하는 것이다. 지금 중국대륙은 동쪽으로 기울어져 있다. 모든 사람이 동쪽 해안으로 떼굴떼굴 굴러가고 있는 것이다. 곧 상하이 주변으로만 3억의 인구권이 형성된다. 그리고 황해 연안과 한국·일본의 황해연결 일대만 해도 약 9억의 인구가 집결된다는 것이다. 이것은 세계 최대의 시장이다. 그가 생각하는 새만금은 바로 이런 황해도시공동체의 허브마켓씨티(Hub Market City)다.

"잘 생각해보세요. 우리나라에도 이미 매우 효율적인 어반클러스터가 있습니다. 대구·울산 어반클러스터를 예로 들어보죠. 포항에는 제철공장, 구미에는 전자공단, 울산에는 중공업·자동차공장, 대구에는 섬유산업과 교역과 교육, 이런 기능이 각기 분화되어 집중 투자되었고 이것이 한덩어리를 이루면서 세계적으로 경쟁력 있는 어반클러스터를 형성한 것이지요. 우리나라 근대화의 힘은 바로 여기서 나온 것입니다. 그런데 이렇게 기능적으로 분화되어 집중 투자된 어반클러스터가 호남지역에는 한군데도 없습니다. 보세요! 우리나라에는 대체적으로 기능하고 있는 어반클러스터가 3개 있습니다. 서울과 인천을 묶는 경인지역 메가씨티 어반클러스터, 방금 말씀드린 대구·울산 어반클러스터, 부산, 마산·창원, 광양을 잇는

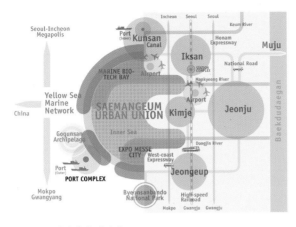

새만금 도시연합의 다이어
그램

부산·광양 어반클러스터, 이 3
개밖에 없습니다. 그런데 이 3
개가 모두 경부선을 축으로 해
서 이어지고 있는 것입니다. 이
경부 어반클러스터 주축은 해
방 후 오늘날까지 우리나라 경
제가 미국·일본을 축으로 했
다는 것을 의미합니다. 다시 말
해서 우리나라의 국토의 모습은 이러한 미·일이 주축이 된 경
제·사회·문화·학문·예술 구도에 따라 결정되어온 것입니다.
보이는 건축의 세계와 보이지 않는 문명의 세계는 이와 같이
하나로 밀착되어 있는 것입니다.

바로 황해도시공동체라는 것은 세계문명의 주축이 미·일
축에서 중·일 축으로 전환하는 시대라는 것을 의미하며 이것
은 곧 한반도 국토의 구조적 변화가 불가피하게 수반된다는
것을 의미합니다. 그렇다고 이런 변화에 미국이 배제된다는
것은 아니며, 미·일 축과 중·일 축의 새로운 긴장관계가 황해
도시공동체 중심으로 형성된다는 것을 의미합니다. 우리 한
반도의 운명은 바로 이러한 긴장의 역학관계 속에서 어떻게
창조적인 밸런스의 새로운 기축(axis)을 마련하는가에 달려
있습니다. 황해를 보세요! 현재 메가씨티는 3개가 있습니다.
베이징·톈진 메가씨티, 서울·인천 메가씨티, 상하이·난징 메

가씨티, 이 세 메가씨티가 모두 과밀현상을 일으켜 새 문명의 허브로서 효율성이 떨어집니다.

여기에 완벽하게 도시건축법의 규제를 받지 않는 탁 트인 새로운 거대공간이 요구됩니다. 바로 이 거대공간은 새만금 밖에는 없습니다. 새만금에는 서울시의 3분의 2나 되는 규모의 도시가 형성될 수 있으며 여기는 배상의 문제도, 철거민의 문제도, 소유의 문제도 없는 완벽한 신천지의 드림랜드입니다. 더구나 군산·익산·전주·김제·정읍 5개 도시의 기능적으로 분화된 내륙의 어반클러스터와 연계하고, 그중 군산·김제의 2개 공항을 영종도와 연결시키고, 군산·새만금의 항구시설을 인천·목포 항구와 연결시키고, 또다시 서해안고속도로 그리고 호남고속철도와 연결시키면 20세기의 뉴욕과 같은 기능을 할 수 있는 21세기의 동북아중심도시로서 새만금이 출현할 수 있다는 것을 의미합니다. 이것은 환상이 아닌 현실이며, 우연이 아닌 필연이며, 중단이 아닌 개선입니다. 저의 이러한 주장을 제 주변사람들이 너무 이해해주질 못하고 있습니다. 안타깝습니다.

호남지역의 정치적 개선은 영남에 대한 '균형발전'이 아니라 '경쟁발전'이 되어야 하며 그것은 미·일 축의 서구일변도 모습에서 중·일 축으로의 다변화가 우리 국토에서 새롭게 흥기할 수밖에 없다는 것을 말하는 것입니다. 새만금을 이와 같이 어반클러스터 네트워크의 장으로 생각한다면 굳이 방조제

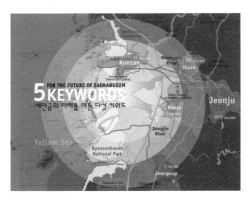

새만금 미래를 여는 다섯
키워드

를 막아 갯벌을 죽일 필요가 없습니다.
새만금 방조제를 완전히 차단한다는
것은 낙동강 입구를 완전히 봉쇄하는
것과도 같은 터무니없는 짓입니다. 낙
동강 입구를 막는다면 영남 일대가 모
두 사지화(死地化)할 것이라는 생각은
누구나 쉽게 할 수 있을 것입니다. 그
런데 왜 호남평야의 생명인 만경강과 동진강의 강하구를 막
으면 시화호의 비극 정도가 아니라 그 오염이 역류하여 우리
나라의 위대한 호남평야 전체가 썩어갈 것이라는 비극적 결
말을 아무도 예견하지 않는단 말입니까?"

——그렇다면 갯벌 위에는 아무런 공사를 하지 않는다는 것
입니까?

"그렇습니다. 베네찌아를 보십시오. 그곳은 바다 앞에 기다
랗게 생긴 섬 3개(리도Lido, 말라모꼬Malamocco, 치오지아
Chioggia)가 천혜의 방조제를 형성하고 있고 그 3개의 섬 밖
으로는 외해(mare), 안으로는 내해(laguna)가 형성되어 있습
니다. 이 내해는 연안도시와 섬들 간의 천혜의 물류·교통의
길을 형성해주고 있습니다. 새만금의 경우도 지금까지 쌓은
방조제와 연안의 개발을 이용하면 베네찌아보다 더 위대한
도시가 형성될 수 있습니다. 새만금 갯벌은 이 도시의 물류의
장인 내해가 되는 셈이지요."

──그렇다면 방조제 위에다 도시를 건설한단 말입니까?

"의아스럽게 생각하실지 모르겠지만 한번 직접 가보십시오. 바다 한가운데의 방조제의 폭이 자그만치 290미터나 되며 그 높이가 36미터나 됩니다. 그것이 4.5킬로미터의 공사를 남기고 33킬로미터나 뻗어 있습니다. 이 방조제 위에 건설할 수 있는 대지면적이 맨해튼 전체를 훨씬 능가하는 것입니다. 5~6층 건물은 기초 없이 세울 수 있으며 36미터 높이의 7배나 올라갈 수 있는 중압을 거뜬히 버틸 수 있습니다. 나는 우리나라 농업기반공사의 방조제 공사를 세계사의 경이로운 토목사업의 성과로서 높이 평가하고 싶습니다. 그러나 앞으로 바다를 완전히 막는 방향으로 공사를 진행시킨다면 인류사상 돌이킬 수 없는 최대의 환경재앙을 몰고 올 것입니다."

──그러나 농업기반공사도 그렇고 전북도민들도 그렇고, 방조제 공사의 중단으로 예산의 축소나 세수의 감소를 걱정하고 있습니다.

"저의 안은 중단이 없습니다. 저의 안이 실현되기 위해서는 앞으로도 계속 많은 방조제·방수제를 쌓아나가야 합니다. 단지 그 방향과 플랜이 변경되는 것입니다. 저는 환경단체의 주장보다는 농업기반공사(농기공) 사람들의 납득이 더 중요하다고 생각합니다. 농기공 내에는 단지 이해부족으로 생각이 못 미쳐서 그렇지, 매우 진지하게 생각하시는 훌륭한 분들이 많습니다. 농기공의 사업은 중단되는 것이 아니라 새로운 차

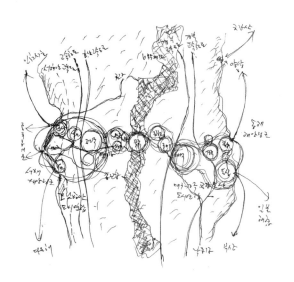

새만금 바다도시와 백두대간, 대구-경북 어반클러스터 스케치

원의 활력을 얻게 되는 것입니다. 농기공은 이 사업에 계속 참여하게 될 것입니다."

—그런데 왜 이렇게 좋은 안을 관계실무자들이 이해하지 못할까요?

"이 일의 추진과정이 당초부터 '개간'이라는 '쌀과 땅의 신화'로부터 로컬한 관심 속에서 출발했기 때문입니다. 지방관리들의 지역적 관심에서 기안된 서류들이 그냥 케이스 바이 케이스로 상부에서 예산도장만 찍혀 내려온 실상이 그 원흉이지요. 다시 말해서 국가경영의 총체적 비전이나 철학, 원리·원칙이 있었던 플랜이 아니라는 것입니다. 유기적 관련이 없는 세칙만 있고 전체적인 비전이 없는 안이었기 때문에, 동네 쪼그만 구멍가게 발상을 갑자기 거대한 국영기업체 사업으로 뻥튀긴 것 같은 과정을 밟았기 때문에, 지금에 와서 그 문제 전체를 코디네이션할 수 있는 철학과 원칙이 부재한 것입니다. 게다가 타성의 안일함 때문에 어떤 새로운 패러다임을 수용하기 어려운 불안감에 떨고 있는 것이죠. 한마디로 인식의 전환을 못 하는 겁니다. 그리고 도민 스스로가 풍족한 감자바위 동네의 꿈만 키우고 있는 것입니다."

―플라톤의 아틀란티스를 연상케 하는 선생님의 새만금 아쿠아폴리스를 설명해주시지요.

"간단히 말하면 1호 방조제와 변산반도를 중심으로 세계 상설 무역박람회를 유지할 수 있는 3억톤 수량의 담수호가 있는 엑스포씨티(Expo City)를 건설하고, 2호 방조제를 중심으로 항만도시(Human Port)를 건설하며, 3호 방조제와 이 세상에서 가장 아름답다고 표현할 만한 천혜의 12개 고군산군도를 연결하여 해상관광도시(Tourism City)를 건설하며, 4호 방조제와 군산, 금강, 만경강을 활용하여 해양생명과학도시(Marine Bio-tech Valley)를 만드는 것입니다. 그리고 만경강과 동진강 하구 사이에 돌출한 봉화산 일대에 내륙 중심도시인 케이프타운(Cape Town)을 만드는 것입니다. 이 다섯개의 도시 중 2호 방조제의 국제항만시설은 글로벌 네트워크의 중심이 되며, 봉화산 일대의 케이프타운은 로컬 네트워크의 중심이 되어 내륙의 호남평야 5개 도시연합(군산·익산·전주·김제·정읍)의 센터가 되는 것입니다. 이중 항만시설은 중앙정부가 투자하고 봉화산 케이프타운은 지방정부가 투자하며, 나머지 세개 즉 엑스포씨티와 관광도시, 해양생명과학도시는 국제자본이 투자하도록 하는 것입니다."

―문제는 원가경쟁력, 세계경쟁력, 그리고 공학적 기술문제의 해결이겠지요.

"그렇습니다. 불행하게도 이 문제를 자세히 설명드릴 시간

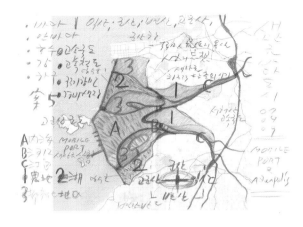

새만금 바다도시 3안 다섯
번째 스케치

이 없군요. 한가지만 확실히 말씀드리겠습니다. 저는 이 문제를 저 혼자 생각한 것이 아닙니다. 하바드대 건축대학원 (GSD)의 피터 로우에(Peter Rowe)교수팀, 칭화대 우 량룽 교수팀, 서울대 안건혁 교수의 한아도시연구소팀, 조창걸 회장의 한샘연구소팀, 그리고 저의 아키반팀, 이 다섯 팀이 6년 전부터 공동으로 연구해온 결과를 말씀드리는 것뿐입니다. 저희들의 첫 모델은 서울·인천·영종도를 연결하는 인천 앞바다의 거대수상도시 건설이었습니다. 그러나 그 안은 너무 스케일이 작아 황해도시공동체의 새로운 물류 중심이 되기에는 적정조건이 갖추어지기 어렵다고 판단했습니다. 모든 국제적 여건을 고려하여 우리의 최종 결론이 새만금으로 낙착된 것입니다. 결론을 말씀드리면 저의 안은 일체의 부정(否定)이나 중단이 없습니다. 그리고 결정적이거나 독단적이지 않습니다. 대체적 방향에 합의를 보면 어떠한 합리적 의견이라도 수용하여 끊임없는 보완과 발전이 가능한 인류 공동의 숙원사업이라는 것이죠."

—선생님의 과거 작품에 대한 비판도 많습니다. 새만금 구

상에 그러한 하자가 있을 수도 있다면 무어라 답변하시겠습니까?

"뼈아픈 지적입니다. 지금 제가 여의도를 설계했다면 여의도 한가운데로 한강이 흐르게 만들었을 것입니다. 서울대 관악캠퍼스? 참 부끄럽습니다. 서울대 학생들에게 죄송스럽습니다. 예술의전당? 그런대로 기능은 잘하고 있지만 후회되는 구석이 많습니다. 저는 요즈음 제 인생을 통렬히 비판하고 있습니다. 저는 건축가로서 재능과 기술을 믿고 자연에 오만을 떨어왔습니다. 저의 개념적 구상이 세계를 개벽시킬 수 있다고 자만했습니다. 저는 인위적 도시문명의 가능성만을 믿어왔습니다. 그러나 새만금 구상은 이러한 저의 생명의 죄업을 사함받을 수 있는 구도자적 자세로 매진해온 것입니다. '자연친화적'이라는 말도 위선이 많습니다. 자연 갯벌을 있는 그대로 두고, 방조제를 있는 그대로 두고, 주변의 변산 경관을 더 이상 해치지 않고, 생명의 바다에 뿌려진 씨앗처럼 스스로 자라나는 아쿠아폴리스, 전북인의 희망과 꿈을 실현하고, 인류 공동의 현실적 삶과 생명의 이상을 조화시키는 그러한 구상에 제 생애의 가치를 걸고 있는 것입니다. 분노보다는 자기의 업보에 대한 반성, 우리 주변에 널려 있는 오류의 한 형태가 대규모로 되었을 뿐이라는 무서운 죄책감이 저의 요즈음 생의 순간들을 섬뜩섬뜩 찌르고 들어옵니다."

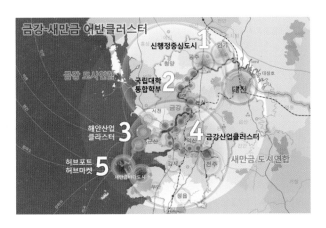

금강-새만금 어반클러스터

육당 최남선(崔南善)은 금강산을 옥으로 깎은 선녀의 입상이라 한다면 변산은 흙으로 만든 나한좌상의 모임이라 했다. 쳐다보고 절하고 싶은 것이 금강산이라 한다면 끌어다가 어루만지고 싶은 것이 변산이라 했다. 변산 꼭대기 월명암에서 새만금의 낙조를 바라보며 다음과 같이 썼다. "뒤에는 고부의 효심산, 앞에는 계화도로부터 고군산의 무더기 섬, 형제의 쌍둥이 섬이 석가산(石假山)처럼 내려다보이는 밖으로 바다! 구름과 입맞추는 바다가 낙조 없이라도 이미 내 흉금을 탕척(蕩滌)하여낸다. 물붓이 한번 지나간 듯한 구름 밖으로 잠자는 광선이 부시시 기동을 하면서 하늘과 바다를 한데 어울려서 응달에서 익은 모과(木瓜)빛을 물들여낸다. 누르다면 엷고 붉다 하면 짙다. 울고 싶은 정, 소리 지르고 싶은 정, 뛰어가서 덥썩 껴안고 싶은 정이 그대로 북받쳐 나온다. 보송보송한 날의 낙조는 내가 어떠한 줄을 모르지마는 약간 운애(雲靄)를 낀 낙조 그대로에 나는 말할 수 없는 느꺼움을 자아내었다. 무엇이라 할까? 무엇이라 할까? 그렇다! 의성태궁(疑城胎宮)을 격(隔)하여 건너다보는 극락세계가 저러한 것이겠다."

나는 물었다. "선생님의 건축철학은 무엇입니까?"

"한마디로 노자(老子)의 허(虛)입니다."

03. 취푸 신도시 계획

[21세기 중국전략논단 발표문] 조어대, 2006년 2월 18일

2006년 2월 18일 중국 인민일보(人民日報)가 조어대(釣魚臺, 댜오위타이)에 EU 의장 및 세계의 학자, 전문가를 초청하여 '21세기 중국전략논단'을 개최했다. 이 글은 여기서 발표된 다섯개의 기조연설 중 하나다. 15년 안에 중국 6억 인구가 도시화한다는 것은 농촌의 도시화가 아닌 유럽과 미국을 합한 스케일의 도시화다. 도시와 농촌의 중간도시를 제안하는 내용이다.

강연 후 사회를 본 EU 부의장, 중국전략논단 의장의 지지발언이 이어졌고 인민일보 등 다섯 일간지와 CCTV의 인터뷰가 2시간여 계속되는 바람에 중국 최고 화가들이 기조연설자들에게 직접 그려주는 그림을 받지 못했다. 아까운 시간이었다.

20세기는 서구가 주도하는 세계화가 전지구적으로 확산된 시기였다. 서구인들은 르네상스와 산업혁명을 거치면서 역사, 지리, 문화가 비교적 잘 공존하는 도시들을 형성했다. 그러나 아시아의 급격한 도시화는 사람들이 오랫동안 보존해왔던 가치들을 파괴했다. 중국의 도시화 과정에서는 도시 기능에 대한 과학과 철학이 부재했고, 중국 상황에 맞는 개발 전략과 개념들이 없었던 터라 불합리한 일이 자주 일어났다. 이는 중국의 도시화가 건전하게 추진되는 데 나쁜 영향을 끼쳐왔다.

1996년 이후로 우 량룽 교수, 하바드 디자인대학원, 서울대 팀들은 도시주거로 주제를 좁혀 중국의 도시화에 대해 공동으로 연구해왔으며 그 연구결과를 모아 2004년에 *China Hous-*

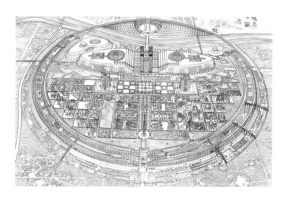

취푸 신도시 조감도

_ing 2000_을 출간했다. 연구가 진행될수록 우리의 계획을 실현하기 위해서는 한 도시의 도시화·산업화를 연구하는 것이 더 나을 것이라는 데 의견이 모아졌다. 그리하여 여러 도시를 놓고 고민하다가 취푸(曲阜)를 만장일치로 선택했다.

중국의 도시화는 인류 역사상 가장 큰 도전이다. 2010년에 이르면 중국의 도시화율은 55~60퍼센트 가까이 될 것이며 3억에서 3억 5000만에 이르는 사람들이 주거·업무 공간 및 그에 따르는 복지시설들을 새로이 필요로 하게 될 것이다. 앞으로 몇년간 중국은 기존의 역사도시로부터 베네찌아만한 수천 개의 도시를 동시에 만들어야 할 것이다. 이 도시들을 선도할 모델이 될 도시계획은 필수적이다. 취푸는 중국의 역사문화도시이기에 모델로 선택되었다.

마찬가지로 역사도시인 서울도 세계도시가 되기 위해 많은 변화를 겪었다. 서울은 20만 인구의 성벽도시로 시작해 600년가량을 비슷한 규모로 유지했다. 1970년대 경제성장기에 들어서면서 서울은 방향이나 중심축도 없이 팽창하기 시작했다. 한강의 여의도가 새로운 경제발전의 보루로 선택되자 한강 이남으로 팽창이 촉발되었고 마침내는 강을 마주보며 500

만 인구의 도시들이 각각 형성되었다. 여
의도의 사례는, 역사도시가 그 구조를 간
직한 채 남아 있고 새로운 도시중심이 경
제발전의 요구를 충족하기 위해 형성되
는 예를 보여준다. 나는 당시 여의도 마
스터플랜을 책임지고 있었고 이런 경험
들이 중국에 도움이 될 것으로 믿는다.

파괴된 서울을 재건하기 위한 디딤돌이 되었던 여의도 프
로젝트 이후 서울을 업그레이드하기 위한 또다른 프로젝트가
있었다. 가장 중요한 과제는 도시를 한강과 더불어 새롭게 조
직하는 것이었다. 한강이 서울의 중심을 가로질러 흘러나가
기는 하지만 서울의 중요한 인프라는 아니었다. 고속화도로
와 고수부지만이 개발의 대상이었다.

조어대에서 열린 21세기
중국전략논단에서 강연하
는 저자(위), 21세기 중국
전략논단을 위하여 준비한
소책자 표지(아래)

1970년대부터 형성된 강남의 500만 도시와 강북의 500만
역사도시는 서로 마주보고 있었고 불완전한 상태에 있었다.
25년간 두 도시가 불안정하게 공존해왔으나 두 도시를 하나
로 결합해서 완전한 하나의 도시로 만들 필요가 생겼다. 두 도
시를 단순하게 연결하는 것은 또다른 부조화를 초래할 수 있
다. 두 도시 모두와 교차하는 네트워크가 형성되어야 한다. 강
남에는 문화인프라가 부족했기 때문에 작은 내부도시로서 서
울아트센터를 건설했다. 그럼으로써 구도시의 고궁녹지와 신
도시의 서울아트센터를 연결하는 서울시의 상징축이 형성되

기를 원했던 것이다. 신도시와 구도시를 문화인프라로서 연결하는 이 축은 서울의 강력한 핵심이 되는 것이다.

취푸는 고대 중국문화의 원형이 남아 있는 곳이고 동아시아 문명의 기초인 유가문화가 성립된 곳이다. 취푸는 지닝으로부터의 지방정부 이전, 5만의 대학도시 건설, 경제적·지리적 발전의 기회가 될 고속철도의 도입 등으로 큰 변화를 겪고 있다. 여기에 베이징과 상하이의 중간도시로서 취푸는 역사문화 인프라로 성장할 가능성이 충분하다. 이런 변화들이 이 플랜을 더 의미있게 만든다.

역사 보존의 핵심은 단지 유물 보존이 아니라 역사도시의 구조를 보전하는 것이다. 21세기의 도시가 되기 위해서는 구도시의 역사도시 구조가 확고히 보전되어야 하고 미래 신도시구역이 새로 건설되어야 하며 그 중간에 위치한 기존 도시구조는 재조정되어야 한다. 특별도시구역이 확립된다면 역사도시의 보전과 신도시의 발전 요구가 동시에 충족되는 네트워크가 형성될 것이다. 이 네트워크는 주변지역에까지 확장되어 도시는 물론 주변 농촌마을에까지도 혜택을 줄 것이다.

서울의 교훈은 어떻게 취푸에 적용될 수 있을까? 역사도시인 취푸를 보존하면서도 혁신도시를 건설하기 위해서는 역사구역 외곽에 서울의 여의도 같은 도시 핵심지역이 필요하다. 이 새로운 도시 핵심지역과 함께 주변지역으로 확장되는 네트워크가 확립된다. 이 네트워크를 따라 제3의 문화특별도시구역이 세워지면 새로운 네트워크가 확립될 것이다. 20만 역사도시를 일시에 50만 도시로 만드는 것은 비용이 많이 들고 관리하기도 힘들지만, 5만의 특별도시구역을 기존 도시 바깥에 만들어 새로운 도시핵심으로 만드는 것은 가능하다. 나는 취푸를 자주 방문하지는 못했지만 그곳을 둘러보면서 지금 같은 식의 개발로는 취푸가 21세기 역사문화도시가 될 수 없다는 사실을 깨닫게 되었다.

우리의 계획은 취푸의 구도시를 보전하고 개혁하면서 새로운 문화특별구역을 설치하여 공자문화와 새로운 원리의 도시를 21세기에 구현하려는 것이다. 이 계획은 2004년 베네찌아 비엔날레에 소개되어 특별상을 받았다. 이를 통해 나는 이 계획이 많은 다른 도시계획가들의 주목을 받고 있음을 확신했고 또한 오늘 여러분에게 이렇게 소개하게 된 것이다.

지난 세기에 서구적 개념에 따라 건설된 도시들은 자동차 위주의 도시 구획, 무차별 도시화에 기인한 에너지의 과도한 사용, 변두리 지역의 형성에 따른 도시 불안정화 등의 원인으로 인간성을 잃었기에 지속가능한 도시가 되지 못했다. 중국의 도시들이 이런 선례를 따른다면 이제까지보다 더 큰 파괴가 일어날 것이다. 새롭게 형성되는 중국의 도시가 주변 농촌과 역사도시 및 신도시 구역의 공존을 통해 과거와 현재를 아우르고 유가사상을 다시 구현할 수 있다면 이것은 지속가능한 도시라는 새로운 패러다임, 경쟁력과 생활의 질을 동시에

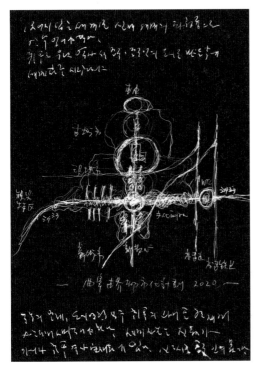

취푸 신도시 개념스케치

담보하는 21세기 도시의 전형이 될 것이다.

오늘날 대부분의 중국 도시는 각자의 개발계획이 있다. 취푸의 기존 2020년 계획은 역사문화적 성격을 보전하면서 시 정부청사 이전, 대규모 대학도시 건설, 고속철도 통과 등 세 가지 요소에 기반하여 50만 도시를 형성하는 것을 목표로 한다. 그러나 우리의 5만 특별도시구역 계획은 이와는 완전히 다른 예산과 방법에 따른 개발안이다. 중앙정부와 국제자본이 이 계획을 위해 참여하고 1단계의 도시를 형성한다면 다음 단계의 도시화를 위한 국제자본 참여의 모델이 되고 예산을 추가하기만 하면 될 것이다.

이번 '21세기 중국전략논단'의 목표는 도시화할 수밖에 없는 중국이 가야 할 길을 알기 위함이다. 중국의 과거와 현재, 미래의 상황을 고려하고 현대 도시의 과학적 개발과 인간·경제발전·환경보전의 조화를 위한 개념을 도입해야 하며 국제자본의 참여를 이끌어내야 한다.

중국이 21세기의 주도국가가 되려면 중국 도시들이 따를 발전모델이 필요하다. 취푸는 단순한 도시가 아니라 동양의

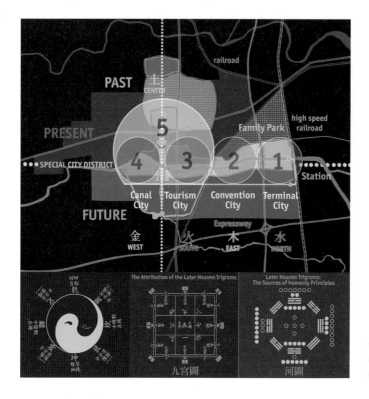

다섯 도시구역으로 이루어진 취푸 신도시를 음양오행과 풍수로 설명한 개념도

정신적 중심이며 모든 인류의 도시이기 때문이다. 아테네, 예루살렘, 메카가 서양의 정신적 중심이며 모든 인류의 도시인 것과 마찬가지다. 따라서 우리는 모두 취푸 개발에 참여하고 투자해야 한다.

　나는 이들 도시에 대한 비교연구로부터 참여를 시작할 것을 제안한다. 취푸는 이들 도시의 성공과 실패로부터 배움으로써 중국적인 현대도시를 만들 수 있을 것이다.

　취푸는 동서양이 만나는 중국 도시의 상징적 프로젝트가

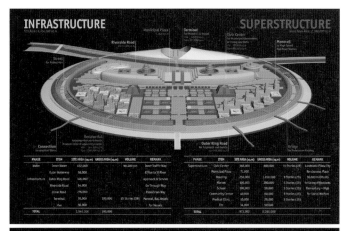

취푸 신도시의 인프라스트
럭처와 문화 및 관광 인프
라 개념도

될 것이므로 국제자본의 투자가 중요하다. 예산 규모에서 볼
수 있듯이 취푸 신도시는 달성 가능한 프로젝트다. 5만 인구
의 취푸 특별신도시는 870억 위안의 예산으로 5년 이내에 건
설이 가능하다.

　노벨상 수상자들이 빠리에 모여 21세기의 새로운 발견은
유가사상에 있을 것이라고 선언했다. 취푸는 공자의 도시이

며 동양의 아테네, 예루살렘, 메카로서 동양문명의 정수를 보여줄 수 있다. 중국의 21세기 도시화가 성공한다면 이것은 전 세계 21세기의 성공이 될 것이다. 이것이 우리가 취푸의 현대화와 도시화에 참여해야 하는 이유다.

04. 새로운 한반도 공간전략을 찾아서

[창작과비평 135호, 2007년 봄, 도전인터뷰]

2007년 2월 『창작과비평』 지면을 통해 한신대 경제학과 이일영 교수와 나눈 대화다. 당시 나는 『희망의 한반도 프로젝트』를 출간한 뒤였고 대통령선거 전에 내 주장을 점검하고자 했다. 한반도 전체를 무대로 한 공간전략과 국가의 주요 인프라 건설을 큰 주제로 하여 농촌문제, 부동산문제를 비롯하여 바다오아시스 플랜, 국가균형발전과 통합신도시, 황해도시공동체 등 여러 제안을 논의했다. 게재를 허락해준 이일영 교수에게 감사드린다.

19 87년 이후 한국에서는 불완전하지만 민주주의가 진전되었다. 그에 따라 이전에 노동·농업에 일방적인 희생을 강요하던 축적체제가 일정하게 문명화·선진화되기도 했다. 그러나 과거 체제의 폐쇄적·경직적 요소가 잔존하고, 여러 사회세력이 끝없이 갈등하는 불안정한 모습이 나타나고 있다. 그동안 사회 각 계층은 나름대로 일정한 정치적 영향력을 확보했지만 통합적인 사회경제적 발전의 비전을 제시하지는 못했다. 세계화, 기술혁명과 생산방식의 변화, 사회주의권 붕괴 같은 급속한 환경변화로 복잡한 세계가 도래했지만 새롭게 발생하는 사회·경제문제들에 대한 현실적인 대안은 잘 보이지 않는다.

개혁의 기대를 안고 출범한 노무현정부는 집권 초기 평화와 번영의 동북아시대, 국가균형발전, 행정수도 이전 등 대형 의제를 내놓았다. 그러나 국책사업을 추진하는 과정에서 전문가와 지식인들은 파당적으로 분열했고 국가비전에 관한 인문학적 통찰력은 실종되었다. 현 정부가 조급하게 추진한 한미FTA는 집권세력의 휘황한 말들이 모순에 찬 철학에 기초한 것임이 분명히 드러난 사례다. 이와 함께 전문가들의 전문성이라는 것도 기실 부박하기 짝이 없다는 문제점도 노출됐다.

물론 예외가 없는 것은 아닌데, 도시설계가이자 건축가인 김석철이 바로 그런 경우라고 생각된다. 잘 알려진 대로, 그는 새만금문제에 대해 환경도 살리고 지역도 살리자는 대안을 내놓았고(「상생의 프로젝트, 새만금─금강유역」, 『창작과비평』 2006년 봄호), '지역균형'이라는 이데올로기에 쉽게 굴하지 않고 행정수도 이전을 비판했다. 『창작과비평』에서는 인문학적 상상력과 공학적 현실성으로 한반도문제를 탐구하고 있는 그와 우리사회의 갈 길에 대해 이야기해보기로 했다. (이일영)

이일영 올해 2007년은 6월항쟁 20주년, 97년 외환위기 10주년이 되는 해입니다. 10년, 20년 전에 벌어진 두차례의 큰 사회경제적 격동으로 한국사회는 엄청나게 바뀌었습니다. 더이상 과거의 씨스템으로는 사회가 잘 작동되지 않게 되었습니다. 그렇다면 과연 새로운 체제는 어떠해야 하는가가 중요한 문제일 텐데, 이에 대해서 최근 사람들의 의구심이나 갈망이

짙어지고 있습니다. 특히 '87년체제'의 한계에 대한 논의에서는 소위 민주파정부들이 들어섰지만 뚜렷한 성과를 보여주지 못했다는 불만이 핵심입니다. 사회과학자들도 이에 대한 명확한 대안이나 전망을 제시하지 못하고 있습니다. 그래서 건축과 도시설계에서 일가를 이루셨고 국토·국가전략 분야에도 많은 아이디어를 갖고 계신 선생님께 한국사회의 현안과 전망을 여쭙고 싶습니다.

먼저 선생님이 걸어오신 길에 대해 듣고 싶습니다. 어느 자리에선가 건축은 쉰이 넘어서야 알고 도시는 예순이 넘어서야 안다고 말씀하신 바 있는데, 건축은 무엇이고 도시는 무엇인지, 또 어떻게 이런 일들을 시작하게 되었는지 들려주셨으면 합니다.

김석철 지식인이나 전문가라고 해서 우리가 살고 있는 이 시대를 제대로 볼 수 있는 건 아니라고 생각합니다. 적어도 자신이 살아온 역사는 잘 알 것 같지만, 자기 주변의 상황에 갇혀 제대로 모르는 경우도 많지요. 1972년 관악산에서 밤을 새우며 과천에서 봉천동 입구, 낙성대까지를 대학도시화하는 서울대 마스터플랜을 만들고 있었습니다. 박정희 대통령이 방문한다고 해서 보고하려고 열심히 준비하고 있는데, 10월유신이 터진 거예요. 그때 처음으로 도시라는 건 역사나 사회와 깊은 관계를 맺는구나 생각했습니다. 그리고 다른 한편으로 건축가로서 무력감도 들었고요. 도시는 역사에 참여한다, 더 많은 가능성에 관여한다는 생각도 들었습니다.

　그래서 도시설계로 가야 한다고 생각했습니다. 이렇게 말해볼까요? 도시설계란 캔버스를 만드는 거고 건축설계는 그 안에 그림을 그리는 것이다. 물론 그처럼 단순하게 구별할 수 있는 건 아니지만, 도시설계는 역사와 사회에 좀더 깊이 참여하는 일이지요. 이런 예는 어떨까요. 삐까소(P. Picasso)가 「게르니까」를 그린 것은 어떻게 보면 굉장한 참여였어요. 그런데 마띠스는 1·2차대전 시기에 살면서도 전쟁이 났다는 걸 겨우 아는 정도였지요. 도시는 거기에 사는 사람들에게 아주 구체적인 현재와 미래를 만들어주어야 합니다. 마치 「게르니까」를 그렸던 삐까소의 예처럼요. 그러나 분노가 아니라 이성으로, 대안으로 참여하는 것이죠. 반면 건축가는 마띠스처럼 자기를 표현해도 역사에 남을 수 있죠.

한국건축사의 두 거목과 맺은 인연

　건축가로서 김석철의 출발은 김중업(金重業, 1922~88), 김수근(金壽根, 1931~86) 사무실에서 6년간 일한 경험이었다. 잘 알려진 대로 평양 출신의 김중업, 청진 출신의 김수근은 한국 모더니즘 건축의 주춧돌을 놓은 사람으로 평가된다. 이 두 사람과 김석철의 관계는 한국건축사의 흐름을 짚어볼 수 있는 흥미로운 대목이 아닐 수 없다.

이일영 10월유신이 인생에 중요한 분기점이 된 것 같습니다. 그러면 그 전에 선생님께서 건축가로 명성을 얻게 된 이력을 듣고 싶습니다. 특히 한국 현대건축을 대표하는 김중업, 김수근 선생님들과 함께 일도 하시고 배우기도 하셨다고 들었습니다. 그때 이야기도 좀 들려주시죠.

김석철 그게 제가 평생 헤맨 원인이었죠.(웃음) 대학 3학년 때 학교에 도저히 못 있겠어서 외국에 나가려고 했어요. 그러다 두 선생님께 갔는데, 어느 분에게 가야 할지 한참 고민했죠. 먼저 김중업 선생한테 가서 한 3년 일하고 입대를 했다가 사정이 있어 돌아왔어요. 그 다음에 김수근 선생 사무실로 가서 또 3년 있었습니다. 두가지는 전혀 다른 체험이었어요. 그렇게 두 선생님 사무실에 다 있어본 사람은 저밖에 없습니다.

이일영 그렇게 왔다갔다 하는 게 가능합니까?(웃음)

김석철 상식적으로 불가능하죠. 그런데 김중업 사무실에서는 건축만 했고, 김수근 사무실에서는 도시설계만 했습니다. 그래서 가능했을지도 모르죠. 그러기로 하고 들어간 것은 아니었지만요. 김중업 선생은 일제시대에 일본에서 공부하고 해방 후에는 서울대 교수를 하다가 르꼬르뷔지에(Le Corbusier)라는 20세기 최고의 건축·도시설계가 사무실에서 일하다 온 분이고, 김수근 선생은 서울대에 들어가기는 했지만 공부는 거의 안 하고 전후 일본의 부흥기에 탕게 켄조오(丹下健三)라는 또다른 세계적인 건축·도시설계가를 사숙했던 분입니다. 두분의 체험이 달랐죠.

저는 두분 다 어떤 의미에서는 식민지적이라 생각했어요. 건축이나 도시는 모두 토지와 문명에 깊이 구속되는데, 그것에 대한 이해는 해외에서 공부한다고 얻어지지 않거든요. 나의 DNA가 여기에서 만들어졌다는, 토지와 문명에 대한 사랑이 있을 때 가능한 것이에요. 그런데 두분께 배울 때, 그분들은 한국에 대한 말씀을 하시면서도 은연중에 유럽이나 일본의 앞섬에 대해서 얘기하시는 적이 많았지요. 그 가운데 저는 납득하기 어려운 게 더러 있었어요. 저는 한학과 한국학 공부를 했고, 대학교에 들어갈 때 한국철학사를 쓰겠다고 할 정도였기 때문에, 그분들도 다 알지는 못하는구나 하는 생각이 들었습니다. 그렇게 한 6년쯤 지나자 독립을 해야겠다, 두분 밑에 계속 있는 게 오히려 위험하다고 생각했습니다.

이일영 저는 문외한이지만 두분의 대표작 중 아주 뛰어난 작품도 있고 논란이 될 만한 것도 있는 것 같습니다. 특히 프랑스대사관이나 공간사옥 같은 것은 매우 훌륭한 건축물이라고 평가받지요. 또한 서울이라는 도시의 이미지나 성격을 규정한 것으로 삼일빌딩이나 세운상가 등이 꼽히고요. 선생님께서는 두분의 작품을 어떻게 보시나요?

김석철 프랑스대사관은 제가 건축을 하겠다고 결심했을 때 일부러 찾아가봤습니다. 그때 참 감동적이었습니다. 건축은

할 만한 것이구나 생각했어요. 공간사옥은 초기단계 스케치에 참여했고요. 둘 다 건축물로서 훌륭한 작품이라고 생각합니다. 그러나 건축은 문명의 연속선상에서 봐야 한다고도 생각합니다. 민족적 DNA라든지 토지가 지닌 무엇, 저는 그걸 중력이라고 생각하는데, 그런 게 있어야 합니다. 그런 측면에서 두 작품을 보면 좀 다른 생각도 듭니다. 건물이 아름답고 완성도 높은 것도 중요하지만 주변을 어떻게 끌고 가는가가 중요하거든요. 그런데 외래 수용으로 시작된 건축물들은, 주변을 초라하게 만들려는 의도는 없었겠지만 결과적으론 그런 느낌을 줍니다. 너무 잘나서 주변을 초라하게 하는, 주변이 다 내 거다 하고 멋대로 끌고 가는, 약간은 그런 생각이 듭니다. 그 집만으로는 좋다는 느낌이 들면서도 그것이 세워졌다고 주변이 더 좋아지지는 않은 것 같다는 얘기지요.

이일영 저희 또래의 청소년기에는 종로나 광화문 일대에 얽힌 추억이 많습니다. 그때 탑골공원 앞에 우뚝 서 있는 세운상가가 어딘지 부조화스럽다는 생각이 들었습니다.

김석철 세운상가는 김수근 선생도 부정했던 집입니다. 건축은 다른 분야와는 달리 공동작업이니까 프로젝트가 맘에 안 들면 건축가가 중간에 빠지는 경우도 있지요. 물론 책임은 져야 하지만 일의 과정에서는 왕왕 그렇습니다.

이일영 그러면 세운상가는 김수근 선생의 작품이 아니라고 해도 되겠네요?

김석철 그렇게 볼 수도 있죠. 그분이 책임져야 할 건 아니라고 봅니다.

지금까지의 이야기에 따르면, 김석철의 건축관은 르꼬르뷔지에의 말처럼 '집은 거주를 위한 기계'라는 식은 아니다. 김석철은 자신의 책에서 콘크리트와 자동차로 가득 찬 20세기 도시를 지속불가능한 문명이라고 하면서, 대안으로 '디지털 철강도시' '건축과 도시가 일체화된 철골의 스페이스매트릭스'를 제시한다. 또 여러 건축물에서 표현해낸 한옥풍은 소쇄원에서 보이는 조선 선비의 자연주의를 느끼게도 해준다. 이모든 것에는 뿌리가 있었다. 선배 세대의 모더니즘을 추종하지 않겠다는 단호한 의지가 감동적인데, 건축가에서 도시설계가, 국토전략가로 진화할 수 있었던 동력도 여기에 있는 것 같다. 이쯤에서 화제를 돌려 그를 본격적으로 세상과 대화하게 만든 국토전략의 골격을 이야기해보자.

이일영 제가 이 인터뷰를 맡게 된 것은 한국경제의 새로운 모델을 탐색하는 데 관심이 있기 때문인데요. 우리나라의 경우에는 국가 안에서 씨스템이 완결된다기보다는 외부의 영향이 상당히 크고 또 지리적인 위치도 중요하게 작용합니다. 그래서 공간문제가 매우 중요하지요. 그런데 학계에서는 시간의 문제, 즉 경제발전이나 체제이행의 문제 등이 주로 고려되지 공간문제는 잘 다루어지지 않습니다. 실제로 경제학에서도 공간문제를 다룬 연구가 드물고, 대개 공간요소는 뛰어넘을 수 있으므로 배제합니다. 저도 마찬가지였는데, 그러다가 선생님의 저서 『희망의 한반도 프로젝트』(창비 2005)를 읽고 많은 자극과 감명을 받았습니다.

이 책을 굳이 경제학자의 눈으로 잘라서 본다면, 가장 아래의 원소적인 차원에 도농복합체라는 요소가 있고, 중위에는 국토의 균형개발이라는 개념이 있고, 그보다 더 넓은 상위개념으로 황해연합이나 동북아공동체 등이 제시됩니다. 그런데 책 제목은 '한반도 프로젝트'인데, 국토균형발전과 황해연합 사이에 한반도 차원이라는 요소가 썩 자세히 드러나지는 않았던 것 같습니다. 출간 직후 이 책에 대해서 뜨거운 반응이 있었다고 기억하는데, 얼마간 시간이 지난 지금 선생님 본인께서는 이 책을 어떻게 평가하십니까? 그리고 새롭게 추가된 아이디어는 없으신가요?

한반도 공간의 재구성을 위한 프로젝트

김석철　한반도라는 차원을 전제로 한 계획과 작업들을 정리해야겠다는 생각은 늘 있었는데, 그 기록들이 지금은 많이 남아 있지 않습니다. 그래서 어떻게든지 살려놔야겠다고 마음먹었어요. 특히 한강 마스터플랜 같은 것은 중요한 제안이었고, 실제로 여의도 개발로 일부 실행됐습니다. 서울대 관악산 대학도시안은 이루어지지는 않았지만 뜻깊다고 보았고, 종묘에서 남산 사이 지금 세운상가 자리를 서울의 녹지축으로 만들고자 했던 제안은 기록으로 남겨야겠다고 생각했습니다. 그리고 한반도 서해안과 중국 동부해안 간의 Pair FEZ, 즉 짝을 이루는 공동의 자유경제특구에 대한 연구도 정리해야겠다 싶었습니다. 또 새만금도 90년대 초반부터 쭉 연구해왔고요. 그래서 이것들을 모아 책으로 냈는데, 그것이 『여의도에서 새만금으로』(생각의나무 2003, 개정판 제목은 『여의도에서 4대강으로』)입니다. 그런데 이 책으로 정리한 35년에 걸친 작업들을 보면 그때그때 생각도 다르고 관점도 일관되지 않았어요. 그래서 '희망의 한반도 프로젝트'라는 이름으로 다시 쓰다시피 해서 체계화했죠. 지금 얘기하신 도농복합체라든지 어반클러스터, 한반도 삼분지계(三分之計), 황해공동체 같은 개념이나 영역도 그 책을 쓸 때 구상하고 제안한 것입니다. 그후 한반도 프로젝트가 온몸을 던질 만한 작업이라는 생각을 했던 것 같아요. 그러다 예전엔 간과했던 통일문제를 짚어야 한다고 깨달았고 백낙청 선생 영향도 많이 받았습니다.

그때 제가 기획한 '희망의 한반도 프로젝트'는 사실 한반도라는 차원에서는 반쪽짜리가 아닌가 생각도 해요.(웃음) 최근 대선후보들 사이에 '한반도 프로젝트'라 부를 만한 것들이 공약으로 나와 논란이 있더군요. 국민들이 함께 생각할 수 있는 틀 정도는 누군가가 만들어야 되지 않겠느냐 해서 그런 걸 새로 쓰고 있습니다. 오늘 드리는 말씀은 『희망의 한반도 프로젝트』를 쓸 때보다 다소 발전·진화된 내용이 아닐까 싶습니다.

이일영 선생님께서는 한반도의 하드웨어가 한계에 달해 새로운 하드웨어가 필요하다면서 한반도의 공간을 새로 구성해야 한다고 주장하십니다. 지금까지 우리나라는 특정 산업과 지역에 자원을 집중해서 신속하게 육성하는 경제발전전략을 써왔는데요. 이제 그런 전략은 내외적인 환경변화로 인해 어려워졌습니다. 앞으로는 공간적인 재배치를 통한 새로운 산업전략으로 가야 한다고 봅니다. 새로운 전략을 짜려면 지난 시기에 대한 평가가 꼭 필요할 것입니다. 요즘 "개발독재정부는 유능해서 전국토를 개조했는데 민주파정부들은 무능하다"는 말이 유행인데, 선생님께서는 역대 정부의 공간전략을 어떻게 평가하시는지요?

김석철 저는 공간형식으로 국토를 보는 입장이니까 경제학자들과는 관점이 다르지요. 저는 한국 근대경제사 등을 읽을 때마다 그런 생각이 들었습니다. 우선 지금 우리가 이야기하는 공간질서는 한말 일본의 강력한 개입과 지배 아래 이루어진 것입니다. 바꿔 얘기하면 한반도 전체가 일본과 대륙의 중간지대로서 일본의 대륙진출에 촛점이 맞추어져 있었다는 거죠. 그 가운데 가장 핵심적인 것이 철도와 항만입니다. 여기에서 앞으로 우리가 얘기할 도농복합문제도 나올 텐데요, 그러면서 서울로 인구가 집중되고 서울을 중심으로 5개의 항만이 생기고(엄밀히 말하면 신의주는 항만이라기보다 강을 낀 국경도시지만요), 이 항만들과 서울 사이에 철도가 놓입니다. 그게 경인선, 경부선, 경의선, 호남선, 경원선입니다. 그것들이 축이 되어 한반도가 재편되고 하나의 새로운 권력을 구성하게 됩니다.

개발독재기 공간전략의 공과

이일영 철도를 통해서 공간이 재편되었다는 말씀이시죠?

김석철 철도와 항만이죠. 일본이 어떤 면에서 제대로 한 일은 철도를 그냥 놓은 게 아니라 항상 항만과 연결했다는 것입니다. 그럼으로써 항만은 서로 연결되었습니다. 그래서 상당히 효율적으로 관리할 수 있었죠. 역사적·지리적 이해와 상관없이 한반도에 대한 효율적인 관리방법을 찾으려 한 것이니까요. 그러나 문화의 이어짐이라든지 지역 특유의 것은 고려하지 않았죠. 그것은 이딸리아의 철도와 비교해보면 금방 알 수 있습니다. 그때부터 각 지역의 고유함이나 문화적 배경과는 무관하게 효율 위주로 공간을 경영하는 전략이 나옵니다. 일본과 대륙의 연결로 맞물리면서 경부선이 주축이 될 수밖에 없게 되었죠. 또 호남선에 중국으로 이어지는 해로가 연결됩니다. 그래서 목포, 군산 쪽도 제각각 역할을 하게 됐는데, 아마 일본에서 만주가 아니라 러시아 본토 쪽으로도 갈 수 있었으면 원산 같은 동쪽 항만들이 굉장히 발달했을 겁니다. 그런 식으로 일본은 한반도를 경영했지요.

그런데 해방 후 이런 공간전략에 결정적 변화를 가져온 것이 분단과 거대한 인구이동입니다. 이북인구가 넘어와 주로 서울에 정착합니다. 그리고 군사정부가 들어선 후 경제개발을 하면서 지방인구가 서울로 들어와 서울집중화 현상이 생겼죠. 이 과정에서 불균형발전이 시작된 겁니다. 어쨌든 나름의 효율성을 발휘하기는 했지만, 경부선 라인과 수도권으로 투자가 집중됩니다. 서해안은 완전히 봉쇄되고 북쪽은 휴전선으로 차단된 상태에서, 동남해안만이 열려 있고 수도권에 인프라가 집중된 상황에서 투자가 이루어졌거든요. 그건 분단과 이데올로기 장벽을 전제로 한 것이었죠. 그때 호남인구가 대거 구미, 울산, 포항 등 경상도로 옮겨갑니다.

이때의 성과는 산업클러스터가 만들어졌다는 것입니다. 일본의 식민정책이 지역의 고유성이나 문화의 연속성보다는 한반도 전체의 효율적 관리에 중점을 두었듯이, 개발독재기의 산업화과정에서도 이왕 투자된 곳에 연관산업을 집중하는 클러스터 형식을 취했습니다. 포항·울산·구미 일대 그리고 수도권 주변에 투자를 집중했던 것은, 한편으로는 남북이 분단된 상황에서 미국과 일본에 종속된 처지를 미래에도 받아들이기로 전제한 거죠. 따라서 어떤 점에서 효율적이지만 한계도 있습니다. 제대로 된 민주정부라면 그렇게 하기 어려웠겠죠.

이일영 그렇다면 개발독재시기의 공간전략은, 일제시대에 이루어진 효율적인 관리를 위한 공간구도를 기본적으로 계승하되 분단이라는 제약상황을 받아들이면서 그걸 발전시켰다고 평가하시는 건가요?

김석철 제약을 고착화하고 전제한 식이 되어버린 거죠.

이일영 그렇다면 80년대 이후의 정부들은 어떤 식으로 평가받아야겠습니까?

김석철 한반도 전체를 무대로 한 공간전략과 국가의 주요 인프라 건설이라는 두가지 측면이 있습니다. 예컨대 한 경제권역이 강한 경쟁력을 가지려면 공항과 항만과 철도의 연계장치를 구축하는 게 필요합니다. 그런 점에서 보면 인천국제공항을 건설한 것이나 고속철도를 만들고 고속도로의 네트워크를 확충한 것까지는 좋게 평가할 수 있습니다만, 이해가 안 되는 것은 고속철도와 공항과 항만을 연결하지 않은 것입니다. 일제는 철도를 만들 때 항만과 연결했거든요. 그들은 전국을 효율적으로 다 쓰려고 한 거죠. 골고루 다 착취하기 위한 것이긴 하지만요.(웃음) 아무튼 80년대 이후 우리나라는 국제공항을 4개쯤 지었습니다. 그런데 청주공항, 양양공항, 무안공항 등은 쓰지도 못하는 것들을 만들어놓은 꼴이에요. 몇가지 집중적인 투자가 성공하기도 했지만, 국가 공간전략으로 봤을 때 한곳에 편중됐지만 산업클러스터를 이루었던 박정희정권 시절만 못했다고 봅니다. 고속철도 등 몇가지를 적시에 힘을 모아서 만들기는 했지만 다른 사업들이 한반도의 전체 공간을 조직화하지 못한 것, 그리고 한반도 전체의 가능성을 극대화하는 쪽으로 가지 못한 것, 즉 미래를 보지 않은 것은 문제입니다.

농촌문제, 어떻게 풀어야 하나

김석철이 정책당국이나 사회과학자들을 부끄럽게 하는 것 중 하나가 농촌을 살릴 대안을 열심히 제시한다는 점이다. 한편에서는 "한미FTA 탓하지 말라, 한국 농업은 어차피 다 망하게 돼 있는 것 아니냐" 하고, 다른 한편에서는 한미FTA를 기필코 저지하겠다는 입장에서 "시대는 국민들이 농업개방에 맞서 총궐기할 것을 요구하고 있다"고 한다. 그 와중에 한 도시설계가가 "농촌이 잘살아야 잘사는 나라"라고 하면서 "도농복합체로서의 새로운 도시"를 제안하고 있는 것이다.

이일영 개발 연대의 성과도 있었습니다만, 그때의 모순이 축적되고 또 이후에 해결의 실마리를 찾지 못한 대표적인 문제가 농업·농촌문제라고 생각합니다. 요새 박정희 모델에 대한 긍정적 평가가 많지만, 이미 그 시절부터 도농간 격차가 벌어지고 농업의 몰락이 시작되었습니다. 그러다 87년 이후에 민주정부들이 들어서서 대중요법은 취했을망정 뚜렷한 농업·농촌의 회생책을 제시하지는 못했습니다. 농민운동이 그후에 상당히 활성화되었다 해도 그들 역시 책임있는 대안모델을 제시하지는 못했고요. 그래서 온국민이 답답해하는 문제가 되었습니다. 농업문제에 대한 선생님의 제안은 사회과학자들에게 부족한 상상력을 불러일으키는데요. 도농복합체로서의 새로운 도시를 말씀하셨는데, 상당히 흥미롭습니다. 아마 이딸리아의 중간규모 도시라든지 중국의 광역도시처럼 도시와 농촌이 공존하는 모형을 염두에 두신 것 같은데요. 사실 농촌을 잘살게 하는 것은 매우 어려운 일이어서, 역대 정부들이 거의 손을 놓다시피 했습니다. 처음에는 의욕을 갖는 척하다가, 너무 어려우니까 대충 관리하고 넘어가겠다는 속셈으로 정면대응하지 않았습니다. 농촌을 살리는 대안은 산업적이고 경제적인 기초와 공간이 맞물려가면서 제시되어야 하지 않을까 싶습니다. 책에서 말씀하신 것 이후에 진전된 구상을 들려주시면 좋겠습니다.

김석철 국가로서 혹은 광역의 지역공동체로서, 문화공동체로서 유지되고 발전하려면, 즉 제대로 된 문명국가가 되자면 농촌과 도시가 공존해야 한다는 게 제 관점이에요. 사실 저는 농촌이라는 말이 상당히 거북하게 들립니다. 보통 농촌·도시라는 것을 한국사회를 크게 나누는 두개의 공간형식으로 여기는데, 그런 구분 자체에 문제가 있다고 봅니다. 그리고 다들 급격한 경제성장의 결과 수도권으로의 인구집중과 농촌의 몰락이 불가피했다고 얘기하는데, 그것도 문제에 제대로 접근하는 시각이 아니라고 생각해요. 오히려 우선 수도권과 지방권으로 나누는 방식으로 접근해야 한다고 봅니다. 수도권도 수도권 외곽과 내부로 나눌 수 있고, 지방권이라고 하더라도 지방 나름대로 대도시가 있고 소도시도 있거든요. 수도권에도 농촌이 있고요. 그러니까 먼저 수도권과 지방권이라는 큰 범주로 나누되, 그 안에서 대도시와 중간규모 도시, 소도시로 나누어 봐야 합니다. 왜냐하면 우리가 인간의 집합형식을 도시와 농촌으로 나눌 때, 한곳의 농업·농민·농촌이라는 것은 실제 공간형식으로 존재한다고 하기에 너무 규모가 작거든요. 굳이 말하자면 그건 소도시의 요소라고 봐야죠.

균형발전의 핵심을 토지가 아니라 사람으로 보면, 오히려 도시형식이 더 쉬운 해결책이 될 수 있죠. 인구 단위로 본다면, 농촌은 큰 토지를 적은 인원이 관리할 수밖에 없고, 도시는 좁은 토지에 훨씬 많은 사람이 집중해 있기 때문에 부가 집중될 수밖에 없지요. 이제 어떻게 인구와 토지를 적절하게 배치하고 조직하는가가 중요한데, 도시라는 것은 상당히 우수하고 효율적인 조직방식입니다. 그리고 농촌·어촌은 도시문명과는 다르지만 지역이나 국가에 불가결한 요소라고 봐야죠.

그런데 균형발전이 안 되는 가장 큰 이유가 농촌에서 인구가 빠져나가는 것이거든요. 끊임없이 인구가 창출되고 변화가 이어지지 않으면, 경제는 커갈 수 없어요. 그 다음으로 도시간의 이동성, 도시와 농촌 간의 이동성이 굉장히 커졌는데, 우리의 경우에는 국도체계가 완성되기 전에 고속도로가 먼저 만들어져서 고속도로와 연결되는 대도시들만 집중적으로 성장하고 소도시와 농촌은 대도시에 종속되어버렸어요. 그래서 전체적으로 새로운 네트워크를 구축하고 그 속에서 농촌의 역할을 자리매김해야 합니다.

이일영 저 또한 농촌과 도시가 따로 있는 게 아니고 관계 속에서 존재한다는 방향으로 논의를 전개하고 정책을 구체화해야 한다고 생각하는데, 문제는 현실성입니다. 토지문제만 하더라도 도시는 건설교통부에서, 농촌은 농림부에서 정책을 수립합니다. 지방 차원에서는 서로 다른 계통에서 만들어진 원리들이 내려와 뒤죽박죽되어버립니다. 그리고 농업과 농촌이 중요했던 시기에 만들어진 교육체계가 그대로여서 농촌은 농촌대로 도시는 도시대로 따로 사고하게 만들었습니다. 그래서 농촌을 개발하는 사람들과 도시를 개발하는 사람들은 전혀 다른 방식으로 교육을 받는 게 아닐까 하는 생각도 들었습니다.

문제는 도시와 농촌을 종합적으로 보는 출발점을 어디서 마련할 것인가이겠습니다. 선생님께서는 농촌이 있어야 제대로 된 나라이고 농촌 없이 도시만 있는 나라는 완전하지 않다고 하셨는데, 이는 국가 전체 또는 도시가 농촌을 거느려야 한다는 뜻으로도 들립니다. 저는 농촌에 사는 사람들이 도시에 사는 사람들을 완전하게 만드는 존재가 아니며, 농촌에 사는 사람들도 스스로 선택해 살 수 있는 경제적이고 문화적인 토대를 가져야 한다고 생각합니다. 어쨌거나 현실적인 방안이 문제인데, 그런 흐름들을 어떻게 만들 수 있을까요? 집적된 대도시가 아니라 밀도가 낮은 농촌적 삶을 선택하게 만드는 계기가 뭘까 생각해봅니다.

김석철 울산이나 포항, 창원, 구미 같은 데가 처음에는 다 농촌이었지요. 그게 세계적인 산업도시가 된 것이죠. 이제는 새로운 방식으로 농촌이나 어촌을 세계적인 경제권으로 만들 수 있는 사업을 해야 합니다. 농촌만 가지고는, 지금의 농촌인구로는 안 됩니다. 지금 상태에서 주변도시와 네트워크를 맺는 것만으로는 안 된다는 거죠. 어떻게 해서든 해안을 따라서 어반링크를 만들어야 하고 중국 동부해안과 연결해야 합니다. 그 전에는 농촌과 주변의 소도시 간에 또는 농촌끼리 네트워크를 맺는 걸 생각했는데, 지금 보면 소도시는 아무런 견인력도 발전동력도 없습니다.

우선 이렇게 생각해봅시다. 제가 진도(珍島)에다 '바다오아시스'라는 프로젝트를 진행하고 있는데, 서남해안 일대의 섬과 내륙의 도시를 연결하고 그 비슷한 걸 중국 동부해안에 만들어서 이 둘이 짝이 되게 하자는 겁니다. 이렇게 하면 시장이 생기고 농촌에 인구가 모일 수 있어요. 그저 농업을 과학화·기업화·산업화한다고 해결되는 건 아닙니다. 한국 농촌의 돌파구를 과거 신라방(新羅坊) 같은 국제화된 영역과의 네트워크를 구축하는 데서 찾자는 거죠. 물론 농촌의 역할이 농수산물 공급만이 아니라 다른 게 있어야죠. 이딸리아에 있으면서 지역문화를 기반으로 한 특유의 산업들을 많이 봤습니다. 치즈도 만들지만 염직업·디자인업도 하고 조선업도 하거든요. 그것들이 농촌이나 농업·수산업과 연계되도록 하려면 시장이 필요하고, 시장을 확보하자면 국경을 넘어 좀더 판이 커져야 합니다.

서남해안과 제주를 잇는 바다오아시스 플랜

김석철은 지난해 말 개인전에서 '바다오아시스' 플랜을 제안한 바 있다. 즉 경제적으로 사막이나 다름없는 서남해안에 오아시스 같은 해안도시를 만들고 이를 내륙과 연계하면서 다도해와 제주도를 다시 연결한다는 것이다. 그러면 관광·휴양업과 신산업이 어우러진 세계적인 농촌형 도시군을 만들 수 있다는 것이다. 이번 대담에서 그의 제안은 조금 더 진전되었다. 기존 관광단지 개발프로젝트와는 다른 새로운 비전을 보여주기 위해 농촌·농업과의 연계를 좀더 구체화하고, 한층 확대된 시장 형성을 위해 황해 맞은편 중국 동부연안에도 '바다오아시스'를 만들어 이것과 네트워크를 형성해야 한다는 것이다.

이일영 작년(2006) 11월 24일 정부에서 서남해안권 발전구상을 발표했어요. 무안, 목포, 신안을 중심으로 해서 인구 60만 명 수준의 도시를 만들고 거기다 물류거점, 고도화된 지역특화산업, 신에너지 재생산업, 복합 관광클러스터를 육성하겠다고 합니다. 2020년까지 총 22조원을 투자하겠다고 하고요. 그러면 선생님의 바다오아시스 플랜과 정부의 서남해안권 발전구상은 어떤 관계가 있을까요?

김석철 서남해안권 발전구상안은 실제로는 존재하지 않습니다.(웃음) 카피라이터들이 만들어낸 거예요.

이일영 알맹이가 전혀 없다는 말씀이신가요?

김석철 그렇습니다. 저는 진도만이 아니라 서남해안 일원, 제주도까지 포함해서 얘기하는 겁니다. 그것이 새만금까지 연결되고요. 그렇게 광역화되어야 한다는 겁니다. 지금 정부에서 추진 중인 혁신도시처럼 농촌개발, 어촌개발을 위해 기반시설들을 지방으로 내려보낸다고 뭐가 되겠습니까? 영역을 넓히지 않으면, 지금처럼 제주도 혼자 자유화하고 국제화하더라도 성공하지 못합니다. 제주도만으로는 맛있는 먹거리도 볼거리도 부족해요. 그런데 제주도와 진도 사이 거리가 고작

100킬로미터입니다. 그리고 서남해안의 리아스식 해안을 조직화하면 세계적인 관광자원이 될 수 있습니다. 해안과 섬이 어우러진 남프랑스 해안 같은 것이 계속 이어지는 겁니다. 그러니까 제주도에 온 관광객에게 서남해안의 먹거리가 공급되고 또 이 사람들을 다도해로 오게 하는 거죠. 게다가 산둥반도 이남의 롄윈강과 연결되면 중국과 일본에서도 오게 되는 겁니다. 그렇게 인구가 모여들어 조직화되면 수도권 못지않은 규모가 되거든요.

그런데 지금 추진되는 것은 그게 아니거든요. 무안공항 근처에 뭘 하겠다는 것이며, 또 인구 60만을 어떻게 모읍니까? 수도권에서는 안 갈 것이 확실하니까 그나마 남아 있는 농촌 인구에서 또 끌고 오겠다는 얘기가 되죠. 결과적으로는 지방권에서 또 한번 농촌을 황폐화하겠다는 겁니다. 그리고 동해안에서 보듯이, 해안은 한번 망가지면 재생이 안 됩니다. 관광업에서 관광객이 주인이 되면 그건 바람직한 방향이 아닙니다. 왕년의 위대한 문명국가 그리스가 그렇게 관광객으로 먹고살죠. 이딸리아는 좀 다릅니다. 손님도 많지만, 우선 자기들이 잘삽니다.

국가균형발전전략과 통합신도시안

말이 나온 김에 국가균형발전에 대한 논의로 옮겨가보자.

수도권으로의 일극집중이 갈수록 심화되고 있는 이때 지역혁신의 동력으로서 지역 산업클러스터 전략은 매우 중요한 개념이자 의제라고 할 수 있다. 그러나 다른 한편에서는 이에 대해 강력한 비판을 제기한다. 지역발전과 관련한 논의가 국가적·세계적 조건과 거시경제 메커니즘에 대한 이해 면에서 부족하며 지나친 로컬리즘에 빠져 있다는 것이다. 나아가 균형발전담론의 배경에는 지역에 거주하면서 전문직 등에 종사하는 신지역써비스계급(new regional service class)의 이해관계가 있다고 지적되기도 한다.

이일영　지금의 균형발전정책이 중앙정부의 정책자원을 더 많이 분배받으려는 지방자치단체들의 쟁탈전으로 귀결되는 것 같아 걱정입니다. 개발을 추진하는 지역단위도 너무 세분화되어 있고요. 유럽연합의 경우 인구 10만 내외 규모의 상향식 지역개발을 지원하고 있는데, 우리와는 좀 사정이 다르지요. 우리의 경우 자치 경험도 부족하고 농업과 지역산업의 발전 수준이 낮아서 소규모 지역단위에서는 발전주체를 찾기 어렵습니다. 좀더 범위가 넓고 국제적인 네트워크를 갖춘 자립 가능한 거점을 만들 수 있는 방안이 중요한 문제로 생각됩니다.

김석철　우리는 금속활자와 팔만대장경을 굉장한 문명적 성과라고 자부하는데, 이것들을 만드는 데는 공학적 능력도 필요했지만 사회적인 요구와 수요도 한몫했지요. 지금처럼 농촌문제의 심각성에 크게 공감하거나 균형발전에 대한 국가적 참여, 국민적 동의가 있는 때는 드뭅니다. 그런 것이 중요한 계기입니다. 이럴 때 저는 금속활자나 팔만대장경같이 인류 문명에 공헌할 수 있는 도농복합공동체를 만들어야 한다고 봅니다.

그것이 바로 도시·농촌의 소프트웨어를 도시 규모로 조직화하여 기존 도시와 농촌을 하나의 인간집합으로 묶은 통합신도시입니다. 그런데 농촌들 사이에 있는 지금의 소도시로는 안 됩니다. 통합신도시를 중심으로, 자족적이지는 않지만 독립적이기를 원하는 농촌들이 나름의 산업권역을 구축하면서 시장을 확보할 수 있게 하자는 거죠. 그런 중간집합체의 예가 이딸리아 몬떼뿔치아노(Montepulciano) 등 중세의 도시들입니다. 거기에는 고등학교 정도까지는 아주 좋은 학교가 있습니다. 그런 도시를 제가 중간도시라고 부르는 것이에요. 그 도시가 세계와 소통케 하는 겁니다. 그런 도시들은 일거에 건설해야 합니다. 지금 항공모함 같은 것은 2, 3년 안에 만듭니다. 완벽한 설계만 있으면요.

이일영 도시와 농촌 사이에 중간도시가 필요하다는 말씀이신가요?

김석철 예. 그런데 이 중간도시는 도시와 농촌을 소통케 해야 할 뿐 아니라 세계와 통해 있어야 해요. 또 지역의 경제공동체에 중요한 역할을 하도록 만들어야 합니다.

이일영 농촌과 중간도시는 어떻게 연결하면 될까요? 도시가 농촌을 흡수하고 종속시키는 지금까지의 패턴이 반복되지 않을까요?

김석철 농촌들이 자연스럽게 집합하자면 강변을 따라 이어져야 합니다. 낙동강 일대, 섬진강 일대로요. 그렇게 되면 서로 자연스럽게 연결될 수 있고, 농업과 써비스산업이 역할을 분담할 수 있습니다. 라인강 인근에서는 바다 방향으로 작은 제조업들이 조직화되어 있습니다. 그러니까 개별 농촌들은 강을 통해서 하나로 이어지는 거죠. 여기서 강이라는 건 주운(舟運)이 가능한 강을 말합니다. 그런데 지금 우리 강은 주운이 불가능해요. 옛날에는 가능했는데 그동안 관리를 하지 않았기 때문에 그렇죠. 그러니 지금 우리 농촌은 전국 사방에 흩어져 있는 셈이에요.

경부운하 계획의 결정적인 한계

마침 흥미로운 화제가 나왔다. 올해(2007) 대선을 앞두고 국토개발 관련된 의제가 많이 제기되고 있으니, 놓치고 갈 수가 없다.

이일영 주운이 가능한 운하를 통해 농촌을 연결하고 조직하자는 말씀인데, 운하 얘기를 들으니 유력한 대선주자 이명박

전 서울시장이 얘기하는 경부운하가 떠오릅니다. 물론 선생님 말씀처럼 농촌을 조직하는 맥락에서 나온 것 같지는 않습니다. 이명박씨가 말하는 것의 핵심은 낙동강 상류와 남한강 상류를 연결하는 것인데요. 그렇게 되면 서울에서 부산까지 600킬로미터 물길이 생긴다는 것입니다. 이에 대해서는 어떻게 생각하세요? 경제학의 상식으로 보면, 그것은 일종의 물류를 위한 프로젝트인데, 물류에는 시간요소가 상당히 중요합니다. 그런데 근현대로 오면서 말하자면 시간단위가 상당히 짧아졌지요. 그래서 중세까지는 중요했던 운하가 이제는 비중이 상당히 작아졌어요. 중국의 장강(長江)도 과거에 비하면 물류에서 차지하는 비중이 작아지고 있습니다. 독일 라인강 정도를 빼면 국제적인 사례도 많지 않고요. 선생님이 말씀하신 농촌경제를 재조직하는 네트워크라는 구상은 상당히 흥미롭기는 한데, 물길 주변에서 나올 수 있는 물동량이 많지 않을 것 같아요. 아까 주운이 가능해야 한다고 하셨지만, 우리나라는 강수량이 여름에 집중되지 않습니까? 겨울에는 얼마 안 되고요. 그래서 주운을 유지·관리하기가 상당히 어려운데, 이런 문제는 어떻습니까?

김석철 마을과 마을, 도시와 도시를 이으면서 바다로 연속해가는 것이 강의 두드러진 특징 중 하나예요. 강변 도농복합체가 그렇게 만들어지고요. 제가 여의도 마스터플랜을 설계할 때 한강이 휴전선으로 닫혀 있으니까 굴포천 쪽의 경인운하를 제안했습니다. 그리고 새만금과 금강 유역을 주운이 가능한 운하로 연결한 새만금·금강 도시연합안, 낙동강 유역과 남해안을 접속하는 낙동강 도시연합안을 만들기도 했습니다. 강으로 조직화된 배후에 작은 도시들과 농촌들이 바다로 이어져서 해안링크와 접속하게 하는 것이 한반도가 가진 가장 큰 가능성이고, 이딸리아보다 나은 점이에요. 세계에서 이런 곳을 찾을 수 없을 만큼 좋은 거죠.

그런데 강과 강을 잇는 것도 중요하겠지만, 지소선후즉근도의(知所先後則近道矣)라고, 먼저 할 것과 나중에 할 것이 있겠죠. 낙동강·금강·한강 유역의 소도시와 농촌을 조직화하여 해안으로 연결한 후에 세 강을 연결한다면 의미가 있겠지요. 그러나 아직 한강도 바다로 끌고 가지 못하고 있는데, 한강과 낙동강을 연결해서 무슨 소용이 있을까요? 로테르담이 세계 최고의 항만이 된 것은 강과 운하와 바다가 도시와 농촌을 아우르며 도시연합을 이루었기 때문이거든요. 강이 바다와 소도시를 연결하면 농촌이 바다로 나아갈 수 있어요. 사회적 수요가 있으면 기술적 문제는 해결할 수 있습니다.

이일영 그러니까 경부운하를 만든다고 해도 서울에서 딱 막히고 마는군요. 그래도 이 대운하계획은 다른 어떤 잇점이 있지 않을까요?

김석철 운하라는 인프라의 성격을 이해하는 것이 중요합니다. 고속도로는 대도시와 대도시를 연결하는 인프라이고, 운하는 운하변의 중소도시와 농촌을 살릴 수 있는 인프라입니다. 운하계획은 이런 점을 고려해서 지방의 중소도시들과 대도시가 공존공영하는 모델을 제시해야 합니다.

우리나라 물류는 대부분 바다를 통해 한반도 바깥으로 나가는 것이에요. 그렇다면 운하가 어떻게 바다로 나갈지 연구하는 게 우선이고, 낙동강과 한강이 어떻게 연결되는가는 나중 문제입니다. 그런 준비 없이 경부운하 운운하는 것은 영남이나 충청내륙권에 개발의 환상을 불러일으키려는 것에 불과하지요. 강이 바다로 가게 하는 것이 운하를 만드는 목적이고, 강에 배가 다니도록 하여 도농복합체를 이루게 하는 것이 운하의 기능입니다. 운하로 연결된 도농복합체가 대도시 못지않은 경쟁력과 삶의 질을 갖게 하는 것이 핵심입니다.

환경문제 해결을 위해서는 미래형 도시가 필요하다

김석철의 '한반도 프로젝트'에 대해 비판적인 입장은 크게 두가지다. 하나는 과연 얼마나 현실성이 있느냐는 것이고, 다른 하나는 환경주의적 관점이 부족하지 않느냐는 것이다. 특히 도시를 만들고 공간을 개발하자는 그의 입장에서는 환경론적 질문을 피할 수 없다. 아마 근본적인 환경론자들은 도시 자체를 에너지를 낭비하는 장치로 볼 것이다.

이일영 선생님께서는 한국의 신도시 건설 능력을 대단히 높게 평가하면서 그것들을 해외에 수출할 수 있어야 한다고 말씀하시는데, 신도시에 대해 부정적인 분들이 적지 않은 것 같습니다. 신도시가 환경을 파괴하며 건설되었고, 도심으로의 이동거리가 늘어나 에너지가 낭비된다는 우려가 있습니다. 선생님께서는 에너지 저소비형 도시를 제안하신 바 있는데, 구체적으로 설명해주시면 좋겠습니다.

김석철 지금의 도시로는 미래를 감당하기 어려울 겁니다. 에너지 부족이나 과도한 인구집중으로 인한 불균형 등 문제가 많지요. 미국이나 유럽의 도시들, 특히 미국 도시에 있는 5퍼센트의 인구가 세계 에너지의 25퍼센트를 쓰거든요. 에너지의 상당부분을 도시가 소비하고 있는데, 발전하는 동아시아의 도시들이 앞다투어 그 방향으로 가고 있습니다. 그러니까 지금의 도시구조를 개혁하는 일도 중요하지만, 새로운 미래형 도시를 만드는 것이 필요합니다. 과연 우리가 할 수 있는가가 문제인데, 지금 전세계적으로 한국이 여러 면에서 가장 강한 경쟁력을 갖고 있다고 봅니다. 도시건설의 기반인 건설·전자·철강·조선산업이 세계 최고거든요. 그리고 수요가 확대되어갈 세계 최대의 도시시장이 바로 곁에 있어요.

수도권의 엄청난 부동산값 폭등은 도시 스케일로만 해결할 수 있는 문제입니다. 아파트단지를 만들어서 될 일이 아닙니다. 단순히 주거지를 공급하는 게 아니라 완전도시를 만들어서 인구가 그리로 빠져나가게 하는 겁니다. 정부기능을 옮기고 공공기관을 내보내서 될 게 아니고, 더 좋은 도시를 만들어 인구를 이동시키고 거기서 살게 해야죠. 좋은 곳에 몰려 살려고 하는 수요가 수도권 부동산값 폭등과 지방도시·농촌의 몰락으로 나타난 거니까요. 새로운 도시에 대한 수요가 있고 경제력이 있고 산업능력이 있는데, 문제는 창조적 능력이겠죠. 우리가 창조적인 21세기 동아시아의 도시모델을 만들면, 중국과 인도 도시의 모델이 될 겁니다.

두바이는 아랍에미리트연방을 구성하는 7개 토후국 중 하나다. 거기서는 최근 벌어들인 오일달러를 투입하여 중동의 허브로 도약하려는 프로젝트를 진행 중이다. 이러한 변화를 상징하는 것이 160층 규모의 초고층빌딩 '버즈두바이'(Burj Dubai) 건설사업인데, 이 건물의 시공사가 한국 업체다. 이뿐 아니라 리비아의 대수로공사, 말레이시아의 페트로나스 트윈타워 공사 등 한국 건설업의 시공능력을 세계에 과시한 예는 많다. 그러나 여기에 긍정적 이미지만 있는 것은 아니다. 마치 일본처럼 '토건국가'의 혐의도 제기되고 있다. 토건국가는 정치인 및 관료, 금융기관, 건설업체로 이루어진 '철의 삼각구조'를 중심으로 한다. 토건국가의 전형이라고 할 수 있는 일본은, 1972년 '일본열도개조론'(타나까田中角榮), 1987년 '다극분산형 국토개발계획'(나까소네中曾根康弘)을 추진하여, 부동산버

블과 자연파괴는 물론 경제위기를 불러온 바 있다. 그러니 도시건설로 부동산문제를 해결할 수 있다는 김석철의 주장은 꽤 이색적이다.

이일영 선생님께서는 부동산문제도 도시계획으로 풀 수 있다고 말씀하시는 거죠? 지금까지는 수요를 세제로 압박해서 풀겠다는 해법과 아파트를 더 많이 공급해서 풀자는 양론이 있었는데, 선생님께서는 제3의 길을 제시해주신 셈입니다. 자족적 기능을 갖춘 신도시를 건설해서 인구를 이동·분산시킬 수 있다고 하시는데 그걸 대체 어디에 세웁니까?

부동산·주택 개발의 부작용을 어떻게 해소할 것인가

김석철 신도시 몇군데가 거론되고 있는데, 이대로는 문제가 갈수록 확대되고 맙니다. 분당을 만들었어도 주택문제가 해결된 게 아닙니다. 오히려 교통은 더 번잡해졌고 강남 집값은 더 올랐죠. 중요한 것은 도시의 핵심부분이 바깥으로 나가는 것입니다. 런던·뉴욕·토오꾜오가 그나마 유지되는 게 그런 이유예요. 우리는 강북에 대학이 다 몰려 있는데, 세계적인 도시에서는 중요한 대학들이 다 바깥에 나가 있습니다. 뉴욕이나 토오꾜오도 고등교육의 핵심기능이 바깥으로 이동하고 있고요. 그런데 대도시의 일극집중을 야기했던 대학군이 21세기 와서는 도시경쟁력의 핵이 되고 있습니다.

21세기형 산업은 제조업이나 써비스산업 다음에 오는 창조산업으로서 대학을 중심으로 형성됩니다. 대학과 관련산업체가 함께 모여 창조적 도시산업을 일으키는 거죠. 행정부와 공공기관이 지방으로 이전해 행정수도와 혁신도시를 만들면 수도권 집중과 부동산 문제가 해결된다는 생각은 망상입니다. 『희망의 한반도 프로젝트』에서 행정수도와 혁신도시의 대안으로 금강유역과 새만금을 아우르는 금강·새만금 도시연합, 낙동강유역의 산학클러스터와 해안링크가 함께하는 낙동강 도시연합을 주장했는데 문제는 어디다 그런 도시를 만드는가 하는 것이죠. 내부 구조개혁이든 신도시건설이든 결국 토지 창출이 문제예요. 그간에는 경부선축 동쪽의 한강변과 강남을 개발함으로써 토지를 창출해 지난 이삼십년 동안 경제성장에 따른 주거 수요를 확보했거든요. 이제 새로운 공간이 필요한데, 봉쇄되어 있던 경부선 서쪽 한강변과 차단되어왔던 북쪽 한강변의 새로운 토지를 창출해야 합니다. 그렇게 서울의 분단체제적 내부모순을 해결하는 길과 강북에 집중된 대학인구를 중심으로 강북을 창조적 산업도시로 만드는 길이 강남 부동산문제를 푸는 길입니다.

이일영 아직 의문점이 남는데요. 지금까지는 도시를 건설할 때, 처음에 토지를 수용하고 개발하면서 집값이 한번 오르고, 거기에 집을 지으면서 한번 오르고, 분양하면서 한번 오르고,

이렇게 원래보다 집값이 거듭 높아집니다. 또 도시가 생기면 주변의 땅값이 계속 올라가고요. 그래서 신도시를 만들면 그 일대의 지가가 계속 상승하지 않을까 걱정됩니다. 지금 균형발전이 얘기되지만 지방 곳곳에서 문제가 발생하고 있고, 그래서 실제로 공장을 새로 짓기가 더 어려워졌다고들 합니다. 결국 개발 자체가 부동산가격을 올리고 지대수익을 얻기 위한 경제활동에 종속되는 식의 패턴이 반복되었는데, 그런 악순환의 고리를 어떻게 끊을 수 있을까요?

김석철 이렇게 생각해보면 어떨까요? 맨해튼이나 베네찌아는 세계적인 고밀도 지역입니다. 그런데 두 도시 다 자연을 잘 이용한 사례거든요. 우리나라에서 행정중심복합도시를 계획할 때 1천만평을 수용하는 걸 보고, 저는 정책추진자들이 음흉한 속내를 가지고 있거나 사고가 황폐하거나, 둘 중 하나라고 생각했습니다. 현실적으로 과천 정부청사가 이전하는 데 50만평 이상은 필요하지도 않은데, 그렇게 엄청난 토지를 수용하여 결과적으로 부동산 투기자본을 만들어낸 이유가 뭔지 모르겠습니다.

앞으로 우리나라가 새로운 공간전략으로 한반도를 경영한다면, 그리고 토지 수용과 보상이 부동산시장을 흔들어서 경제를 왜곡하지 않게 하려면, 강으로 가야 한다고 생각합니다. 우리나라의 강 하상(河床)의 폭은 굉장히 넓습니다. 어떤 곳은 1킬로미터나 되는데, 그런 강들을 주운이 가능하도록 만들면서 수리(水利)를 적절하게 통제하면 토지를 창출할 수 있습니다. 그중 일부만 맨해튼과 베네찌아식으로 개발합니다. 그렇게 하면 강이 어반인프라가 되기 때문에, 외곽의 인프라와 연결만 하면 됩니다. 국토를 가능한 한 그대로 두고, 기존 인프라와 자연 인프라가 조직화될 수 있는 곳만 고밀도로 집중 개발하면, 농촌과 도시 사이에 토지를 확보하면서도 도시와 농촌이 다 함께 살지 않을까 생각합니다.

이일영 말씀처럼 하면 토지시장에 환경친화적으로 낮은 값의 토지를 공급할 수 있을 것 같습니다. 그렇다고 하더라도 국내에 넘치는 유동자금이 존재하는 한 부동산문제가 꼭 해결된다고 볼 수는 없지 않을까요?

김석철 21세기 경쟁력의 기반은 창의력과 돈과 시장입니다. 세계에서 가장 큰 시장이 바로 곁에 있는데 우리 역량이 부동산에 몰려다니게 된 것이 문제입니다. 그래서 제가 10년 전부터 황해도시공동체와 동아시아 도시사업을 말한 것입니다. 도시사업의 기반인 전자·조선·철강·건설산업의 경쟁력이 최고인 나라가 역사상 가장 큰 도시건설시장을 외면하고 부동산에 빠져 있는 것은 학자들이 정치판을 기웃거리는 일처럼 정신나간 짓입니다. 창조산업과 도시산업 등 한반도의 도약을 이루는 일에 몰두해야 합니다. 돈과 시장이 없어 못하던 일을 돈과 시장이 넘치는 지금 못하면 수백년 만에나 한번 올 기회를 놓치는 것입니다.

수도권의 일부 부동산이 경제규모에 비해 저평가되어 있는데도 불구하고 수도권 규제, 엄청난 토지보상비가 불가피한 신행정수도·혁신도시 추진 등 정책버블을 남발했기 때문에 부동산광풍이 시작된 것입니다. 부동산문제는 주택수요의 세 요소, 즉 집을 넓히고자 하는 중상층의 주택수요, 신혼과 노후를 위한 주택수요, 그리고 무주택자의 주택수요 등을 수도권·지방권의 기존 택지 및 개발가능 택지와 연계한 부동산매트릭스를 바탕으로 해결해야 합니다. 한강개발로 동부이촌동과 여의도, 반포와 압구정동, 잠실을 만들었지만 아직 한강 동부만 개발된 것입니다. 한강 서부와 해안지대를 개발하면 앞으로 20년간 수도권 중심부의 도시화된 토지수요를 감당할 수 있고, 지방권 대도시와 중소도시 토지는 어반인프라와 토지를 결부시킨 신도시로 해결할 수 있습니다.

황해를 천혜의 인프라로 삼는 전략

종횡무진 이야기를 나누다 보니 시간이 많이 지났다. 인터뷰를 마무리하려면 김석철이 독창적으로 고안해낸 황해연합에 관한 이야기를 짚어야 한다. 아쉽지만 화제를 돌리지 않을 수 없다. 대체로 통합이나 연합은 국민경제 단위에서 논의되고 있다. 통합의 단계는 체약국(締約國)간에만 무역장벽을 철폐하는 자유무역협정(FTA), 체약국이 역외국에 대해 공동관

세를 부과하는 관세동맹(customs union), 생산요소의 자유로운 이동을 포함하는 공동시장(common market), 회원국간 경제정책의 조화와 통일을 추구하는 경제동맹(economic union), 회원국간 화폐·재정 및 사회정책을 통합한 최종단계인 완전경제통합(complete economic integration)의 다섯 단계로 나누어진다. 그런데 김석철의 황해연합은 이와는 전혀 다른 맥락에서 제안된 것이다.

이일영 범위를 좀 넓혀 황해공동체 얘기를 해볼까 싶습니다. 선생님이 말씀하신 황해연합에서 북한이 어떤 역할을 할 수 있을까요? 몇년 전 북한은 신의주 특구계획을 내놓았는데, 그때 건너편에 있는 중국의 단둥(丹東)이 위축되기 때문에 중국이 이를 견제했다는 소문도 있었습니다. 그런데 2006년 북한이 핵실험, 미사일실험을 해서 미국·일본의 반발은 물론이고 한국·중국도 상당히 곤란한 입장이 되었습니다. 동북아에서 공간적 차원의 네트워크·협력·연합이 증진되고 확대되는 게 어렵지 않겠느냐고 생각하는 사람들이 많아지고 있습니다. 그래서 북한을 빼고 가자는 얘기도 나옵니다. 그렇게 되면 지금까지와 마찬가지로 남한은 서쪽, 북쪽이 막힌 섬처럼 될 텐데요. 선생님이 말씀하시는 황해연합 개념에 북한이 어떤 위치에 있는지 말씀해주셨으면 합니다.

김석철 황해도시공동체 또는 황해도시연합이라는 말이 더 적절할 것 같습니다. 왜냐하면 EU 같은 국가연합과는 다른 조직방식이기 때문입니다. 중국은 국가가 아니라 그냥 '천하'죠.(웃음) 그리고 일본은 우리와 비교할 수 없는 경제대국이고요. 지금 동북아에서는 국가 대 국가의 방식으로는 문제가 안 풀려요. 제가 황해연합을 얘기하는 것은, 지도를 보니까 여기서 뭐가 될 것 같다는 정도의 생각이 아닙니다. 예컨대 베네찌아는 지중해 일대를 조직화하고 그걸 자기의 영역으로 만들면서 유럽과 이슬람 사이를 중개함으로써 크게 번영했거든요. 그러면 우리의 가능성과 잠재력을 극대화할 수 있는 길이 뭐겠어요? 우리를 통해 이쪽저쪽이 연결되고 조직되는 것이겠지요. 그래서 한반도의 가능성과 잠재력을 전제로 한 창의적 도시연합을 제안하는 겁니다.

국가를 초월한 도시간 경제공동체가 과연 가능할까요? 전 그게 가능하다고 봅니다. 물론 도시연합은 그냥 놔둔다고 생기는 것이 아니고 이전에 있었던 것도 아닙니다. 그러니 창조적 구상과 노력이 필요하지요. 처음에 제가 생각한 것은, 바다를 강력한 인프라로 활용해야 하는데 바다가 인프라가 되려면 거대도시와 규모있는 도시연합 중심이 될 수밖에 없다는 겁니다. 우선은 다롄 일대, 베이징과 톈진 일대, 상하이, 그리고 일본열도의 세또나이까이(瀬戸內海) 일대가 바다로 우리 수도권과 연결될 수 있죠.

그런데 우리의 가능성과 잠재력을 극대화한다고 시작한 황해공동체가 어쩌면 한반도의 불균형을 심화할지도 몰라요. 그래서 다음 단계로 생각한 것이 서남해안과 롄윈강 일대, 산둥반도와의 네트워크를 만드는 것이에요. 또 중요한 게 에너지문제입니다. 러시아는 어떻게든 남쪽으로 내려와야 하는 상황이에요. 에너지의 축이 동시베리아 쪽으로 더 옮아가면, 결국 동해 라인이 중요해질 수밖에 없습니다. 일본열도와 한반도의 관계, 또 일본열도와 중국 동부해안의 관계가 경제적으로 상당히 중요해진다고 봤을 때 우리가 긴요한 역할을 할 수 있고, 그런 역할 속에서 북한과 연결되면 한반도의 잠재력이 커질 수 있지 않을까 생각합니다.

한반도라는 새로운 인간집합의 형식을 찾아보자는 거죠. 인천과 새만금 연안을 조직해서 중국의 동부해안과 연결하면 중국 쪽에서도 충칭(重慶)과 베이징이 연결되는 것보다 더 생산적이지 않겠어요? 우리가 블라지보스또끄를 원산, 부산까지 끌고 와서 후꾸오까, 시모노세끼를 거쳐 오오사까까지 닿게 하는 라인을 만들어나가면, 그게 역사와 지리의 창조가 되는 겁니다. 그러면 남북이 서로 얼마나 필요한지 절감하게 되지 않을까요?

이일영 황해를 인프라로 사용하게 되면, 중국 동부해안의 도시벨트와 한반도가 바로 교통이 가능한 상황, 네트워크가 가능한 조건이 된다고 생각하시는 것 같습니다. 그런데 그렇게 되면 한반도 서부의 육로로 연결되는 평안도·황해도 벨트가 지닌 중요성이 감소할 수도 있는 것 아닌가요?

김석철 해안의 경우는 벨트라기보다는 링크지요. 그것이 내륙으로 연결되어야죠. 우선 렌윈강에서 칭다오(靑島)까지 보면 지금 한국이 투자를 제일 많이 하고 있습니다. 일본·미국보다 더 많습니다. 상하이 일대는 세계적인 경제권역으로 성장하고 있는데, 인천과 새만금과 서남해안을 조직화해서 렌윈강 쪽으로 끌고 들어가면 그게 쉬저우(徐州)를 통해서 카이펑(開封), 뤄양(洛陽), 시안(西安)을 거쳐 우루무치(烏魯木齊)로 빠집니다. 그게 중국을 가로지르는 중국횡단철도(TCR, Trans China Railway)죠. 해안링크만이 아니라 대륙을 가로지르는 라인에 우리가 개입하게 되는 겁니다. 한반도 해안이 조직화되고 또 그것이 중국의 내륙으로 뚫고 들어갈 수 있는 비전이 우리에게 있어요. 전세계에 그런 가능성과 잠재력을 가진 데는 한반도밖에 없어요.

이일영 결국 황해를 인프라로 해서 중국 내륙으로 들어갈 수 있는 길이 열리게 되면 북한도 빨리 참여하는 게 좋겠습니다.

김석철 링크가 이어져서 북한과 우리가 하나가 되면, 북한은 우리가 퍼주어야 할 대상이 아니라 엄청난 걸 가능하게 해주는 보고(寶庫)가 되는 거죠.

열차페리 구상은 현실성이 있나

이일영　얼마 전 한 대선주자가 열차페리에 대해 얘기했습니다. 항구와 연결된 철로를 통해서 화물이나 용역을 실은 기차가 배로 이동해 다시 철도로 환승되는 것을 말하는 거죠. 그런데 보도에 따르면 박근혜 전 한나라당 대표가 "당장 인천항과 옌타이(煙臺), 다롄을 연결하는 것을 시작으로 해서 평택, 부산, 목포로 확대할 수 있다"라고 했답니다. 선생님의 황해연합구상에서 볼 때 이것은 어떻게 평가될 수 있을까요? 또 건설교통부에서는 "어차피 항구까지 철도를 놓아야 하는데, 작은 화물을 신속하게 운송하는 데는 적당한 수단이 아니다. 그래서 칭다오와 인천 사이에는 항공기와 연계되는 화물페리를 시도하는 게 좋다"고 했습니다. 역시 이에 대해 어떻게 생각하시는지요?

김석철　그것도 아까 경부운하 경우와 비슷하다고 생각되는데요.(웃음) 내공의 프로젝트가 아니라 외공의 프로젝트 같군요. 역시 먼저 할 게 있고 나중에 할 게 있어요. 한반도 서해안도 서로 어반링크를 이루지 못하고 있습니다. 새만금에 항만을 건설하자고 할 때도 경쟁력이 떨어진다는 지적이 있었습니다. 목포항과 인천항도 역할 분담이 안 되어 있고, 또 광양과 부산도 정리가 안 되어 있어요. 먼저 해야 할 문제가 그것이죠. 다음에 해안이 강을 따라 내륙으로 이어져 조직화된 경제권역이 만들어져야 하고, 다음으로 중국 동부해안과 짝이 되는 경제권역이 이루어지게 하는 겁니다. 그러니까 단순한 교역만이 아니라 함께 생산하고 시장과 공장을 공동으로 갖게 된 후에 대륙철도를 이용하는 겁니다. 이명박식의 '대운하'가 아닌 '적지적소의 소운하들'이 강을 통한 도시연합을 이룬 후에 농촌과 도시의 집합을 만들어야 하며, 바다를 건너 중국과 연결하는 것은 그 다음에 할 일이라 생각합니다.

이일영 한반도의 철도화물을 렌윈강에서 시작되는 철도로 연결하는 페리가 굳이 '열차'페리여야 한다는 주장이 비단 '선후'의 문제에 그치는 것일까요? 또 어떻게 한반도 서해안을 TCR과 연결한다고 새만금이 경쟁력을 가질 수 있는지요? 해안링크를 형성한다는 것은 항만들 사이에 연계와 역할 분담이 이루어진다는 것일 텐데, 그 구체적 모습이 잘 떠오르지 않습니다.

김석철 지금은 우리가 중국에 돈이든 기술이든 사람이든 많이 보내고 있는 상황이지만, 중국의 힘이 어느 선을 넘어서면 우리는 주변적인 국가가 될지 모릅니다. 과밀한 수도권이 그 힘을 받아안을 그릇인가 생각해야 합니다. 열차페리는 중국 동부해안과 한반도 서부해안의 도시연합을 전제로 할 때에야 의미있는 정책이 될 수 있고, 단순한 항구와 항구가 아니라 항구와 내륙이 연결되어 물류를 철도로 집합할 수 있는 항만들 사이를 연결해야 합니다. 지금의 주장처럼 인천과 다롄, 부산과 후꾸오까, 목포와 렌윈강을 연결하는 것은 별 뜻이 없습니다. 그러나 호남선, 전라선의 도시산업과 물류를 익산으로 집합하여 이를 군산과 새만금항을 통해 렌윈강에 닿게 하여 중국 중부내륙과 연결할 때 비로소 열차페리 구상이 충청권과 호남권 백년대계의 일환이 될 수 있습니다. 중국 동부해안의 렌윈강에 주목하는 것은 그곳이 유라시아철도의 출발점이기 때문입니다. 다롄과 칭따오가 큰 항구이긴 하지만 중국 본토의 네트워크상에서는 본류에서 벗어나 있습니다. 렌윈강은 정저우(鄭州), 시안(西安), 란저우(蘭州)로 통하는, 중원을 연결해서 실크로드로 이어지는 철도의 시발점입니다. 특히 한반도와 중국대륙을 연결하는 '열차'페리라면 이런 점이 당연히 고려되어야겠지요. 중국 중앙정부에서도 동부연안의 개혁개방, 서부대개발에 이어서 '중부굴기(中部崛起)'를 국가 정책목표로 내세우고 있습니다. 그러나 중국에서도 구체화된 대책 없이 구호에 그치고 있는 이때, 한국이 핵심 역할을 할 수 있는 계획을 제안하면 진정으로 국가대계를 생각하는 안이 될 것입니다.

이일영 더 많은 이야기를 듣고 싶은데, 이미 시간이 많이 지났습니다. 저희 사회과학자들이 풀기에 굉장히 어려운 문제들만 주로 여쭈었습니다.(웃음) 평소 고민이 많던 주제에 대해 전혀 다른 각도에서 생각해보게 되어 새로운 공부를 했습니다. 창비 독자들에게도 많은 지적 자극이 될 것으로 생각합니다.

항상 건강하셔서 더 많은 작업을 해주시기 바랍니다.

　김석철은 건축가이자 도시설계가다. 건축과 도시와 공간에서 출발했기 때문이겠지만, 사회과학자들의 통상적 사고방식이나 기존의 정책체계와는 전혀 다른 주장과 제안이 많았다. 그래서 사회과학적인 개념으로 그의 '한반도 프로젝트'를 해설하는 것은 아주 위험한 일이 될지도 모른다. 그런 위험을 무릅쓰고 요약해보면, 그의 생각의 핵심은 해안이나 국토 안에서 농촌과 도시가 연계하고 또 그것들이 인접한 바다를 인프라로 하여 국경을 넘어 다른 도시들과 연계·공존하는 방안이라고 할 수 있을 것이다.

　많은 갈등을 불러온 전시작전통제권 환수, 한미FTA, 국가균형발전 등 굵직한 국가적 의제도 따지고 보면 공간문제와 연관되어 있다. 하지만 안타깝게도 국민국가 차원의 자주국방이나 균형발전 논의가 너무 서투른 방식으로 진행되었고, 국가간 자유무역협정 논의에서는 다자적인 '공간'에 대한 관심이 빠져 있다. 통상적인 국가간 통합이나 협력과는 다른 차원에서 중간단계의 통합과 협력의 경로를 구체적으로 제시하는 김석철의 제안은 아직 드문 사례에 속한다.

　근대사회에서는 마치 자연지리적 제약은 없어지고 국민국가를 단위로 한 공간이 절대적인 것처럼 여겨져왔다. 더구나 우리의 근대는 식민지로 시작하여 분단국가를 거치면서 한반도라는 '지리적 토대'(geographic referent)의 의미를 박탈당했다. 이제 새로운 시대와 사회가 도래하고 있다. 국민국가와 국민경제가 불가분의 배타적인 권력과 영토에 기반한 생각은 점점 힘을 잃고, 새로운 권위의 중심과 새로운 경제영역이 만들어지고 있음에 틀림없다. 시시각각 한반도와 그 주변이 상호 연결되어가는 지구적 공간 속에서 이제 우리는 어떻게 존재해야 할 것인가. 우리에게 미래가 있다면 그중 상당부분은 복합적인 새로운 '공간'을 발명해내는 데 있을 것이다. 그러므로 한반도 공간전략에 대한 고민은 앞으로도 두고두고 계속되어야 한다.

05. 수도권 도시회랑과 남북한 대운하

[창작과비평 138호, 2007년 겨울, 논단과 현장]

2007년 10월 제2차 남북정상회담을 전후로 남북공동사업의 가능성이 보이기 시작했고, 나는 그전부터 구상하던 '수도권 도시회랑'을 구체화하게 되었다. 또한 당시 대선을 앞두고 '한반도대운하' 논란이 벌어지면서 나의 운하도시안과 무엇이 다르며, 한반도에서 운하란 어떠해야 하는지를 말하지 않으면 안 되게 되었다. 그리하여 수도권 도시회랑과 남북한 대운하 구상을 구체적으로 써보고자 한 글이다.

들어가며

1967~69년 2년 동안 밤을 새워가며 쓰고 그린 「여의도 한강연안 개발계획」 책자를 분실했다가 최근에 청계천 헌책방에서 찾았다. 40년 전 나의 한반도 구상을 다시 읽으면서 분단체제가 한반도에 미친 영향이 얼마나 큰 것이었는지 새삼 실감했다. 연전에 출간한 졸저 『희망의 한반도 프로젝트』에서는 분단체제와 동아시아 전체의 변화를 의식하고 새로운 공간전략을 제시하고자 했으나 정작 한반도의 북녘에 대해 구체적인 구상을 내놓지는 못했다. 그러다가 지난 9월 '수도권 도시회랑과 남북한 대운하'란 주제로 제29차 세교포럼(세교연구소, 2007.9.14)에서 발표한 내용에 '흔들리는 분단체제'를 예언

한 백낙청 교수와 남북관계 전문가 서동만(徐東晚) 교수를 비롯한 세교연구소 회원들의 논평과 윤여준 전 환경부장관, 심재원 전 개성공단 및 한반도에너지개발기구(KEDO) 단장 등 초대손님의 의견을 더하여 「흔들리는 분단체제와 파동의 한반도」라는 글로 정리하는 작업을 시작했다. 그러던 중 김문수 경기도지사, 김영삼(金英三) 부산발전연구원장이 '수도권 도시회랑'과 '낙동강 운하도시' 안을 구체화해줄 것을 요청해왔다. 이렇게 머릿속의 구상이 실제 프로젝트가 되고 보니 단순히 세교포럼 발표내용을 정리하는 것은 더욱 힘든 일이 되고 말았다.

남북정상회담 이후 남북공동사업이 사방에서 쏟아지고 있고, 도시사업은 대부분 수도권과 관련되어 있다. 또한 한반도 인프라를 근본적으로 뒤흔들게 될 경부운하, 세칭 한반도대운하는 나의 남북한 대운하와는 발상부터 다른 일이지만, 그 기종점(起終點)인 낙동강 하구도시안을 제안하는 입장이다 보니 수도권 도시회랑과 남북한 대운하를 선언적으로 표명하는 것에만 그칠 수도 없게 되었다. 이 글은 이런 배경하에서 씌어진 것이다. 『희망의 한반도 프로젝트』를 내면서도 그랬지만 공간형식을 언어형식으로 설명하는 것이 얼마나 힘든 일인지 실감한다. 구상 중인 도시설계를 글로 쓰는 일은 작곡 중인 음악을 설명하는 것만큼 난감한 일이다. 도시공간은 언어형식이 아니라 시각형식으로 존재하기 때문이다.

나는 세교포럼 발표에서 흔들리는 분단체제를 파동의 한반도라고 은유적으로 말한 바 있다. 이는 한반도가 과거와 미래의 시간과 공간이 공존하는 파동의 상황이기 때문이다. 역사적으로 보면 고구려가 평양과 만주를, 신라가 서울과 동남해안을, 백제가 부여와 서남해안을 아우르던 때가 한반도의 에너지가 최고이던 시기이지 않을까 싶다. 오늘날 한반도의 기반은 가야를 병합한 신라가 고구려의 동해안 거점인 원산과 백제의 수도 서울을 점령하여 바다를 장악한 뒤 당나라를 끌어들여 불완전하지만 삼국통일을 이룸으로써 마련되었다. 통일신라 이후 1300년을 하나의 정치·문화공동체로 지속한 한반도가 일본의 식민지가 되었다가 원상을 회복하지 못하고 중국과 미국, 소련과 일본의 완충지대로 분단된 60년간, 북은 바다와 차단되고 남은 대륙과 단절된 채 상이한 길을 걸었다.

남한이 북한과의 대치 한가운데서도 이만한 경제대국이 된 것은 방패 역할을 맡은 북한과 달리 개방의 역할을 맡은 덕분이다. 중국과 러시아의 전선이 된 북한은 세계와 차단되어 고립된 데 비해, 미국과 일본을 상대로 남한은 냉전시대는 물론 세계화시대에도 지속적 성장을 이어갈 수 있는 물적 배경을 얻었던 것이다.

현재 남한의 철강, 조선, 반도체는 세계 최강이고 남한이 세계경제에 미치는 영향은 프랑스, 이딸리아에 버금가지만 북한은 경제사정이 심각하다. "남북관계의 자주적이고 민주적인 진행에 영향을 미치는 가운데 분단사회를 제대로 넘어선 신세계가 한반도에 자리잡으려면"(백낙청『한반도식 통일, 현재진행형』) 삼국시대 한반도가 가졌던 역동적 에너지를 남북한이 함께 미국, 중국, 일본, 러시아 사이에서 재현해내어 7세기의 삼국통일 같은 부분통합이 아닌 한반도의 잠재력과 가능성을 극대화하는 길을 찾아야 한다. 그 핵심이 수도권 도시회랑과 남북한 대운하인데, 뒤에 설명하겠지만 이 둘은 서로 긴밀히 연결된 하나의 사업으로 봐야 한다.

흔들리는 분단체제를 파동의 한반도라 말하는 것은 남북한이 삼국시대같이 공존하면서도 각자의 내부 에너지를 키우고 대외적으로 강력한 공동체를 이룰 수 있는 상황임을 의미한다. 남한만으로는 해결할 수 없는 에너지와 물과 인구 문제는 이러한 상황 인식하에서만 특단의 길을 찾을 수 있다. 바로 그 답이 수도권 도시회랑과 남북한 대운하인 것이다.

수도권 메트로폴리스와 도시회랑

분단체제로 야기된 남한의 큰 문제 중 하나는 서울 수도권 일극집중과 그에 따른 양극화 및 불균형 발전이다. 수도권의 과잉집중과 비효율은 남한만으로는 답을 찾을 수 없다. 수도권 해법을 남한이 아니라 1000년 넘게 한반도의 수도였던 개성·서울과 7세기 삼국시대의 중심도시였던 평양·서울·공주를 포함한 대수도권에서 찾아야 한다.

메트로폴리스는 대도시가 중소도시와 농촌을 종속시킨 거대도시와 달리 도시와 농촌, 대도시와 군소도시가 상생하는 어반클러스터다. 오늘의 세계는 서구열강이 아니라 런던·빠리·뉴욕·토오꾜오·베이징·상하이 등 메트로폴리스를 중심으로 재편되고 있다.

서울 수도권은 경제 면에서는 절반의 성공을 이루었지만 아직은 불완전한 미완의 메트로폴리스다. 다른 메트로폴리스와의 경쟁에서는 약하고 한반도 안에서는 주변도시와 지방권의 경쟁력을 떨어뜨리고 있는 문제적인 메트로폴리스인 것이다. 베이징과 톈진 대도시권은 세계도시와 경쟁하면서 농촌과 도시가 함께 가는 지속발전 가능한 신도시공동체 계획을 시작하고 있으며, 토오꾜오도 한때 수도이전을 논의하고 수도권 규제를 강화했으나 지금은 토오꾜오 중심부의 과잉인프라를 상부구조화하고 창조산업을 중심으로 해안과 내륙을 고속교통망으로 엮는 '복수의 부챗살 메트로폴리스' 전략을 진행하고 있다. 상하이도 세계 물류를 장강(長江)으로 끌어들여 상하이가 6억 장강공동체 메트로폴리스의 용 머리가 되게 하는 계획을 세우고 있다.

베이징, 토오꾜오, 상하이가 메트로폴리스의 길로 가고 있는데 남한만의 세상을 꿈꾸는 성장론자들은 수도권 집중을 더 강화하는 경부대운하로 대중을 현혹하고 있으며, 수도권 규제의 덫에 걸린 경기·서울·인천은 각자 제 살길만 찾고 있다. 그런데 베이징과 상하이 도시권이 앞서가는 것 같지만 이들 도시의 경제력은 우리 수도권의 반밖에 안 된다. 수도권의 문제는 서울에 핵심기능이 집중되어 서울만한 인구와 경제력을 가진 경기도가 서울에 종속되고 인천경제특구도 서울의 베드타운이 되어가고 있는 데 있다. 수도권이 사대문안과 강남의 중심지역에 종속된 상황에서는 베이징, 토오꾜오, 상하이의 3000만 메트로폴리스와의 경쟁에서 뒤질 수밖에 없다.

국민소득 2만달러 이상인 나라의 주산업은 써비스산업과 창조산업이고 이들 산업은 메트로폴리스와 주변지역에서 일어난다. 맨해튼의 부자들 반 이상이 초고층 건축군의 계곡에서 일하는 사람들이고, 보스턴 교외 128번 고속도로 주변에서 실리콘밸리 못지않은 창조산업이 번성하고 있는 점을 보면 알 수 있다.

인구가 1000만 이상이면 도시 중심부에 과부하가 생기고 변두리와 문제구역이 생길 수밖에 없다. 한반도 인프라의 근간은 식민지하에서 일본의 대륙진출 라인으로 건설되었고 분단 60년 동안 크게 달라진 바가 없다. 공항과 항만, 국도와 고속도로, 철도와 고속철도 모두가 서울 중심으로 만들어지고 국가 핵심기능 대부분이 서울에 집중한 것이 문제다.

한반도 중추 역할을 하는 경부선·경인선·경의선·경원선·호남선 모두가 서울과 부산·인천·신의주·원산·목포항을 연결한 도시간 인프라이고 분단체제하에서 만들어진 고속도로와 고속철도 모두 서울에 집중되어 있다. 결과적으로 국제공항·항만·철도·고속도로·고속철도의 양에 있어서는 서울 수도권 어반인프라가 세계도시인 뉴욕, 토오꾜오, 런던보다 앞선다. 그러나 지나친 서울 편중으로 세계 물동량의 가장 큰 흐름이 지나는 부산도 서울에 예속되고 동북아 허브공항 인천도 서울의 변방도시가 되었다. 해방 후 60년을 가리켜 성공한 역사라 말하지만 그 기간은 국가 하드웨어가 서울에 집중되어 국가의 균형이 무너진 세월임을 알아야 한다. 세계 최강의 산업도시인 포항·울산·구미조차 인구와 자본과 정보가 서울에 매여 있다. 포항·울산·구미의 세계기업인 포스코·현대자동차·현대중공업·삼성전자 본사가 모두 서울에 있을 수밖에 없는 기형적인 상황은 행정수도와 혁신도시로 해결할 수 있는 일이 아니다.

도시 하부구조가 상부구조화하는 단계에서 대부분의 기능이 서울로 집중되어 고속도로와 철도, 국도의 유기적 집합이 이루어지지 못한 수도권의 경쟁력과 삶의 질을 지속가능하게 하려면 수도권의 제1공간인 주거도시와 제2공간인 직업도시를 조화시키는 도시회랑(都市回廊)을 만들어야 한다.

수도권 도시회랑 구상

박정희·전두환·노태우 정권의 수도권 신도시는 처음 시작할 때부터 문제였다. 1789년 왕권(王權)의 군사도시로 성벽과 문루만 건설된 신도시 화성(수원) 이후 180년 만에 만든 성남·광명·과천·시화·안산 등 수도권 신도시는 문제가 되는 인구와 산업기능을 서울 바깥으로 보내기 위한 것이었다. 그후 20년 만에 다시 만든 분당·일산·평촌·산본·중동 등 다섯 신도시는 서울의 주택문제를 해결하기 위한 주거도시다. 또다시 20년 만에 짓고 있는 교하·양촌·동탄·송파·광교 신도시도 서울 특정지역의 부동산 거품을 해결하겠다고 만드는 주거도시다.

수도권 신도시 모두가 서울의 주거문제를 해결하기 위한 도시인 셈이다. 그러다 보니 수도권 신도시는 서울에 목을 맨 비자립적 식민도시가 되어 경기도는 서울 메트로폴리스의 변방지대이면서 서울과 같은 규제를 받는 억울한 수도권 외곽지대가 되어버렸다.

서울 강남과 판교·분당에서 용인·화성까지 100킬로미터에 걸쳐 비자립적 주거도시가 들어서 서울과 이 도시들 간의 어반인프라라는 줄곧 정체를 거듭하고 있다. 수도권 도시회랑은 주거도시로 전락한 수도권 신도시군을 일터와 집터가 함께하는 완전도시로 만드는 계획이다. 도시공간의 기본은 잠자는 제1공간과 일하는 제2공간의 조화에 있는데 현재 수도권의 제2공간은 서울에, 제1공간은 경기도 사방에 흩어져 있다. 경기도의 주거도시를 완전도시화하려면 신도시군 사이에 서울에 가지 않고도 일하며 살 수 있는 제2공간도시를 만들어야 한다. 그것을 가능하게 하는 뉴 어반인프라가 도시회랑이다.

도시회랑은 주거도시군 사이에 제2공간도시를 특단의 교통방식으로 연결한 어반갤러리(urban gallery)다. 도시와 도시를 연결하는 고속도로와 고속철도는 도시회랑이 될 수 없다. 제1공간도시인 주거도시 사이에 제2공간도시를 건설하고 이를 운하와 경전철로 서울 도시회랑까지 잇는 수도권 도시회랑이 만들어져야 한다. 그것이 바로 수도권이 가야 할 길이다.

수도권 신도시가 줄지어 선 분당·의왕·죽전·용인 사이의 수원 광교신도시와 평택 국제화도시를 운하와 순환철도가 결합한 뉴 어반인프라의 제2공간도시로 만들어 평택항과 한강으로 연결하고, 이를 평양과 개성과 공주까지 확대하는 수도권 도시회랑을 만들면 서울 수도권이 세계적인 메트로폴리스가 될 수 있다.

베드타운인 제1공간도시와 대학, 공단, 오피스군으로 이루어진 제2공간도시가 수로와 궤도교통으로 모(母)도시와 대응케 하는, 도시 하부구조와 상부구조가 결합한 도시형식이 도시회랑인 것이다. 현재의 고속철도와 고속도로는 도시 외곽을 통과하지만 도시회랑의 운하는 도시와 하나가 된다. 지식정보화사회에서 제2공간도시의 핵심은 대학(U) 중심의 산학연클러스터, 제조업과 써비스산업이 융합된 모던 팩토리(F), 업무공간인 오피스(O)로 이루어진 도시의 U.F.O.다.

각각 500만 인구가 한강을 중심으로 마주하고 있는 서울과 다시 1000만 인구가 둘러싸고 있는 경기도를 운하와 궤도교통이 선형도시를 이루는 도시회랑으로 재조직하려면 수원과 평택항을 잇는 도시운하가 한강에 닿아 수도권과 서울을 아우르게 하고 경의선, 경원선으로 북에 이르게 하는 대수도권 도시회랑으로 확대해야 한다.

서울의 부동산 파국은 핵심지역의 토지 부족에서 연유한 것이다. 토오꾜오와 서울을 이용 가능한 토지밀도로 비교해보면, 서울의 토지가 토오꾜오보다 비싼 것이 정상이다. 어떤 정책을 쓰더라도 강남 땅값은 오를 수밖에 없다. 서울과 경기도 외곽 사이에 창조적 신산업의 자립도시군을 만들어 서울 외곽의 주거도시군과 수도권 도시회랑을 이루게 하고, 이를 수도권 1번가로인 한강에 닿게 하여 수도권 제1공간과 제2공간을 조직화하면 부동산 파국도 정상화할 수 있다. 한강을 지나는 수도권 철도라인과 수도권 외곽도시를 운하와 궤도교통으로 집합하여 수도권 도시회랑을 만들면 수도권 사방이 서울의 외곽이 아니라 수도권의 핵심지역이 될 수 있는 것이다.

세계의 운하도시모델과 의미

1969년 「여의도 한강 마스터플랜」, 1995년 「꿈꾸는 한강」, 2000년 「한강과 서해안을 잇는 수도권 비전플랜」, 2002년 「새만금 바다도시」, 2006년 「새만금-금강운하 프로젝트」를 통해 한반도 해안과 내륙을 잇는 운하도시계획안을 발표했으나 지식인들조차 대부분 무관심했다. 그런 와중에 난데없이 정치권에서 '한반도대운하'가 대선공약이 되었다.

우리는 운하에 대해서 무엇을 얼마만큼 알고 있는가. 현재 정치권의 대운하 제안이 갖는 폐단의 하나는 모든 운하 구상을 외면 또는 폄하하는 풍조를 낳는다는 것이다. 이런 점에서 운하라는 인프라가 갖는 정확한 성격을 이해하는 것이 중요하다.

운하는 본래 철도와 고속도로가 없던 시대의 지역간 인프라다. 철도와 고속도로가 건설되면서 운하는 물류기능보다 도시간 소통을 담당하게 되었다. 이 점은 『창작과비평』 2007년 봄호 도전인터뷰(본서 제2부 수록)에서도 이미 지적한 바 있다. 즉, "운하는 운하변의 중소도시와 농촌을 살릴 수 있는 인프라입니다. 운하계획은 이런 점을 고려해서 지방의 중소도시들과 대도시가 공존공영하는 모델을 제시해야 합니다. (…) 그런 준비 없이 경부운하 운운하는 것은 영남이나 충청내륙권에 개발의 환상을 불러일으키려는 것에 불과하지요. 강이 바다로 가게 하는 것이 운하를 만드는 목적이고, 강에 배가 다니도록 하여 도농복합체를 이루게 하는 것이 운하의 기능입니다. 운하로 연결된 도농복합체가 대도시 못지않은 경쟁력과 삶의 질을 갖게 하는 것이 핵심입니다."

수나라 양제 때 만든, 베이징과 항저우를 연결하는 경항운하는 중국의 남과 북을 연결한 세계 최대의 운하다. 베이징-상하이간 고속도로·고속철도 건설과 함께 지금 중국이 수 양제 때의 경항운하를 복원하는 까닭은 운하가 남과 북의 도시와 농촌을 하나가 되게 하는 물길이면서, 물이 부족한 북부와 물이 남는 남부를 연결하는 역할을 하기 때문이다. 강이나 호수와 함께 이어진 운하는 수로(水路)와 수자원(水資源)이라는 이중의 역할을 하면서 대도시와 소도시, 소도시와 농촌의 인구를 하나의 공동체가 되게 하는 국토의 혈맥으로 기능한다.

운하는 배가 다닐 수 있는 물길이다. 바다에는 어디나 배가 다니지만 강은 그렇지 못하다. 배가 다닐 수 있는 강과 배가 다닐 수 없는 곳에 만든 수로인 운하를 연결하여 강과 바다를 연결한 것이 경항운하고 라인-도나우(Rhein-Donau)운하다. 필자가 중국 도시학회 회장인 칭화대학 우 량룽 교수와 함께 제안한 취푸 신도시 계획은 경항운하에서 물을 끌어와 유학의 발원지인 취푸를 중국의 예루살렘이나 메카 같은 세계적인 명소로 만들려고 한 운하도시계획이다. 현대의 어반인프라인 고속도로·고속철도를 과거의 인프라인 운하와 결합하

여 역사와 지리를 미래의 인문과 소통시키려 한 도시설계 제
안으로, 2004년 베네찌아비엔날레와 2006년 2월 베이징 조어
대에서 열린 중국전략논단에서 발표되었다. 아키반건축도시
연구원이 칭화대학과 취푸 운하도시계획을 5년 동안 계속한
것은 취푸 운하도시가 북한의 도시모델이 될 것이라는 기대
에서였다.

나뽈레옹이 감동한 프랑스의 미디운하는 지중해와 대서양
을 연결한 운하다. 보르도에서 뚤루즈까지는 가론강이 흐르
지만 뚤루즈부터 대서양 사이에는 강이 없다. 뚤루즈와 대서
양 사이에 인공수로인 미디운하를 만들어 가론강과 미디운하
로 대서양과 지중해 사이의 농촌과 도시를 하나의 생활권, 경
제권으로 만든 도시사업이었다.

미디운하 같은 내륙운하는 수량을 유지하기 위해 댐을 만
들고 댐을 거슬러가기 위해 갑문을 만든다. 미디운하에도 70
여개의 갑문이 있고 갑문마다 소도시가 있다. 운하는 운하고
강은 강이다. 강으로 지나던 배가 운하로 가려면 갑문을 지나
야 한다. 하천 대부분이 서해와 남해로 흐르는 한반도에 제대
로 된 운하도시를 만들려면 바다를 깊이 내륙으로 끌어들인
로테르담 하구의 바다도시와 농촌형 도시군을 운하로 연결하
여 대도시 못지않은 도시경쟁력을 이룬 미디운하가 좋은 참
고가 될 것이다. 독일의 경제기적을 이룬 라인-도나우운하나
뉴욕과 5대호를 연결한 이리운하, 그리고 수에즈운하, 빠나마

운하 등은 한반도와는 다른 여건에서 다른 목적으로 만든 것이기에 우리와 크게 상관이 없는 예들이다.

남북한 대운하 구상

수도권 과밀화와 외곽도시의 변방화를 해결하는 길이 수도권 도시회랑이라면 동해와 서해를 잇는 남북한 대운하는 수도권을 한반도 전체와 소통케 하는 길이다.

필자가 제안하는 남북한 대운하는 앞의 취푸 신도시계획과 동일한 도시철학을 바탕으로 한 것인데, 동해안의 원산·안변 일대를 임진강과 한강 하구까지 연결하는 사업이다. 즉 북한에서 이미 완성해놓은 금강산댐의 수자원과 인프라를 활용하여 천혜의 조건을 갖춘 추가령구조곡에 에너지와 물과 인간의 흐름을 집합한 운하도시들을 만들고 이를 임진강으로 연결하여 한강에, 그리고 안변을 거쳐 원산에 닿게 함으로써 서해와 동해를 연결하려는 구상인 것이다.

경쟁력 있는 도시의 조건은 에너지와 좋은 물과 창조적 인구에 있다. 수도권 에너지의 대부분이 머나먼 중동에서 오고, 물은 식수로 볼 수 없고 수공간(canal)은 부족하며 창조적 인구는 조직화되지 못하고 있다. 남북한 대운하에 러시아 천연가스를 끌어오면 평양과 개성의 에너지문제를 해결할 수 있고 수도권 일대는 좀더 경쟁력 있는 에너지를 얻을 수 있다.

수도권에 더 값싼 에너지를 끌어오고 백두대간의 맑은 물을 공급하며 창조적 인간이 일할 공간을 마련할 수 있는 방도가 임진강과 추가령구조곡과 원산항을 잇는 남북한 대운하다.

추가령구조곡은 백두대간의 단층화산지대다. 추가령구조곡에 금강산댐으로 마련된 백두대간의 물을 모아 한반도를 동서로 가로지르는 운하를 만들어 원산항과 연결하고 임진강을 지나 한강으로 들어오게 하면 동해와 서해를 수도권 도시회랑에 접속시킬 수 있다. 러시아의 천연가스를 원산까지 LNG선으로 운송하여 추가령구조곡 운하가스관을 통해 수도권으로 들여오고, 백두대간의 물을 임진강과 한탄강, 추가령구조곡이 만나는 지점에서 취수하여 도수관(道水管)으로 수도권 도시회랑으로 끌어오면, 추가령구조곡 운하 주변에 북한과 남한의 창조적 인구가 모이는 산상의 수상도시를 만들 수 있다. 북한 인구를 지식산업사회에 맞는 높은 지능과 창조적 문화유전자를 가진 인적 자산으로 생각해야 남과 북이 진정으로 함께 잘살 수 있다. 백두대간과 추가령구조곡은 한반도의 청정지역이다. 남북한 대운하는 남한의 도시화가 걸어온 자연훼손의 전철을 밟지 않는 21세기 도시의 모델이 되도록 자연은 최대한 보존하고 최소의 에너지로 최고의 경쟁력을 갖는 도시가 되게 하는 것을 대전제로 삼아야 한다. 다행히 추가령구조곡의 존재라는 천혜의 자연조건으로 수로와 운하 건설에 따른 자연파괴를 최소화할 수 있다. 상당한 생태질서 교

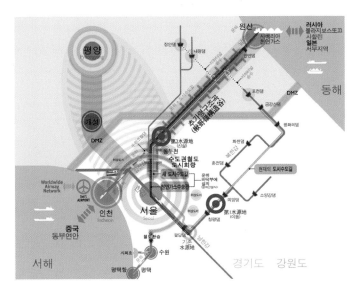

동해–서해 관통 남북한 대
운하 개념도

란을 가져왔으리라 짐작되는 금강산댐 및 터널수로 건설작업
은 이미 기정사실화된 상태다.

　20세기가 무기와 석유를 둘러싼 전쟁의 시대라면 21세기는
인간과 물을 둘러싼 전쟁의 시대가 될 것이다. 한반도는 강수
량의 부족이 아니라 하천인프라 미비로 이미 10년 전 물부족
국가로 지목되었고 이대로 가면 물기근 국가가 될 수밖에 없
다. 서울은 1년에 130억톤의 물을 쓰고 있다. 북한이 높이 120
미터의 금강산댐을 완공하자 남측이 유사시에 대응하겠다고
평화의 댐을 건설한 후 10억톤 정도의 물이 내려오지 않고 있
으며, 북한에 안변청년발전소가 준공되면 물부족량은 20억톤
으로 증가한다. 있지도 않은 금강산댐의 수공(水攻)이 아니라
수도권 물기근 대책이 더 시급한 일이다. 남북한 대운하는 서

해와 동해를 잇는 에너지와 물류의 길이며 수도권 물문제를 해결하는 물길이다. 팔당댐의 물은 마시기 힘든 상태지만 백두대간의 물은 무공해 청정지역의 것이어서 생수 못지않다. 이 물을 적당한 가격으로 받아올 경우 북한에는 엄청난 수입원이 생기면서 남한의 물값 절약에 기여할 것이다.

임진강은 60년 동안 준설하지 못해 상류인 한탄강 유역이 홍수만 나면 범람한다. 1999년에는 하루 200밀리미터 비로 4000억원 정도의 피해가 발생했다. 정부에서 1조 6000억원을 들여 홍수대책을 세우고 있으나 이 지역은 남측 유역면적이 16퍼센트밖에 안 되므로 남쪽에서 아무리 돈을 들여봐야 의미가 없다. 임진강과 한강이 만나는 하구구역에 60년 동안 쌓인 30억톤 정도의 모래로 연간 1억톤에 달하는 수도권 골재수요를 30년간 충당할 수 있고 금강산댐에는 26억톤의 거대한 수자원이 있다. 남북한 대운하는 수도권 물문제와 홍수와 골재파동을 동시에 해결할 수 있는 방안이기도 하다.

맺는 말

행정수도, 혁신도시, 경부대운하는 지방 유권자를 현혹시킬 수는 있으나 그들을 잘살게 하는 길이 아니다. 한반도가 다 잘살려면 서울 중심부와 경기도의 신도시군을 수도권 도시회랑으로 직통케 하고, 수도권 바깥에 창조적 인간과 정보와 자본이 모이는 제3공간도시를 만들며, 수도권의 영향권 밖인 부산은 큐우슈우와, 목포는 렌윈강과, 제주는 싱가포르와 연계한 다국적 도시를 만들어야 한다.

남북한이 함께할 수 있는 프로젝트가 많겠지만 수도권 신도시들이 제1도시공간과 제2도시공간의 도시연합을 이루게 하는 수도권 도시회랑과, 추가령구조곡에 백두대간의 물을 끌어오고 서해와 동해를 큰 물길로 이어 러시아와 일본의 에너지와 물류, 백두대간의 물과 남북한의 창조적 인구를 모이게 하는 남북한 대운하야말로 매우 중요한 사업이다.

인천항과 서울, 부산항과 대구도 연결하지 못하고 있는 상황에서 경부대운하를 말하는 것은 다른 문제점을 제쳐두고도 앞뒤가 바뀌었다고 말할 수밖에 없으며, 남북한의 창조적 인구를 모이게 할 획기적 발상이 결여된 개성공단, 해주공단 등은 장기적으로 남과 북의 진정한 이익에도 배치될 것이다. 수도권 도시회랑과 한반도의 동서회랑인 남북한 대운하는 21세기 한반도의 남북도시 축에 서해와 동해를 잇는 동서축을 이룸으로써, 서울·평양 통일수도권을 21세기 메트로폴리스로 만드는 동시에 경부·경의선 축에 편중된 불균형을 시정하는 한반도 지속가능발전의 초석이 될 수 있다.

남북공동사업의 요체는 가능성과 현실성의 문제다. 쌍방의 합의가 이루어지기 위해서는 남북한의 많은 사람들이 수도권 도시회랑과 남북한 대운하 구상을 이해하고 공감하게 만드는 작업이 선행되어야 하고 양측의 공동연구가 필수적이다.

한반도식 통일이 현재진행형인 상황에서 흔들리는 분단체제를 넘어 희망의 한반도를 이루려면 천년 넘게 한반도의 중심이던 한반도 수도권을 재조직하여, 어느날 문득 찾아올 통일의 장이 되게 하는 수도권 도시회랑과, 수도권 도시회랑에 에너지와 물과 인구를 공급하는 남북한 대운하를 세계가 알게 하여 세계의 지식인과 자본이 참여하도록 남북한이 함께 나서야 한다. 수도권 도시회랑과 남북한 대운하는 바로 그 염원을 담은 희망의 한반도 프로젝트인데, 욕심은 크나 연구는 그만하지 못하여 부끄럽다.

06. 도시, 새로운 미래를 설계한다

[KBS TV 〈대한민국, 길을 묻다〉 강연문, 2009년 2월 15일]

대한민국의 현재와 나아가야 할 길에 대해 각 분야의 석학들에게 방안을 듣는 KBS TV 강연이었다. 우리가 가진 도시건설과 경영의 우월적 가능성과 잠재력을 말했다.

18 09년 나뽈레옹이 독일을 침공했을 때, 프랑스 점령 군들에게 둘러싸인 가운데 독일 철학자 피히테(J. Fichte)가 베를린 학사원에서 연설을 했습니다. 그 유명한 '독일 국민에게 고함'입니다. 5년 뒤 독일은 베르사유궁에서 거꾸로 프랑스의 항복을 받아냈습니다. 그후에도 독일이 어려운 환경에 처했을 때 국민들은 피히테의 글을 읽고 다시 용기를 찾았습니다.

지금 우리에게 필요한 것도 이러한 용기와 위로가 아닐까 생각합니다. 국민이 생각하는 것보다 또는 언론의 보도보다 앞으로 경제가 더 어려울지도 모릅니다. 경제위기를 어떻게 뚫고 나가야 할까요? 분명히 길은 있습니다.

저는 지난 40년 동안 건축과 도시 일을 해왔습니다. 20년 동안은 주로 해외에서 일했습니다. 2년 전에는 예술의전당에서 '건축 40년·도시 40년' 전시회를 열었습니다. 그때 사람들에게 말하고 싶었던 건 우리가 도시건설과 도시경영에서 세계 최강이라는 점입니다.

15년 전에 이건희 회장이 쓴 자서전에 이런 내용이 나옵니다. "국가 전체적으로 21세기를 향한 변화에 주목하지 않으면, 21세기에 가서 우리는 선진국 진입은커녕 현재의 위치를 지키기도 어려울 것이다."

길은 있습니다. 바로 도시건설과 도시경영입니다. 지금이야말로 세계적인 도시건설산업을 일으켜야 합니다. 우리나라가 세상에서 제일 잘할 수 있는 산업입니다. 그 증거가 있습니다. 20년 안에 황무지에서 도시를 만들어 세계 최강의 조선소와 자동차공장, 그리고 100만 인구의 도시로 성장시킨 나라가 우리 말고 어디 있습니까? 5년 안에 40만 인구의 도시를 만들고 굴러가게 한 예가 대한민국 말고 또 어디 있습니까? 분당 도시를 보고 세계적인 건축가들이 '20세기의 기적'이라고 합니다. 이러한 일을 우리나라가 짧은 기간에 이룬 겁니다.

일본은 20년 정도 걸립니다. 1970년 『현대건축』이란 잡지를 낼 때 특집으로 다뤘던 영국의 신도시는 지금도 건설 중입니다. 빠리 근교에 세운 마른 라발레(Marne-La-Vallée) 같은 도시들은 슬럼화됐습니다.

유럽과 미국에서는 도시건설을 끝낸 지 오래됐습니다. 영국 카디프의 오페라하우스 국제현상의 심사위원으로 초대받았을 때, 미국 애틀랜타의 오페라하우스 설립 논의가 거의 막바지에 이르러 그곳에 가서 도면과 모형을 본 적이 있습니다. 오페라하우스는 이미 오래전에 지은 건축물이라 지금 유럽과 미국에서 오페라하우스를 설계해본 사람이 없습니다. 오페라하우스를 설계하는 건축가나 설계를 심의하는 심사위원이나 그런 건물을 잘 모르는 사람들입니다. 그저 로비를 멋스럽게만 만든 거죠. 저에게 애틀랜타 모형을 보여준 분이 당대 세계 최고의 건축가였는데, 그분에게 "이거 못 쓴다"고 말했습니다. 도면과 모형은 완성했지만, 결국 애틀랜타 오페라하우스는 무산됐습니다.

우리는 스스로가 얼마나 뛰어난지 모르고 있습니다. 조선업과 전자, 철강 분야만 세계 최고라고 알고 있지, 정작 우리 민족이 우수한 DNA를 갖고 있고, 21세기 산업의 총화가 될 수 있는 도시산업의 최강자라는 것을 모릅니다.

저는 건축과를 나와서 얼떨결에 도시설계의 길로 들어섰습니다. 건축설계는 그저 그리기만 하면 되는데 도시설계는 리포트를 써야 합니다. 계수를 만들고 도시경영도 생각해야 합니다. 저는 1960년대 말 우리나라의 재개발계획에 뛰어든 것을 계기로 지금까지 도시설계를 해오고 있습니다.

500년 동안을 유지했던 도시 서울이 8·15광복과 6·25전쟁을 거치며 폐허가 되고 완전히 슬럼화됐습니다. 제가 서울을 재건하기 위한 계획을 처음 세워서 설계한 프로젝트가 여의도와 한강 마스터플랜입니다.

당시 박정희 대통령은 사대문안 도심으로는 서울의 도시 수요를 감당할 수 없으니 주변에 새로운 도시를 건설하는 일이 필요하다고 생각했습니다. 주변에 새로운 도시를 계속 건설하기 시작하면 도시가 불량지구가 되기 마련입니다. 그래서 한강변을 개발하기로 했지요. 한강이 수시로 범람할 때입니다. 한강의 범람을 막고 한강변의 새로운 토지를 창출하는 계획을 세워 만든 것이 압구정동과 이촌동, 반포동, 송파구 일대입니다. 그러면서 1969년에 여의도를 만들었습니다.

이 여의도 계획을 위해 영문 보고서를 300페이지 넘게 써야 했습니다. 하겠다고 나서는 사람도 없었고, 할 수 있다는 사람도 없었습니다. 하는 수 없이 2년 반 가까이 여의도 계획에만 몰두했습니다.

그후 여러가지 일을 맡았고, 밖으로 나가서 일하고 싶은 생각이 들어서 국제현상에 도전했습니다. 지금처럼 어려울 때입니다. 누군가 나서서 돌파구를 찾아야 했지요.

1976년 사우디아라비아의 주베일 항만공사를 현대건설이 수주함으로써 해외에서 크게 위상을 올렸을 때입니다. 주베일 항만공사는 남이 설계한 것에 우리 기업이 가서 공사만 진행한 거니까 다음번에는 설계까지 해보자고 결심했습니다.

마침 쿠웨이트 신도시 현상이 있을 때였고, 결국 쿠웨이트 자라 도시계획을 맡았습니다. 그러다 보니 대학을 졸업하고 거의 대부분의 시간을 도시설계만 한 꼴이 되었습니다.

김석철의 미래도시 구상 1

기존 도시가 계속 커가기는 굉장히 어렵습니다. 유럽과 미국의 경우 이미 3~4년 전에 도시화가 끝났습니다. 이제 새로 집을 짓는 일만 남았지, 도시를 건설할 일은 없습니다. 한강 마스터플랜을 작업할 때 서울의 목표인구가 400만명이었습니다. 지금은 1000만명 아닙니까. 이제 우리나라도 기존 도시에 집을 덧짓는 것이 아니라 새로운 도시를 건설해야 합니다.

앞으로 중국은 4~5억 인구가 '도시인구'로 바뀝니다. 베네찌아만한 도시를 20년 안에 3000개 만들어야 한다는 뜻입니다. 미래경제의 가장 큰 흐름은 신형도시 건설에 있습니다.

이슬람권 국가는 모두 한 공동체입니다. 부자 나라도 있고 가난한 나라도 있지만, 석유를 판 돈은 모두 국부펀드로 적립합니다. 중동에 우리가 도시를 건설한다면 세계 에너지의 중심에 진출하는 것 아닙니까? 중동은 이제서야 신도시를 건설하기 시작했습니다. 사우디아라비아 여섯군데, 쿠웨이트 두군데, 예멘 한군데 등에서 진행 중입니다.

중동의 요충지가 어느 곳일지를 생각했습니다. 중동 혹은

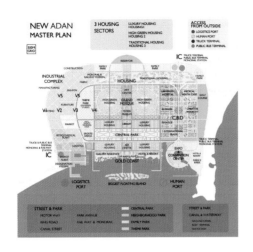

예멘 아덴 신도시 마스터
플랜

이슬람 국가들은 대개 지중해와 홍해와 아라비아해 사이에 위치해 있습니다. 그 중 제일 좋은 곳에 위치한 도시가 아단입니다. 예멘의 아단은 아덴이라고도 불리는데, 아라비아 반도 모퉁이에 있으면서도 중심지 역할을 해왔습니다. 북예멘의 과거 수도인 싸나(Sanaa) 근처에는 시바여왕(Queen of Sheba), 구약시대의 자료들이 있습니다.

아단(아덴)은 한때 리버풀과 뉴욕 다음가는 세계항이었습니다. 그런데 수에즈운하가 봉쇄되고, 예멘이 공산화됨으로써 평양같이 되어버렸습니다. 싸나 정부, 즉 구 북예멘 정부가 남예멘 지방에 옛날의 영화를 잇고자 아단의 신도시를 건설하겠다는 소식을 듣고 한번 해보자고 생각했습니다. 우선 예멘 관계자와 투자청 총재에게 왜 아단에서 도시설계를 하려는지 설명했습니다.

첫째는 세계 3위의 석유 수입국 한국이 10~20년 안에 서울-평양 도시회랑을 건설하는 것이 한반도의 가장 큰 과제가 될 텐데, 이와 비슷한 일을 예멘과 할 수 있다면 얼마나 좋겠느냐고 말했습니다. 둘째는 세계 최대의 유전인 사우디아라비아의 가와르 유전 때문입니다. 가와르 유전에서부터 800킬로미터 길이의 송유관을 아라비아해로 끌고 나오면 현재 세

계 최고의 분쟁지역인 페르시아만을 통하지 않고도 세계 최
대 유전을 세계에 공급할 수 있다는 내용이었습니다.

예전에 석유위기 때 주베일 항을 건설함으로써 한국경제를
회생시켰듯이 아단 신도시가 그러한 역할을 할 수 있지 않을
까 생각했습니다. 현재(2009)는 기본구상을 확정하고 구체적
인 도시설계 단계로 들어가는 협의를 진행 중입니다.

김석철의 미래도시 구상 2

정부에서 녹색성장을 새로운 성장동력으로 집중 투자하겠
다고 했는데, 가능한 일일까요? 이 문제에 대해 살펴보려면
'세계의 에너지는 어디에 쓰이느냐?'의 문제를 우선 살펴보아
야 합니다. 막연하게 '에너지가 어딘가에 쓰이겠지'라고 생각
하는 분에게는 상당히 흥미로운 얘깃거리가 될 것입니다.

세계 에너지의 반은 건축에 씁니다. 냉난방을 하거나 온수
를 쓰거나 불을 밝히는 데 씁니다. 전체 에너지의 25퍼센트는
비행기와 항공기, 자동차, 배 등의 수송기관에 씁니다. 나머지
25퍼센트는 석유화학산업에 씁니다. 결국 세계 에너지의 대
부분을 도시가 사용하는 셈입니다.

최소 에너지 소비 도시를 만들어야 합니다. 최근에 각광받
는 주상복합건물은 세계에서 에너지를 가장 많이 소비하는
건물입니다. 에너지를 가장 많이 소비하는 도시를 지으면서

녹색성장을 하고 생태산업을 미래의 성장동력으로 삼겠다는 것은 앞뒤가 맞지 않습니다.

우리가 소비하는 에너지의 대부분은 석유와 석탄, 천연가스 등 재생이 불가능한 에너지입니다. 재생불가능 에너지는 2050년이 되어도 전체 에너지 소비의 3분의 2를 차지할 것이라고 합니다. 광발전과 지열, 태양열, 바이오매스, 풍력, 조력 발전, 수력, 원자력 에너지를 개발한다고 해도 전체 에너지 소비의 3분의 1도 되지 않는 것입니다. 한마디로 대체에너지 개발보다 에너지 소비 자체를 줄이는 것이 더 효과적입니다.

최소 에너지를 사용하는 신도시 모델을 보여주고자 시도한 것이 중국의 취푸 신도시 설계입니다. 세계가 나서서 신생 에너지를 만들기보다 에너지를 반만 쓰는 도시를 만들면 되지 않겠습니까?

19세기에는 에너지 사용량이 적었습니다. 에너지를 적게 쓰는 게 가장 중요한 문제라면, 대부분의 에너지를 사용하는 기존 도시로는 문제를 해결할 수 없습니다. 신도시에서 에너지를 적게 쓰도록 만들면 됩니다.

앞서 말씀드린 대로 중국은 앞으로 20년 내에 3000개의 베네찌아만한 도시를 짓게 됩니다. 3000개의 신도시 중 우리가 10퍼센트만 수주하면 G20이 아니라 G7도 될 수 있습니다. 이는 우리의 미래가 중국과 밀접하게 연관될 수밖에 없다는 것을 보여줍니다. 중국이 가장 큰 변화를 맞이하는 시기에 우리가 적극적으로 참여해서 중대한 역할을 해낼 수 있다면 거기에 우리 미래의 길이 있는 것입니다.

중국 최고의 건축과가 있는 칭화대에서 2~3년 동안 중국 관계자와 같이 있으면서 취푸 신도시를 설계했습니다. 취푸는 한자로 곡부(曲阜)입니다. 공자가 태어난 곳이며 삼황오제의 무덤이 있습니다. 진시황의 분서갱유 때 사서삼경을 마지막까지 보호해서 이 세상에 남게 한 담장(루삐魯壁)도 있습니다. 중국 황제들은 전부 취푸를 찾았습니다. 황제의 이동행렬의 규모는 전쟁과 다름없습니다. 중국 역사상 최고의 황제로 꼽히는 건륭제는 여덟번이나 찾아갔다고 하고 한무제도 이곳을 찾았다고 합니다.

중국의 성지인 옛 도시 자체를 옮길 수는 없습니다. 더군다나 공자가 태어나기 전인 3000년 전 유적도 있습니다. 또한 공자의 무덤부터 그의 일가족 무덤까지 하나의 거대한 문화유적을 형성하고 있습니다.

이런 연유로 취푸 외곽에 21세기 신도시의 모델을 만들어 기존의 도시 에너지의 반만 쓰면서 삶의 질은 최고인 경쟁력 있는 도시를 세우자는 것이 바로 취푸 신도시 계획입니다.

취푸 일대를 흐르는 두 강이 있습니다. 시우이 강과 이허 강인데, 그중 시우이 강의 물을 끌어들여 취푸 신도시를 수상도시로 만들었습니다. 마침 중국정부에서 수 양제 때 만든, 베이징에서 항저우까지 가는 경항대운하를 대대적으로 복원하고

취푸 신도시 3D 마스터플랜

있었습니다. 경항대운하의 복원작업은 수로를 만들기보다는 물의 양을 조절하기 위한 겁니다. 북쪽은 물이 없고 남쪽은 물이 많은 조건을 활용해 북으로 물길을 내고, 서로 떨어져 있는 강과 강들을 연결하는 사업입니다.

중국 전체가 현재 고속철도망으로 연결되고 있습니다. 고속철도나 고속도로는 도시와 농촌을 분리합니다. 고속도로를 만들면 인터체인지가 인접한 큰 도시끼리만 연결되고, 농촌과 소도시는 그냥 지나치게 됩니다. 이 점을 감안해 중국에서는 고속도로를 만들면서 운하와 소로들을 개발했습니다. 대운하를 잇는 라인이 시우이 강을 거쳐 취푸로 흐르게 해서 수상도시가 완성되는 것입니다.

2006년 3월 베이징 조어대에서 중국의 고위지도자들에게 이 계획을 설명하고, 인민일보 등 여러 언론사와 인터뷰하면서 논의가 급진전될 것으로 기대했습니다. 당시 저는 2008년 베이징올림픽 때 취푸 신도시 건설을 세계에 선언하라고 제안했습니다. 그러고 나서 2012년 상하이엑스포 때 취푸 신도시를 세상에 드러내면 '중국이 앞으로 인류를 이끌 만한 국가다'라고 사람들이 믿지 않겠습니까?

오늘날 세계 5퍼센트의 인구를 차지하는 미국과 유럽이 전체 에너지의 25퍼센트를 쓰고 있습니다. 이른바 개발형 모델입니다. 앞으로 중국이 개발형 모델을 추구한다면 인류 공멸의 길로 가는 것 아닙니까. 현재 중국이 개발하고 있는 도시의 대부분이 개발형 모델입니다.

최소 에너지 소비 도시를 만드는 일도 중요하지만, 도시와 농촌을 하나의 삶의 공간으로 만드는 일 또한 중요합니다. 저는 지금도 어린 시절을 보낸 밀양에 가면 거리 구석구석을 기억해냅니다. 그게 사람이 사는 방식이고, 기억장치가 하는 역할입니다. 도시와 농촌이 하나가 된 도농복합체야말로 인류의 과거·현재·미래가 공존하는 삶의 공간입니다. 중국의 4억 인구가 새롭게 도시화하면서 그 도시들이 농촌과 함께 어울리는 곳이 되어야 한다는 것을 취푸 신도시에서 보여주고자 했습니다.

앞에서도 말했듯이 에너지의 50퍼센트를 건축이 쓰고, 25퍼센트를 교통이 씁니다. 철저하게 단열하면 열손실을 줄일 수 있습니다. 대중교통이 쓰는 에너지도 줄일 수 있습니다. 걸어다니면 됩니다. 걸어다니는 게 가능하겠냐고요? 베네찌아의 인구가 한때 30만명이었습니다. 시민들 모두 걸어다닙니다. 중세도시는 모두 걸어다니는 도시입니다. 그런 점에서 보면 5~13세기에 만든 도시들은 지금까지 인간이 만든 도시 중 가장 위대한 도시입니다. 중세도시에서는 거의 에너지를 쓰지 않았습니다.

에너지를 과다하게 소비하는 도시를 만들게 되면 제아무리 녹색성장을 한들 밑 빠진 독에 물 붓는 격입니다. 취푸가 모델이 되어 이후 예루살렘 신도시와 메카 신도시를 그렇게 만들면 세계인들이 주목할 거 아닙니까?

칭화대 교수들은 "한국사람이 어떻게 중국 최고의 도시를 만들어낼 수 있느냐?"고 의문을 표합니다. 우리가 그럴 자격이 있다는 증거로 팔만대장경을 보여줬습니다.

도시경영이라는 것은 거대한 정보체계의 운영입니다. 팔만대장경은 그 시기에 동양세계를 지배했던 불교의 모든 정보를 집합한 것입니다. 목판활자를 처음 만든 건 중국이지만, 최고의 완성도를 보여준 건 우리나라입니다.

당시 원나라가 세계를 지배할 때입니다. 원나라(몽골)는 세계 최고 제국이었습니다. 몽골과 전쟁을 벌여 1년 이상 버틴 나라가 없습니다. 기껏해야 두세달 버팁니다. 우리나라는 39년을 버텼습니다. 정식으로 항복한 뒤에도 잔류부대는 계속 진도로, 제주도로 갑니다. 그러면서 팔만대장경을 만들었습니다.

그 거대한 양의 목조본을 지금까지 원상태 그대로 보존하기는 정말 쉽지 않은 일이었을 것입니다. 해인사 일대의 신불교단지를 설계하면서 팔만대장경 경판본을 보관해온 해인사를 자주 들렀는데, 그만한 최소 에너지 건축물은 어디에도 없습니다. 에너지를 쓰지 않고 세계문화유산을 보존하는 건축입니다. 박정희 대통령이 팔만대장경을 완벽하게 보존하기 위해 에어컨이 설비된 건물을 지어서 옮겼지만, 1년 후에 제자리로 되돌아갔습니다. 그만한 것을 1000년 전 우리가 만들었습니다.

유학은 거의 중국의 국교나 마찬가지입니다. 당나라 때 불교가 들어오면서 유학이 조금씩 쇠퇴했지요. 송나라 때에 이르러서야 주자가 불교의 형이상학적 요소를 유교에 받아들입니다. 그 신유학이 현대 유학의 본류가 됐습니다. 신유학을 세계 최고 수준으로 끌어올린 사람이 조선의 퇴계 이황입니다. 더군다나 신유학을 원리로 세워진 도시가 한양입니다.

한번 생각해보세요. 한 국가가 불교국가였다가 어느날 갑자기 유교국가가 됩니다. 그리고 유학 원리를 적용한 새로운 도시를 만듭니다. 칭화대 교수들에게 한양 도면을 보여주면서 유학의 근본원리인 주역의 논리로 만든 도시라고 설명했습니다. 거의 비슷한 시기에 지은 중국의 도시들과는 격이 다릅니다. 21세기 도시의 모델, 바로 한양입니다.

사람들이 자연에서 받는 영향 중 가장 중요한 요소가 바람과 물입니다. 온도를 제외하고 말이지요. 바람은 지구가 움직이기 때문에 생깁니다. 바람은 곧 자연의 살아 있는 숨결입니다. 물은 태양과 지하 사이를 지나는 자연의 흐름입니다. 이러한 바람과 물을 최초로 도시 자체 안의 질서로 만든 예가 한양입니다. 20세기 전까지 20만명이 살던 도시입니다. 한양은 네 차례의 전쟁 끝에 반 이상이 무너졌습니다. 전쟁 때마다 4대궁이 차례로 불타고 없어졌는데, 우리는 이를 다시 복원해냈습니다.

한양은 자연에서 최대의 것을 얻고 자연에 최소의 것을 버리는 도시였습니다. 물의 흐름에 상응해서 집집마다 우물이 있고, 작은 개천들은 전부 하수도였습니다. 바람도 마찬가지입니다. 지금의 가회동과 삼청동의 바람은 다릅니다. 여름에 시원한 계곡을 찾고 겨울에 따뜻한 양지를 찾듯이, 자연에서 최대의 것을 얻는 일이 중요합니다.

에너지의 핵심 요체는 에너지를 가져오는 일입니다. 대체 에너지를 만들거나 원유를 수입해야 합니다. 둘째, 에너지를 적게 쓰는 일입니다. 에너지를 절약하는 도시를 만드는 것이 중요합니다. 마지막으로, 태양과 바람, 물, 우주에서 최대의 에너지를 얻어야 합니다. 이 세가지 조건에 부합되는 도시가 한양이며, 우리는 그 도시를 만든 민족입니다.

김석철의 미래도시 구상 3

우리나라 정치 쟁점 중 하나가 수도권과 지방권의 갈등입니다. 수도권 중심이냐, 지방권을 살리느냐의 시각은 여야 정쟁과 다를 바 없습니다. 수도권은 지방과의 대립구도에 서기보다 동북아 중심도시로의 도약을 목표로 삼아야 합니다. 수도권을 동북아의 쿄오또, 오오사까, 토오꾜오 그리고 베이징,

텐진, 난징, 상하이 전부를 아우르는 동북아 중심도시로 키워야 합니다. 앞으로 제일 가능성이 큰 지역이 인천공항입니다.

21세기 동북아는 대도시 중심으로 움직일 수밖에 없습니다. 메트로폴리스라고 불리는 1000만~3000만명 인구의 대도시 중심으로 움직이게 됩니다. 세계에서 대도시가 집중적으로 모인 지역이 동북아시아입니다. 일본 오오사까, 토오꾜오, 중국 상하이, 베이징, 그 한복판에 우리나라 서울, 인천이 있습니다.

인천에 동북아의 중심도시이자 중국의 모델도시를 만들자고 생각했습니다. 1999년 베네찌아대학에서 발표도 하고 책도 만들었습니다. 인천공항 활주로를 닦기 이전의 일입니다. 지금은 인천공항에 세번째 활주로가 완성됐고, 인천대교가 곧 개통됩니다. 공항철도도 건설 중입니다.

베이징, 상하이, 토오꾜오, 오오사까에서 사람들이 올 수 있는 세계 최고의 도시를 이곳에 만든다면, 어떤 도시가 들어서야겠습니까?

수도권은 일종의 메트로폴리스 전략으로, 지방은 어반클러스터로 접근해야 합니다. 어반클러스터는 중소도시·농촌·대도시가 어우러져 메트로폴리스와 경쟁할 만한 능력을 갖게 하는 전략입니다. 대구와 구미, 부산, 포항, 울산 등 도시를 연결해 낙동강 도시연합식의 도시연합체제로 가야 됩니다. 그 사이에 위치한 농촌들이 어울려 하나의 경제권역이 되고, 문화권역이 되게 해야 합니다.

한동안 21세기를 지배했던 도시 유형은 공장도시입니다. 제조업 공장이 세계경제와 대도시 써비스산업을 이끌었습니다. 온라인 지식정보화 시대에는 공장보다 오히려 시장이 더 큰 힘을 가집니다. 이마트나 신세계, 롯데 같은 시장을 말하는 게 아닙니다. 물물이 대규모로 유통되고 1년 비즈니스가 한번에 이뤄지는 견본시장입니다. 1년치 물건을 한번에 사고 팝니다. 이제는 소매상이 아니라 세계산업을 이끌어가는 견본시장이 세계를 지배할 것입니다.

세계에서 가장 역사가 오래된 견본시장이 이딸리아의 피에라 밀라노와 독일의 하노버 메쎄입니다. 현재 두 견본시장은 인도와 중국, 러시아, 브라질에 진출하기 위해 견본회사를 차렸습니다. 인도를 포함한 네 나라는 아직 시장이 형성되지 않아 공장에서 물건이 나오면 도매상을 통해 소매상으로 갑니다. 1년 단위로 매매가 이뤄지지 않습니다.

중국 상하이에서도 견본시장 진출이 진행 중입니다. 제가 피에라 밀라노의 회장을 찾아가 설득했습니다. "상하이로 하면, 토오꾜오 사람은 갈 일도 없고 오오사까 사람도 안 갑니다. 베이징 사람은 더군다나 안 갑니다. 여러분이 인천공항에 피에라를 만들면, 토오꾜오에서나 오오사까에서 바로 올 수 있습니다. 인천을 한번 방문해주십시오." 그리하여 피에라 밀라노 회장이 인천에 다녀갔고, 지난해 11월 13일에 인천시장과 밀라노의 모라띠 시장이 협약을 맺었습니다.

세계도시인 로마도 견본시장이 안 됩니다. 밀라노만 할 수 있었습니다. 한때 빠리의 하청기지였던 밀라노 사람들이 디자인으로 세계를 제패했기 때문입니다. 명품 하면 대부분이 밀라노 제품입니다. 명품은 단기간에 만들어지지 않습니다. 명품들이 나온 원동력을 물으니, 밀라노 관계자가 라스깔라(La Scala) 아카데미, 에우로뻬오 디자인스쿨(IED), 삐꼴로(Piccolo) 극장학교 등 8개의 교육기관을 얘기했습니다. 앞으로 8개의 기관이 밀라노디자인씨티라는 이름으로 인천공항에 올 예정입니다. 모든 인프라가 갖춰졌습니다.

아단(아덴) 신도시나 춰푸 신도시는 10~20년이 걸리는 일입니다. 우리는 3~4년 안에 밀라노디자인씨티를 성공시켜야 합니다. 그러면 우리나라 제조업에서 고부가가치를 창출할 수 있습니다. 구로디지털단지, 남동공단, 부평공단, 개성 공단 라인이 점점 죽어가고 있습니다. 제품의 경쟁력은 디자인에 있습니다. 세계 최강의 디자인씨티를 만든다면 세계적인 제품을 만들 수 있습니다.

디자인은 오랜 기간 공부만 할 필요는 없습니다. 핵물리학자나 전자기술자가 되려면 상당기간 공부해야 하지만, 디자인은 사람의 혼을 흔들어놓고 자신의 숨겨진 재능을 끄집어내면 됩니다. 밀라노의 디자인스쿨들이 이러한 재능을 발굴해내는 학교들입니다. 우리나라 젊은이들이 밀라노에 수없이

가 있습니다. 이제 밀라노에 있는 학교들이 모두 우리나라로 옵니다. 베르디 음악원도 들어옵니다. 교육기관들이 어우러져서 예술이 탄생하고, 새로운 신성장동력이 만들어지고, 창조적인 신산업이 일어납니다. 세계 최고의 견본시장과 디자인 씨티를 만드는 데서 나아가 견본도시 인천공항도시를 보여야 합니다.

올해(2009) 하반기에 밀라노 트리엔날레가 열립니다. 베네찌아비엔날레와 쌍벽을 이루는 국제적인 미술전입니다. 이번 트리엔날레 인천전시관에는 트리엔날레의 주요 작품뿐 아니라 국립 레오나르도 다빈치 뮤지엄의 주요 작품들이 올 예정입니다. 기계 중심입니다만, 국립 레오나르도 다빈치 뮤지엄 아시아 분관이 인천공항도시에 서게 됩니다. 구체적으로 무언가를 보여줄 무대입니다.

위기일 때 더 강해지는 DNA

한민족에겐 위기가 올 때 더 강해지는 DNA가 있습니다. 역사적으로 보면 한국인에게는 위기가 기회인 경우가 많았습니다. 위기가 올 때마다 우리나라는 도약했습니다.

저는 외국에서 배우지 않고 외국에서 가르친 사람입니다. 외국대학에서 가르치면서 만난 우리나라 학생들에게서 한국에서 있을 때와는 다른 에너지를 느꼈습니다. 한국인은 상황

적응력이 뛰어난 것 같습니다. 최소 에너지로 최고 효율을 이루는, 높은 삶의 질을 갖춘 21세기형 신도시를 우리가 만들어야 합니다. 21세기형 신도시를 통해 앞으로 크게 변화할 중국과 인도의 도시건설을 우리나라가 이끌어간다면, 중세에 세계 최고 도시 한양을 만들어낸 창조적 에너지가 다시 발현될 수 있습니다.

07. 4대강과 농촌도시회랑

[총리실 강연, 2009년 4월]

이 강연은 세종시, 새만금, 4대강에 대한 글을 읽고 연락을 해온 한승수(韓昇洙) 총리와 이야기를 나누던 중 혼자 듣기 아깝다 하여 총리실에서 한 첫번째 강연이다. '4대강과 농촌도시회랑'에 대한 첫 강연 이후 "청와대 관계자들과 장차관들도 들으면 좋겠다"는 한승수 총리의 부탁으로 같은 달 두번째 강연이 이루어졌다.

두 강연 때 다들 감동했다고 하나 강연 한번으로 무엇을 얼마나 알게 될까라는 생각이 들었다. 책을 읽고 남의 말을 들으면 다 알 듯하지만 그때뿐이다. 오랜 공부와 절차탁마가 이어지지 않는, 좋은 글 읽기와 말 듣기는 상식의 가짓수만을 더하게 되는 것 아닌가 하는 것이 강연 이후의 느낌이었다.

대운하 때도 그러했듯이 '4대강 살리기' 때도 4대강을 잘 알고 그에 대해 말할 수 있는 사람들은 나서지 않았고 관변학자들은 방향도 제대로 잡지 못하고 있는 것 같습니다.

정부는 '4대강 살리기'의 목적을 수질개선, 홍수예방, 물부족 보완, 고용확대라고 밝혔습니다. 하지만 하천을 준설하는 것은 중장비의 일이지 많은 인력을 동원하여 고용을 창출하는 일이 아닙니다. 수질개선의 방법이 준설 위주인 것처럼 말하는 것도 잘못된 생각입니다. 4개의 강 각각의 문제점과 개선방안을 따져봐야 합니다. 그리고 '4대강 살리기'가 무엇을 목표로 하는 사업인지를 분명히 해야 합니다.

'4대강 살리기'의 첫째 목표는 수질개선이고 두번째는 수자원 관리와 물 확보입니다. 앞으로 물부족국가가 될 것을 대비해 물문제를 근본적으로 해결해야 합니다. 4대강사업을 통해 식수뿐만 아니라 산업용수, 농업용수, 도시생활용수 등을 적절히 관리하는 일도 중요합니다.

그러나 하구언으로 막혀 호수화되어 오염문제가 발생하고 있는 강을 바다와 연결시켜 바다와 강을 소통케 하는 일은 전혀 거론되지 않고 있습니다. 대운하가 국민들의 거부감을 사게 된 것은 아무런 연관이 없는 한강과 낙동강을 문경새재를 통해 연결한다는 억지에서 비롯된 것입니다. 강은 강이고 운하는 운하입니다. 한반도에서 가능한 조운(漕運)의 길은 바다에서부터 강을 타고 내륙으로 들어오는 것이지 강과 강이 연결되는 조운은 있지도 않았고 뜻도 없는 일입니다. 3면이 바다로 둘러싸인 나라에서 낙동강의 배가 문경새재를 넘어 한강으로 갈 이유가 없습니다. 로테르담과 라인강같이 배가 바다에서 강을 타고 더 큰 강으로 들어오는 일은 있을 수 있지만 템즈강이 산을 넘어 스코틀랜드로 가려는 것은 망상입니다. 금강으로는 배가 들어와 부여까지 왔었습니다. 이미 1000년 전 소정방(蘇定方)의 당나라 대군이 그 길을 따라 부여까지 들어왔습니다.

4대강이 국토인프라가 되게 하는 길은 하구로 배가 들어와서 뉴욕, 런던, 카이로같이 조운이 가능하도록 만드는 것입니다. 강이 바다로 흘러가야 강의 상류·중류가 오염되지 않습니다. 조선조에 한강은 잠실까지, 금강은 부여까지, 영산강은 나주까지 배가 들어왔습니다. 1970년대부터 금강, 영산강, 낙동 강은 하구언으로 막혀 배가 들어올 수 없게 되었습니다. 게다 가 주요 강은 대부분 그 지역의 상수원입니다.

그런데 낙동강의 경우는 엉뚱하게도 상류에 구미공단, 달 성공단이 있습니다. 박정희 대통령에 의한 지속가능하지 않 은 국토개발의 암적 존재가 낙동강 상류의 공단입니다. 낙동 강은 별도의 운하를 만들어 바다에서 공단에 이르는 수로를 개발해야 하는 때입니다.

예로부터 한반도의 주요 도시들은 강변에 있었는데 철도, 고속철도, 고속도로가 놓이면서 강과 차단되었습니다. 농촌의 도시화가 강변에서 자연스럽게 이루어지도록 해야 4대강을 살릴 수 있습니다. 조운이 가능한 중간지대를 만들면 바다와 강 사이에 도시회랑을 만들 수 있습니다.

수질개선, 수자원 관리와 물 확보, 조운, 농촌도시회랑, 이 네가지를 목표로 네 강마다 다른 방안을 내놓아야 합니다. 낙 동강, 영산강, 금강, 한강은 제각기 다른 강입니다.

4대강 복원에 앞서 지난 100여년간 한반도의 인프라가 어 떠했는지를 먼저 말씀드리겠습니다. 근대화를 시작할 때 다 른 나라들은 먼저 강을 정비하고 철도와 국도를 만든 다음 고 속도로를 건설한 뒤 고속철도를 건설했는데 한반도는 외국세 력의 주도로 철도건설이 이루어지다 보니 철도와 고속도로를

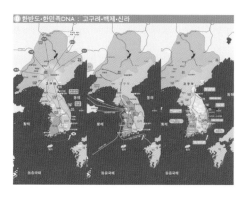

고구려, 백제, 신라의 최전
성기 때의 역사지도

놓고 고속철도를 건설할 때까지 강에 대한 정비를 하지 못했습니다. 지금까지 강에 대한 정비는 바다가 강으로 밀려오는 것을 막기 위해 하구언을 만들고 상류에 댐을 만들어 수자원을 확보한 정도입니다. 강은 이처럼 한반도의 인프라에서 비껴나 있었습니다. 강을 정비하여 한반도의 인프라를 완성해야 합니다.

한민족은 DNA이고 한반도는 인프라입니다. 1000년 동안 한 공간이던 한반도 인프라는 남북으로 분단된 상태입니다. 북은 바닷길이 닫히고 남은 대륙에 닿지 못하는 불완전한 반도가 된 것입니다. 고구려, 백제, 신라가 삼국을 이루고 있을 때 신라가 한강유역을 비롯하여 서해 일부를 차지하면서 결국 한반도를 통일하게 되는 과정을 보면 변방의 신라가 어떻게 삼국을 통일하게 되었는지를 알 수 있습니다. 마찬가지로 휴전선으로 나뉜 한반도를 보면 어떻게 해야 남북한 각각의 국토인프라를 재집합해 한반도가 가진 능력을 극대화할 수 있는지를 알 수 있습니다.

수계(水系)는 자연이 만든 것입니다. 수계가 공항, 항만, 고속철도, 고속도로 등 기본 인프라와 연결되어 있을 때 물을 통한 도시회랑을 만들 수 있습니다. 유럽 수계는 빗물이 대부분 사방의 바다로 흘러나가기 때문에 홍수가 드뭅니다. 한반도는 한강의 경우 물이 빠져나갈 곳이 한강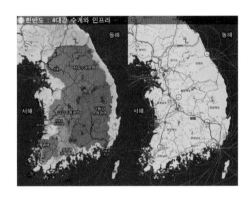
하구밖에 없기 때문에 밀물일 때 하구가
막혀 홍수가 나는 것입니다. 낙동강, 영산
강, 금강 하구도 밀물일 때 비가 쏟아지
면 수량이 부딪혀 홍수가 날 수밖에 없었
으므로 영산강 일대에 먼저 하구언을 쌓
고 다음으로 낙동강 하구를 막고, 마지막
으로 금강 하구를 막았습니다. 하구언으로 바다가 차단된 영

한반도의 수계와 인프라

산강은 강이라기보다 호수에 가깝습니다. 한강의 경우는 하
구가 너무 넓은데다가 휴전선에 걸쳐 있어 하구언을 쌓지 못
했습니다. 강의 물상적인 형태를 제대로 유지하고 있는 곳은
한강 하나입니다.

　한반도 미래의 가장 힘든 문제는 토지 부족입니다. 강남의
땅값과 집값이 비싸다지만 토오꾜오, 뉴욕과 비교했을 때 국
가경제력과 도시화율의 추이를 보면 우리의 경우 수도권 집
중이 가속화되고 있어 지금보다 땅값·집값이 더 오를 것입니
다. 국가경쟁력과 도시화 비례가 도시의 지가를 결정합니다.
더 많은 도시화 토지를 확보할 수 있는 곳은 강입니다. 세계도
시의 도시화 토지는 대부분 강변에 있으며 강변토지들은 가
장 좋은 땅입니다. 하지만 우리는 근대화과정에서 하구언을
쌓아 바다와 차단하고 상류에 댐을 쌓아 수자원만 확보했을

뿐 강변을 개발하지는 못했습니다. 중요한 강변토지가 방치되어 있는 것입니다. 기업들을 지방에 내려가라 하지만 지방도시 중심의 지가는 서울 못지않습니다. 4대강을 복원하면서 강변의 토지를 창출하는 일이 수자원 확보 못지않게 중요한 일입니다.

강변토지 확보의 성공적인 몇가지 사례를 설명하겠습니다. 대서양에서 프랑스 뚤루즈까지 가론강이 흐릅니다. 뚤루즈에서 지중해까지는 강이 없습니다. 루이 14세 때 천재 토목공학자 리께(Pierre-Paul Riquet)가 뚤루즈에서 지중해까지 미디운하를 만들었습니다. 미디운하는 20~30톤짜리 작은 배가 다니는 운하입니다. 가론강이 250개 갑문과 계곡을 거쳐 미디운하를 통해 지중해에 닿게끔 했고 미디운하 주변은 도농복합체로 만들어졌습니다. 미디운하는 물류이동 기능만 한 것이 아니라 운하 주변을 따라 선형도시군(線形都市群)을 만들어냈습니다. 인구 50만의 뚤루즈가 세계 최대의 항공기 산업기지가 된 것은 미디운하를 통해 풍부한 인구가 유입되었기 때문입니다.

국토를 그대로 보존하면서 21세기에 필요한 토지를 만들어내려면 분배가 아닌 성장의 토지개혁을 시작해야 합니다. 운하는 단순히 물류유통 기능만 하는 것이 아니라 운하 주변을 도시화하는 역할을 합니다. 운하의 도시화는 운하기능 중 산출가치가 가장 큽니다. 강을 살리면 토지창출과 운하도시 개발이 가능해집니다.

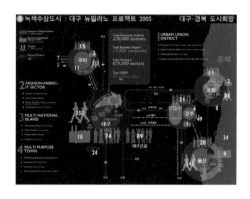

대구·구미·포항·울산 네 도시를 합하면 서울 강남 못지않은 경쟁력을 가질 수 있습니다. 30분 거리 안에 있으나 각각 떨어져 존재합니다. 네개의 도시가 하나의 도시회랑을 이루도록 해야 합니다. 밀라노와 대구의 규모가 비슷한데도 밀라노의 경제력이 대구의 다섯배가 넘는 이유는 밀라노는 밀라노 주변도시들을 끌어안아 대(大)밀라노를 이루고 있기 때문입니다.

대구-경북 도시회랑과 대구 뉴밀라노 프로젝트

금호강 일대에 대구·구미·포항·울산·경주를 통합하는 국제화 도시영역을 만들고자 했던 안을 밀라노팀들과 함께 작업했습니다. 금호강을 도시 내부로 끌어들여 수상도시화하는 계획이었습니다.

도나우강과 운하 사이의 토지에는 도시가 들어서 있습니다. 강과 운하는 다릅니다. 강은 자연 형태를 최대한 유지해야 합니다. 강 옆에 인공수로를 만들면 그 사이에 토지가 만들어집니다. 이로써 운하는 도시 인프라와 연계되고 강은 강대로 보존됩니다.

4대강의 개발사업에서 가장 중요한 것은 맑은 수자원입니다. 로마제국이 프랑스 님므(Nîmes)를 점령했을 때 가장 먼저

운하와 강이 분리되어 있고, 그 사이에 도시가 있는 독일 도나우 강변의 도시

건설한 것이 수도교(水道橋)인 가르 다리(Pont du Gard)로 이는 이후 세계문화유산으로 지정되었습니다. 님므의 뜻은 '샘이 나는 도시'입니다. 로마제국은 갈리아 시민을 위해 님므에 더 좋은 물을 공급하고자 가르 다리를 만든 것입니다. 좋은 물을 공급하는 것이 통치자의 최고 덕목 중 하나입니다. 4대강의 개발사업을 통해 플라스틱병의 생수보다 더 좋은 물을 공급할 수 있어야 합니다.

물 좋은 쿄오또에서도 더 맑은 물을 공급하기 위해 18년에 걸쳐 산을 뚫고 소스이(疏水) 수로를 건설하여 10킬로미터 떨어진 비와(琵琶) 호수를 쿄오또와 연결했습니다. 이제는 쿄오또 시내에서 생수를 사먹을 필요가 없습니다. 이런 일이 '4대강 살리기'의 주요 사업이 되어야 합니다.

우리나라의 심각한 문제가 농촌붕괴입니다. 농촌·농민·농업을 혁신하는 일이 4대강사업의 더 큰 목적이 되어야 합니다.

두장옌(都江堰)은 본래 중국 최대의 홍수피해 지역이었습니다. 진시황이 리뼁(李冰)이라는 사람을 보내 장강의 지류인 민강(岷江)을 운하로 만들고 3000만명이 살 수 있는 대곡창지대를 만듭니다. 그 위대한 사업을 알아본 사람이 제갈공명이었습니다. 제갈공명이 두장옌을 보고 천하 삼분지계를 세운 것입니다. 덩 샤오핑(鄧小平)이 중국을 방문한 김일성과 함께 간 유일한 곳이기도 합니다. 홍수피해 지역이 최대의 곡창지대로 변모했습니다. 4대강사업을 추진하는 사람이라면 한번은 꼭 가봐야 할 곳이라 생각합니다.

한강에 대해 설명하겠습니다.

한강의 수원(水源)은 상당부분 이북에 걸쳐 있습니다. 금강산댐이 평화의댐 방향으로 흐르던 물을 원산 쪽으로 역류시켜 강계의 청년수력발전소의 에너지원을 제공하고 있습니다. 평화의댐 이북의 물은 전부 북쪽으로 흐르게 되어 평화의댐이 소용없게 되었습니다.

1969년에 제가 책임자로 만들었던 여의도와 한강 마스터플랜은 지난 40년간 거의 계획대로 이루어졌습니다. 한강 마스터플랜이야말로 강변을 개발해서 토지를 창출한 훌륭한 사례입니다. 토지를 대거 공급했기 때문에 서울의 중산층 시민들이 땅을 싸게 살 수 있었습니다. 현재 금강, 낙동강 일대는 버려져 있습니다. 낙동강, 금강 변에 강변도시를 만들어야 합니다. 4대강을 복원하면서 강변에 토지를 창출해 10년 이상 거주한 농민들에게 토지를 원가로 공급하면 토지개혁과 한강개혁에 이은 세번째 큰 국가사업이 될 것입니다.

한강을 중심으로 500만의 인구가 마주하고 있는 서울의 강변은 모두 아파트가 점령하고 있습니다. 서울의 중심기능을

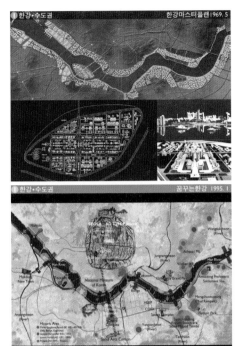

저자가 책임자로 일했던
여의도 및 한강연안 마스
터플랜(위)과 한강을 중심
으로 한 2000년 서울의 역
사지도(아래)

한강으로 끌고 와 서울의 도시구조를 재조직하자는 안을 1995년 조선일보에 '꿈꾸는 한강'이라는 제목으로 다섯번에 걸쳐 연재했습니다.

2000년 전 세계도시를 통해 21세기 도시의 미래를 보이기로 한 〈베네찌아비엔날레 2000년〉에서 선보인 '서울 21C' 안은 대상후보에 올랐습니다. 한강을 중심으로 서울을 재조직한 안입니다.

개성과 서울은 40분 거리입니다. 2005년에는 개성·서울·수원·인천을 아우르는 새로운 수계를 개발하는 안을 제안했습니다.

2008년에는 탄천(炭川)을 통해 서울·수원·평택항을 잇는 안을 구상했습니다. 한강은 이미 강변과 상류가 과잉 개발되어 있습니다. 한강을 복원한다는 것은 결국 지천을 어떻게 바다와 연결시키는가 하는 것입니다.

주한미군이 용산에서 평택으로 기지를 옮기자 했을 때 그들이 최고의 자리를 잡았다고 생각했습니다. 바로 그곳이 경기도에서 제일 좋은 자리입니다. 미군기지와 최대의 지리를 공유하는 안을 구상했습니다.

10년 안에 수도권에는 엄청난 수자원
부족이 발생할 것입니다. 백두대간에서
추가령구조곡을 통해 수도권으로 물을
공급하는 한반도운하를 생각했습니다.
추가령구조곡 일대는 청정지역이어서 계
곡물이 마치 고급생수 같습니다. 그 일대
로부터 흘러드는 물을 수도권 시민들이
공급받을 수 있습니다. 이에 더해 원산에
서부터 추가령구조곡으로 수로를 놓으면
러시아에서 들어오는 천연가스를 반값에
공급할 수 있습니다. 신라가 동해로부터
서해로 나와 삼국을 통일했듯이 추가령
구조곡으로 동해와 서해가 연결되면 파

나마운하 못지않은 운하가 됩니다. 일본의 서부해안과 러시
아가 한반도를 관통해서 중국의 동부 해안에 닿게 할 수 있는
길입니다.

〈베네쩨아비엔날레 2000〉
에 출품한 한강을 중심으
로 한 서울-수도권 재조직
안(위)과 서울-수원-평택
을 운하로 잇는 수도권 산
업도시회랑 안(아래)

　파주 운정신도시를 계획할 때는 새로운 신촌을 만들자는
안을 제안했습니다. 한강의 흐름을 끌어들여 연세대-홍익대-
서강대-이화여대의 국제화 연합대학을 만들자는 안입니다.

　금강의 경우 수계 대부분이 군산으로만 빠져나가고 만경강

서울-개성 도시회랑과 新
신촌

과 동진강 수계는 새만금으로 빠집니다. 금강 수계는 수량이 풍부하나 만경강 수계는 수량이 적어 새만금이 오염될 수밖에 없습니다. 새만금을 살리기 위해 금강 수계와 만경강 수계를 연결시키자는 안을 제안했습니다. 금강의 하구언을 헐어 금강과 새만금을 관통하게 하면 새만금의 오염문제도 해결되고 부여까지 바닷배가 들어오게 할 수 있습니다.

부여에서 공주까지의 거리는 서울 송파구에서 난지도에 이르는 거리와 비슷합니다. 그렇게 멀지 않은 것입니다. 부여에서 공주까지를 도시화하는 계획을 구상하고 있습니다.

전주, 익산, 군산, 김제, 정읍이 새만금을 중심으로 200만 도시권역을 이루어 변산반도와 고군산군도를 아우르고 중국 동부해안도시와 경쟁할 수 있는 도시를 만드는 것이 4대강을 복원하면서 할 수 있는 한반도 인프라의 완성이라 생각합니다.

영산강은 한강, 금강과 또 다릅니다. 영산강은 다도해가 내륙으로 타고 들어간, 수많은 지류가 모여 만들어진 강이므로 다도해의 일부라고 봐야 합니다. 다도해 일원의 마스터플랜을 세운 이후에 영산강을 개발해야 합니다. 무안공항과 목포 일원 내륙으로 바다가 타고 들어가 내륙의 땅이 수많은 섬으로 이루어진, 세계 어디에도 없는 그 지역만의 특성을 살린 신천지를 만들어야 합니다. 영산강·영산호·다도해 전체를 개발하는 계획을 세워야 무안도 살고 목포도 살고 광주도 삽니다.

영산강을 복원할 때 가장 먼저 부딪쳐야 하는 것이 백제의 고고학적 유물입니다. 강변에 엄청난 유적들이 있어 지금부터 조사를 시작해야 합니다.

한편 낙동강 수계를 보면 낙동강 일대에 가야, 신라, 고려와 조선의 엄청난 고고학적 유물들이 쌓여 있으리라는 것을 짐작해볼 수 있습니다.

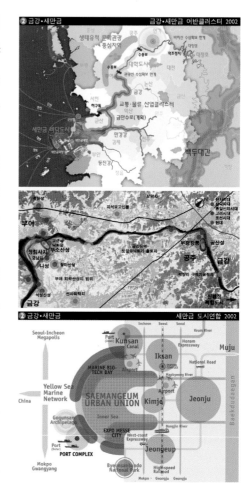

새만금-금강 어반클러스터(맨위), 부여-공주와 금강 역사지도(중간), 새만금 도시연합 다이어그램(맨아래)

라인강의 기적을 만든 것은 로테르담에서 라인강을 따라 라인루르공업지역에 이르는 길입니다. 라인강의 기적은 베를린에서 이루어진 것이 아니라 라인강변 운하에 이루어진 것입니다.

구미·대구 공단은 낙동강 상류에 거대공단을 만든 우를 범했습니다. 박대통령은 위대하지만 지속가능하지 못한 개발을 벌인 것입니다. 완벽하게 공해물질을 배출하지 않는 공단이

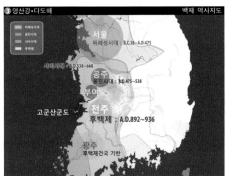

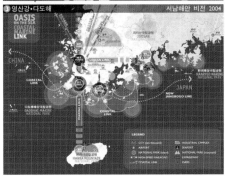

백제 역사지도(위)와 서남
해안 바다오아시스 마스터
플랜(아래)

라는 것은 있을 수 없습니다. 상류의 공단에서 나오는 오염물질은 어쩔 수 없이 낙동강으로 흐를 수밖에 없습니다. 더군다나 부산의 신항만을 건설하면서 낙동강 하구를 파괴하고 있습니다.

을숙도에서 올라가는 강은 보존하고 서낙동강 측을 개발해서 구미까지 닿는 '낙동강 하구도시 계획안'을 부산시에 제안하여 대통령이 오시면 보고하라고 요청했습니다. 낙동강은 신라 때 모습 그대로 둔 채, 구미에서 바로 옆에 부산 사하의 서낙동강 사이로 운하를 만들자는 안입니다. 이로써 낙동강은 살리고 나머지 물류의 흐름과 공단의 오염물질은 운하로 해결할 수 있습니다. 농촌의 노동력이 운하를 이용하여 노동력이 부족한 구미로 쉽게 출퇴근할 수 있습니다. 운하와 강 사이에는 자연스럽게 토지가 형성되어 운하도시가 들어설 수 있습니다. 그 토지가 농촌과 농민과 농업을 살릴 수 있는 길이 될 것입니다.

'4대강과 농촌도시회랑' 강의를 마치겠습니다. 전문가들도 어려워하는 강의를 경청해주셔서 감사합니다.

08. 4대강, 길이 있다

[창작과비평 146호, 2009년 겨울, 논단과 현장]

4대강은 각각 저마다의 해법과 나아갈 길이 있다. 이 글은 이명박정부의 4대강사업의 문제점을 살펴보고, 특히 4대강에 대한 원론적 담론을 넘어 실사구시의 대책을 제안해보고자 쓴 글이다. 이 글은『여의도에서 4대강으로』(2007),『건축과 도시의 인문학』(2011)에도 수록된 바 있다.

머리말

돌이켜보건대 내 건축과 도시설계의 삶 40년 중 절반 이상
은 한반도 하드웨어에 대한 것이었다. 1969년에 「여의도·한
강 마스터플랜」을 담당한 이후 지금까지 국가 하드웨어 개조
가 있을 때마다 참여했다. 어떤 때는 주역으로 어떤 때는 반대
제안자로 또 어떤 때는 비판자로 개입했다. 관악산 서울대학
교 마스터플랜을 할 때는 과천까지 이어지는 산업화 대학도
시를 주장하다가 물러났지만, 최초의 국가관광단지인 보문단
지는 내가 입안한 안이 성사되었고 쿠웨이트 신도시 국제현
상에 당선하여 도시수출을 처음 시작했다. 예술의전당도 나
의 계획과 설계로 세계와 경쟁하여 이룬 것이며, 베네찌아대

학에 있을 때는 새만금 국제회의를 통해 지금의 이명박정부가 조금씩 받아들이기 시작한 바다도시 안을 제시했다. 신행정수도가 정부 안으로 나왔을 때는 있을 수도 없고 될 수도 없는 일을 하는 것임을 지적하며 금강·새만금·행정도시 연합안을 제시했다. 영종도 공항이 시작될 때인 1999년에는 공항만이 아닌 동북아 게이트웨이가 될 국제화도시를 만들기 위해 베네찌아·베이징·밀라노 등 국내외에서 세차례 국제회의와 전시회를 한 끝에 밀라노디자인씨티를 제안했고, 부산신항 건설 때는 부산비전플랜을 만들고 대구와 부산신항을 잇는 서낙동강운하를 제안했다.

40년 전 한강 마스터플랜 이후 한반도의 강을 생각지 않은 적이 없다. 올해(2009년) 4월 4대강과 새만금에 대한 그동안의 연구와 생각을 한승수 총리에게 설명할 기회가 있었는데, 혼자 듣기 아깝다 하여 관계 장·차관과 관련자들을 모아 국무총리실에서 설명했다. 한총리가 대통령에게 함께 보고하자 했지만 노무현 전 대통령의 서거정국에 밀려 흐지부지됐다.

40년 전에 한강 마스터플랜을 했고 낙동강에서 20년 가까이 자랐으며 영산강, 섬진강과 다도해를 사랑하는 사람으로서 4대강에 대해서 무언가 기록해두어야겠다고 생각했다. 그런데 정작 최근에는 밀라노디자인씨티에 깊이 관여하고 남예멘 수도의 아단(아덴) 신도시와 아제르바이잔의 바꾸 신도시 등을 설계하느라고 4대강에 대해서는 결과적으로는 침묵한

셈이 되었다. 「꿈꾸는 한강」「금강·새만금 신백제」「영산강·
다도해·섬진강 바다도시」「낙동강 운하도시」 등 네편의 글을
정리하는 일에 착수했다가 건강이 악화되어 제대로 진행하지
못했다. 잡지에 이렇게라도 정리해서 마음의 빚을 갚아야겠
다는 것이 이 글을 집필하게 된 동기다.

4대강에 대한 내 생각을 정리하는 데는 지난 7년 넘게 한반
도의 하드웨어에 관해 인문학자 백낙청 교수와 이야기한 것
이 큰 도움이 되었고 집필과정에서도 조언을 구했다. 이 글의
「1. 한강 마스터플랜 1969·2009」는 중국 도시계획학회장이
며 칭화대 교수인 우 량륭 교수의 도움을 받았고 「2. 낙동강
과 서낙동강 운하도시 연합」은 한국토지공사장과 서울특별시
균형발전본부장을 지낸 이종상 사장이 많은 연구원을 파견하
여 근 반년에 걸쳐 타당성을 조사해주었다. 「3. 금강·새만금·
세종시」에 관해서는 리니오 브루또메소(Rinio Bruttomesso)
교수와 브루노 돌체따(Bruno Dolcetta) 교수 등 베네찌아대학
교수들의 도움이 컸다. 그들은 현장을 두번에 걸쳐 방문하고
국제회의도 함께했다. 「4. 영산강·다도해·섬진강 바다도시」
는 낙동강 하구언과 영산강 하구언 및 댐을 설계하고 개성공
단과 한반도에너지개발기구(KEDO) 단장을 지낸 심재원 사
장으로부터 많은 도움을 얻었다. 그리고 추가령구조곡과 서
울을 잇는 남북관통운하에 대해서는 원산에서 서울로 시집와
경원선과 추가령구조곡 육로와 임진강을 넘어다닌 필자 모친

으로부터 들은 곳곳의 지리와 역사 이야기가 크게 도움이 되었다.

4대강사업을 제대로 진행하는 데는 적어도 다음 세가지 전제조건이 필요하다. 첫째는 일관된 한반도 공간전략의 틀 속에서 남한의 4대강을 보아야 하며, 둘째는 강과 운하를 혼동하지 말아야 하고, 셋째는 한반도의 강은 모두 다른 강이므로 4대강을 하나의 해법으로 풀어서는 안 된다는 것이다.

지금 진행되는 '4대강 살리기'에는 한반도 하드웨어에 대한 일관된 비전이 없다. 한반도 하드웨어의 핵심은 강인데, 강과 운하를 말하려면 먼저 지난 100년 동안 한반도 하드웨어가 어떻게 변화해왔는지를 알아야 한다.

선진국에서는 근대화를 이룰 때 먼저 강을 정비하고 운하를 건설한 다음 국도와 철도와 고속도로를 놓고 그뒤에 고속철도를 건설하는 것이 상례였다. 그러나 한반도는 외국세력 주도로 식민지시대에 근대화가 이루어지다 보니 철도와 신작로가 먼저 만들어졌고, 그후 우리 정부가 국도와 고속도로를 닦고 고속철도를 놓을 때까지 강과 운하를 제대로 생각하지 못했다. 지금까지의 4대강에 대한 사업은 하구언을 만들어 홍수를 제어하고 상류에 댐을 건설해서 수자원을 확보한 정도였다. 강은 한반도 인프라의 변방이 되었다.

따라서 한반도 인프라를 완성하기 위해 강을 제대로 살리는 일이 남았다는 주장 자체는 틀린 말이 아니다. 특히 한반도의 강은 운하를 갖지 못하여 강의 현대화를 이루지 못했다. 영국, 프랑스, 독일 모두 강을 효율적으로 도시공간화하기 위해서 운하를 개입시켰다. 운하는 강과 강, 강과 바다를 연결한다. 강이 닿지 않는 곳으로 강을 확장시키기도 한다. 그러나 강과 운하를 혼동해서는 안 된다. 강은 강이고 운하는 운하다.

이명박 대통령이 한반도대운하를 주창한 것은 그 규모와 의욕에서는 박정희 대통령의 새마을사업과 중화학공단 건설에 버금갈 만한 것이었으나 치밀한 내용이 따르지 못했다. 더구나 한강과 낙동강에 5000톤 화물선을 띄우고 역사·지리적으로 아무 연관 없는 두 강을 연결한다는 억지가 국민의 공감을 얻지 못한 것이다. 한반도에서 가능한 조운은 바다에서부터 하구를 통해 내륙의 도시로 들어오는 소규모의 것이다. 강과 강이 연결되는 조운은 있을 수도 없고 의미도 없다. 3면이 바다로 둘러싸인 나라에서 낙동강을 문경새재를 넘어 한강으로 가게 하려는 것은 섬나라 영국에서 템즈강을 맨체스터나 스코틀랜드로 끌고 가려는 것과 같은 망상일 따름이다.

다행히 정부는 경부대운하 포기를 선언했고 이제 '4대강 살리기'를 대신 추진하고 있다. 그러나 대운하 때와 마찬가지로 이번에도 관료와 관변학자 들이 방향을 잡지 못하고 있다. 한반도대운하건 4대강사업이건 그 취지는 한반도 인프라의 축을 강으로 되돌리려고 하는 것이다. 이 원대한 꿈은 확실하고 포괄적인 안목과 공익에 대한 헌신으로 실행되어야 하는 데 그렇지 못한 것이 문제다.

정부의 '4대강 살리기' 사업은 홍수방지와 수자원 확보, 수변공간 확보를 통해 고용창출을 이루겠다는 것이다. 하지만 하천준설은 중장비로 하는 일이지 고용을 창출하는 일도 아닐뿐더러 하천준설이 수자원 확보와 수질개선의 방법이 되리라는 것도 잘못된 판단이다. 더구나 홍수방지를 위해 건설된 영산강, 금강, 낙동강의 하구언은 주운(舟運)을 막을 뿐 아니라 홍수방지에도 도움이 되지 않는다. 한강은 하구가 이북과 마주하고 있기 때문에 손을 대지 않았으나 한강에서보다 다른 3대강에 홍수가 더 많은 이유를 알아야 한다. 템즈강에는 밀물 때는 막혔다가 썰물 때는 열 수 있는 템즈배리어(Thames Barrier)가 있는데, 이런 식으로 주운과 효과적인 수위조절을 겸할 수 있는 발상의 전환이 필요하다.

그러나 무엇보다 중요한 것은 '4대강 살리기'가 근본적으로 한반도의 어떤 공간전략을 목표로 하는 사업인지를 분명히 하는 것이다.

한반도 남녘의 강은 모두 서남해안으로 흘러간다. 수천개 샛강의 물이 모여 바다로 흐르는 큰 흐름이 4대강이다. 4대강에 운하가 건설되지 않은 이유는 물줄기가 바다로 쉽게 흘러들어가고 그 하구가 거대한 생명과 수자원의 보고였기 때문이다. 따라서 운하의 필요성을 크게 느끼지 않았던 것이고, 한

반도의 강은 주운·조운의 역할을 했으나 육로와 느슨한 보완
관계에 있었다.

근대화·산업화되면서는 물류의 대종이 철도로 바뀌었다.
대한제국과 일제하에서 서울과 부산, 인천, 원산, 신의주를 잇
는 네개의 철도가 생겼고 철도와 철도역을 중심으로 신작로
를 만들었다. 한반도 인프라의 근간이 강이 아닌 철도가 된 것
이다. 그러면서 철도 역사(驛舍)를 중심으로 도시화가 이루어
졌다. 고려-조선 때까지 강을 중심으로 했던 한반도의 인프라
가 대한제국과 일제강점기를 지나면서 철도역과 신작로 중심
으로 옮겨졌고, 고속도로 건설 이후에는 고속도로 나들목 중
심으로 도시가 확대되었다. 예로부터 한반도의 주요도시들은
강변에 있었으나 현대 한국 도시는 철도역·고속도로·고속철
이 중심이 되어 한반도 삶의 근원인 강과 차단된 것이다. 류우
익(柳佑益) 교수의 한반도대운하 구상은 그런 뜻에서 큰 비전
이 있었다.

4대강사업의 핵심은 수자원과 도시화토지 확보 그리고 바
다와 강이 만나는 하구 유역의 창출이 핵심이 되어야 한다. 녹
색성장은 강 없이는 말할 수 없다. 4대강 주변은 놀이공간이
아니라 21세기 한반도의 도시공간이 되어야 한다. 서울이 인
구 1000만의 도시가 될 수 있었던 것은 한강 주변을 도시화했
기 때문이다.

이를 위해 4대강을 수자원으로 사용하여 식수뿐 아니라 산

업용수, 공업용수, 농업용수, 도심의 생활용수 등을 적절히 관리할 수 있어야 하고, 더 중요한 것은 하구언으로 막혀 호수화된 강을 바다와 연결시켜 바다와 강의 중간지대를 회복하는 일이다.

몰락하고 있는 농촌의 도시화가 강변에서 이루어지도록 하는 것도 4대강을 살리는 길이다. 바다와 강에 조운이 가능한 수변공간을 만들면 바다와 강 사이에 농촌·도시회랑인 중간지대가 만들어진다.

정부의 4대강사업이 문제가 많다고 해서 한반도의 새로운 하드웨어를 고민하지 않는 것도 책임있는 자세가 아니다. 거듭 강조하지만 강과 운하를 혼동하지 말아야 하며, '4대강'으로 묶어서 부르는 강들이 각기 전혀 다른 강이라는 점을 염두에 두어야 한다. 그런 시각에서 4대강에 대한 내 나름의 구상을 써보도록 하겠다. 4대강에 대한 원론적 담론은 그만하고 이제 실사구시의 대책을 마련해야 한다.

1. 한강 마스터플랜 1969·2009

한강은 내가 마스터플랜에 깊이 참가한 강이다. 낙동강, 금강, 영산강과 달리 한강은 전체적으로 봐서 세계 어느 강 못지않게 잘 개발된 곳이다. 상수원을 강력하게 확보하고 본류의 도시화에 성공했다. 인구 500만의 도시가 마주하고 있는 한강 하구는 (휴전선 덕분인지는 모르지만) 살아 있다. 다만 아쉬운 점은 한강 본류를 도시화할 때 강변도로를 만들면서 수변공간을 확보하지 못한 것이다. 강변도로가 안쪽으로 들어가 수변공간을 확보했어야 한다. 앞으로 한강의 문제는 지천(支川)에 관한 것이며 다음으로는 휴전선으로 막혀 있는 임진강과의 연계를 회복하는 것이다. 21세기 한강의 숙원은 한강을 바다로 나가게 하는 수변도시를 만드는 일이다. 어쨌든 한강은 이제 와서 새삼 '살리기'를 시도할 대상이 아니다. 지난 40년 동안 해온 한강 프로젝트를 짧게 정리해본다.

1-1. 한강 마스터플랜, 1969

1969년에 서울특별시 용역으로 만든 여의도 계획과 한강 마스터플랜은 지난 40년 동안 거의 계획대로 이루어졌다. 한강 마스터플랜은 수자원을 확보하고 강변토지를 창출한 것이다. 한강 주변과 강남 일대의 도시화토지를 공급하여 서울의 중산층이 월급으로 땅을 갖게 됨으로써 오늘 수도권의 중산층이 만들어졌다.

1-2. 꿈꾸는 한강, 1995

한강 마스터플랜을 만든 후 30년이 지나고 보니 한강 일대를 주거단지로 만든 셈이 되었다. 그래서 1995년 1월 1일부터 다섯번에 걸쳐 조선일보에 「꿈꾸는 한강」을 연재했다. 한강을

중심으로 500만의 인구가 마주하고 있는 서울의 핵심기능을
한강으로 끌고 와 재조직하자는 안이었다.

1-3. 한강중심 서울 21C, 2000

한강중심 도시화를 위해서는 한강이 바다에 닿는 운하계획
이 필요하다. 2000년 베네찌아비엔날레에서 세계 도시들이
21세기 도시의 미래를 선보이는 안을 경쟁적으로 낼 때, 필자
는 한강을 중심으로 한 서울 재조직과 경인운하도시를 제안
했다. 1969년 한강 마스터플랜 때 제안한 경인운하를 단순한
운하가 아니라 '운하도시화'하자는 구상이었다.

1-4. 수도권 도시회랑, 2008

2008년 김문수 경기지사의 부탁으로 '수도권 도시회랑'과
'탄천·수원·평택 운하도시' 설계를 했다.

서울의 토지부족은 심각하다. 이대로는 세계에서 땅값이
가장 비싼 도시가 될 수밖에 없다. 수요와 공급의 괴리를 계속
내버려둘 수는 없다. 한강과 서해바다를 잇는 '제3의 길'이 필
요하다. 개성-서울-수원-인천을 아우르는 새로운 어반링크
를 구상한 것은 수도권 도시화토지의 부족을 해결하고자 하
는 그랜드디자인이다.

한강을 '살린다'는 말은 결국 지천을 어떻게 바다와 연결시
키는가의 문제다. 평택 미군기지 자리는 바다로 통할 수 있는

수도권 제2의 길이다. 미군기지가 가진 지리를 공유하는 안이 '탄천·수원·평택 운하도시'다. 한마디 덧붙인다면 탄천은 가뭄 때 바닥이 드러나는 건천(乾川)이므로 이것을 운하화하는 것은 멀쩡한 한강을 운하로 만들겠다는 발상과는 다르다.

1-5. 한반도관통운하(남북한 대운하), 2008

한강의 문제는 수계의 상당부분이 이북에 걸려 있다는 점이다. 북한은 금강산댐을 건설하고 그 물이 평화의댐 쪽으로 흐르게 하는 것이 아니라 원산 쪽으로 역류시키게 했다. 이에 따라 백두대간 평화의댐 이북의 물은 북쪽으로 흐르게 되었다.

10년 안에 수도권에는 수자원 부족이 발생할 확률이 높다. 그 대책으로 백두대간에서 추가령구조곡을 통해 수도권으로 물을 공급하는 안을 만들 수 있다. 추가령구조곡 일대는 청정지역이기 때문에 프랑스 생수 에비앙 수준의 물을 수도권 시민이 공급받을 수 있고 원산에서부터 추가령구조곡을 통해 러시아에서 들여오는 천연가스를 반값에 공급할 수 있다. 이는 추가령구조곡에 있는 곡강(曲江)들을 이용한다는 것이 아니라 추가령구조곡의 지형을 이용하여 미디운하 같은 여러 단계의 운하를 만들겠다는 것이다. 미디운하의 높낮이가 800미터이고 추가령구조곡의 높낮이가 500미터이기 때문에 충분히 가능하다. 지난 『창작과비평』 가을호에 실린 황진태씨의 원고(「남북한 대운하에 대한 비판적 평가」, 2009년 가을호)를 보고 사회

한반도 통합의 한강 전략

과학자의 진정성은 크게 받아들였지만 지리, 공학, 도시설계는 인문·사회과학과는 다른 세계다. 내가 제안하는 추가령구조곡 운하는 정부가 주로 이야기하고 지금 우리들 다수도 그렇게 상상하는 하천을 운하화한 그런 운하가 아니다.

그리고 내가 이야기하는 창조적 소수는 서구 학자들이 이야기하는 창조적 소수가 아니다. 남북한의 젊은이들이 이루는 공동체의 창조적 집단을 뜻한다. 남북 분단이 무너지고 60년 만에 하나가 된다면 그 만남과 깨달음을 통해 새로운 창조적 집단이 만들어진다. 그 집단은 20대 남북한 젊은이들의 집합을 말한다. 이들이 내가 말하는 창조적 집단이다. 실리콘밸리의 창조적 소수와는 다르다. 해방 이후 한국의 젊은이들이 대한민국을 이루었듯이 남북이 통일되면 현재의 젊은이들과는 다른 창조적 집단이 생길 것이다. 그들이 어디로 갈 것인가. 서울은 그들의 도시가 아니다. 추가령구조곡에 신도시를 만들어 창조적 집단이 모이게 하자는 것이다. 1300여 년 동안 한 나라였다가 60년

넘게 갈라져 있던 젊은이들이 만나는 변화를 기대할 때 그 배
경은 이북과 이남의 분계이면서 동해와 서해를 잇는 추가령
구조곡이 되어야 한다.

2. 낙동강과 서낙동강 운하도시 연합

나는 낙동강과 낙동강 하구에서 산 사람이다. 낙동강에는
안 가본 곳이 없다. 한강 마스터플랜을 하면서 낙동강과 한강
이 너무 다른 강이어서 놀랐다. 한강은 하구와 본류와 상류가
분명한 템즈강 같았는데 낙동강은 본류가 로테르담에서 사방
으로 분산되는 라인강 같다. 그때 낙동강은 그대로 두고 그 옆
에 운하를 만들어야 한다고 생각했다.

한강은 하구를 열어두고 본류를 제방으로 쌓아 도시화하고
상류를 완벽히 보존한다는 계획을 통해 오늘의 서울을 가능
케 했지만 상류가 도처인 낙동강은 손을 대면 안 되는 강이다.

낙동강은 수원(水源)이 동서로 분산되어 본류와 지류가 독
립되기 때문에 강폭의 변화와 굴곡이 심하다. 또 바로 그렇기
때문에 주변 풍경이 더 아름답고 강물의 자연정화에 도움이
된다. 한없이 넓다가 다시 좁아지는 낙동강을 토목공사로 운
하화하는 것은 불가능한 일이다.

삼국시대에 가야와 백제와 신라가 무수히 전투를 치렀지만
낙동강에서 수전(水戰)을 벌였다는 기록은 없다. 배를 타고 들

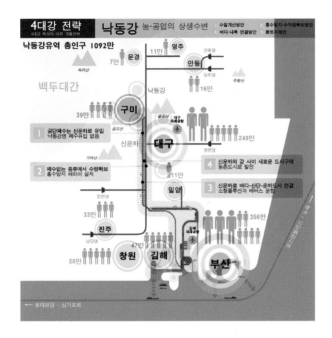

농업과 공업의 상생수변을
제안한 낙동강 전략

어가서 싸울 수 있는 강이 아니었던 것이다. 낙동강 지류는 강바닥에 암반층이 많아 준설 자체도 문제가 많다.

한강은 상류만을 식수원으로 하고 있지만 낙동강은 도처가 식수원이다. 그런 낙동강 중상류에 세계 굴지 규모의 공단이 자리잡고 계속 증설하고 있다. 박정희 대통령의 경제건설은 위대했지만 낙동강의 공단도시들은 지속가능하지 않은 경제성장과 도시화·산업화의 표본이다.

세계 산업이 녹색성장으로 전환하면 대구와 구미의 공단들은 모두 강제적으로 문을 닫게 될 수도 있다. 한강 상류에는 호텔과 박물관도 못 짓게 했는데 낙동강 상류에 대규모 공단이 들어선 지금 상황에서 낙동강을 어찌할 것인가.

이명박 대통령이 한반도대운하를 공약했을 때 나는 낙동강 대운하를 생각하며 그 방향으로 유도하려 했다. 낙동강 서측에 별개의 운하를 만드는 계획을 구상했다. '서낙동강운하'는 사람의 흐름과 물의 흐름이 어울리는 정수장치의 운하다. 공단의 가장 큰 문제는 인력과 폐수인데, 인력이 그 운하를 따라서 들어오고 폐수가 운하로 정화되도록 하는 것이다. 이 운하에는 베네찌아에서처럼 사람들이 타고 채소와 과일을 싣는 작은 배만 다니게 한다는 구상이다.

낙동강 서측에 운하를 만들면 낙동강과 운하 사이에 토지가 생긴다. 강변토지이기 때문에 아름답고 풍요로울 수밖에 없다. 그곳에 도농복합체를 만들면 운하와 수로를 따라 대구, 구미, 창원, 부산에 새 도시회랑이 생기는 것이다. 그 수로를 따라 컨테이너가 아닌 채소와 과일과 막걸리가 움직이는 것이다. 서낙동강운하는 베네찌아의 운하와 나뽈레옹이 극찬한 '프랑스의 모세' 리께가 만든 미디운하 같은 것이다. 폭은 4~5미터 이하이고 깊이도 2미터 이하다. 대구에서 부산신항까지를 이으면서 수운의 정화장치를 완벽히 갖추어 사람과 물류가 다닐 수 있게 한다. 베네찌아나 미디운하에서 움직이는 정도의 사람과 물류가 흐르는 운하를 만드는 것은 낙동강을 신라와 가야의 강으로 보존하면서 영남 일원에 부족한 토지를 공급하는 방안이다.

내가 제안하는 서낙동강운하의 위치는 낙동강 서남측이다. 실제로 한국토지공사에서 이종상 전 사장이 나서서 이 지역 운하의 가능성을 검토하는 작업을 시행한 바 있다. 낙동강운하와 낙동강 사이에는 동측은 강이고 서측은 운하인 사람 사는 수변도시를 만들어 영남을 남북으로 가로지르는 세계적 도농복합단지를 만들 수 있다. 강을 그대로 두고 운하를 파서 운하가 새로운 도시화와 산업화의 기능을 하도록 하여 강변 도시 사업을 일으키면서도 낙동강의 자연을 그대로 두는 방안이다. 그간 이룩된 한강 개발과는 정반대의 길이다.

무작정 큰 공사를 해서 잇속을 채우려는 사람들은 구미, 대구에서부터 부산까지 컨테이너가 지날 수 있는 토목사업을 원하지만, 중요한 것은 자연과 인간이 함께 가게 하는 소통과 융합을 이루는 것이다. 주자(朱子)의 실사구시는 실용보다 원칙의 실현으로 이해해야 한다. 서낙동강운하는 낙동강을 살리기 위해 만든, 최소한의 물류와 사람들이 다니는 수로여야 하고 낙동강은 그대로 두어야 한다. 그대로 두되 바다와 낙동강을 통하게 하는 것이 관건이다. 하구의 둑을 헐어 강이 훨씬 쉽게 정화되고 밀물과 썰물이 만나게 해야 하구가 살 수 있다. 강에서 중요한 것은 강변과 바다와 강이 만나는 하구다. 그곳이 얼마나 아름다운지는 거기 살아보지 않고는 알 수 없다. 낙동강은 하구에서 삼국통일을 이루어 오늘의 한반도를 만들어 낸 강이다. 낙동강을 훼손하면 역사와 지리가 저주를 내릴 것이다.

3. 금강·새만금·세종시

신행정도시와 새만금 문제는 앞으로 나아갈 수도 뒤로 물러설 수도 없게 된 난제 중 난제다. 그러나 넓은 시각에서 보면 두 난제를 동시에 해결할 수 있는 방안이 없지 않다. 바로 그것이 금강·새만금·세종시 어반클러스터 안이다(「금강·새만금 어반클러스터」, 『희망의 한반도 프로젝트』, 제3부 1장).

세종시 안은 크게 세가지로 논의되었다. 청와대·사법부·입법부는 서울에 남고 중앙부처를 모두 이전하는 신행정수도, 청와대와 외교·안보부처는 서울에 남고 나머지 행정부처를 연기-공주로 이전하는 행정중심복합도시, 그리고 교육·과학 중심의 수정된 세종시 안이 그것이다. 세계의 정치수도인 워싱턴D.C.에서조차 정부기능이 차지하는 비중은 20퍼센트 남짓한데 인구 50만 규모의 신도시를 만든다면서 정작 도시 내용과 경영은 생각도 하지 않고 행정부처 이전 계획의 가부만 논의해온 것이다.

공공기관을 옮기더라도 먼저 지방의 성장동력이 될 인프라를 구축하고 신산업을 일으키며 거기에 맞추어 행정부처와 기관을 옮겨야 하는데 일의 선후가 바뀌어 있다. 충청권 자립을 위한 방안에는 이 지역을 도약시킬 수 있는 획기적인 신산업 창출이 우선되어야 한다. 수도권 과밀해소를 위해서는 수도권 인구를 끌어낼 방안이 있어야 하고, 대도시 중심 발전전략을 대체하는 것이 나와야 한다. 대도시와 산업공단 중심 발전전략과 달리 지방도시와 농촌에 단순한 산업공단이 아닌 도시형 산업클러스터를 시작하려면 대규모 인프라 투자가 필요하기에 여태껏 지방권에서는 감히 엄두도 내지 못해왔다. 그런데 세종시 건설을 계기로 중앙정부가 막대한 예산을 투입하기 시작했으니, 행정도시 건설비용으로 충청권에 서울·수도권보다 나은 도시인프라를 구축하여 구미·울산·포항 못지않게 만든다면 국가균형발전과 수도권 과밀해소를 동시에 이룰 수 있는 것이다.

다만 여기서 명심할 점은 행정도시든 교육·과학 중심도시든 금강유역의 개발만으로는 결코 경쟁력을 가질 수 없다는 사실이다. 새만금 안바다를 활용한 새만금 및 호남평야 일대의 종합적 개발과 연계된 '금강·새만금·세종시' 구상이 필수적이다.

백제의 역사는 건국, 천도, 멸망, 해외유랑 등 서글픈 사연으로 점철되어 있다. 고구려 유민들이 한강유역에 나라를 세웠다가 금강유역으로 천도하여 200년 동안 지속했으나 결국 나당연합군에 의해 멸망하고 유민들은 중국과 일본으로 흩어져갔다.

우리 역사에서 가장 아름답고 서정적인 문명을 꽃피웠던 백제의 영역이 부여와 공주 일대다. 금강은 백제의 강이다. 백제가 망하자 금강도 죽었다. 통일신라 이후 남해안에 근거한 바다교통이 활발해지면서 금강도 서해안도 서서히 한반도에서 역할을 잃어갔다. 백제 멸망 이후 1000년간 금강은 변방의 강이었던 것이다. 중국의 개혁·개방 이후 한반도 서해안의 새로운 가능성이 열렸으나 금강의 역할은 아직 없다. 세종시는 백제의 슬픈 역사를 아름다운 미래로 만들 수 있는 도시가 되어야 한다. 백제의 영역을 다시 살리려면 금강 부활이 전제되어야 하고 금강유역의 군산, 부여, 논산, 공주 등이 주변 일대의 농촌과 함께 새로운 도시권역을 형성하게 해야 한다.

금강과 새만금, 부여, 군산, 전주, 익산, 김제, 정읍이 강력한 도시연합을 이루면 수도권과 경쟁이 가능한 도시가 된다. 새만금에 관한 나의 구상의 핵심은 당시 진행 중이던 방조제사업을 환경운동가들의 주장대로 백지화하지는 말되 해수유통이 되는 안바다(內海)를 만듦으로써 '환경보호 대 지역개발'이라는 해묵은 논란을 넘어서자는 것이었다(「새만금의 미래를 여는 새로운 시각」, 『창작과비평』 2002년 겨울호). 이 구상은 이듬해 「새만금, 호남평야, 황해도시공동체」(『창작과비평』 2003년 가을호)에서 수정·보완했다가 2년 후 다시 정리해서 『희망의 한반도 프로젝트』 제3부 3장으로 수록했다. 그후 새만금과 중국 횡단철도의 시발점인 롄윈강을 연결하여 열차페리 구상을 현실화하는 방안을 제안했는데(「새로운 한반도 공간전략을 찾아서」, 『창작과비평』 2007년 봄호, 본서 제2부 4장), 이는 익산에 모인 경부·호남철도를 세계 최대의 중국 횡단철도와 연결하려는 것이었다. 새만금과 전주와 익산, 군산, 정읍, 김제가 안으로 타고 들어와 부여로 이어지고 변산반도와 고군산군도까지 어우러져 열차페리를 통해 롄윈강을 거쳐 중국의 중심인 중원에 이르고자 하

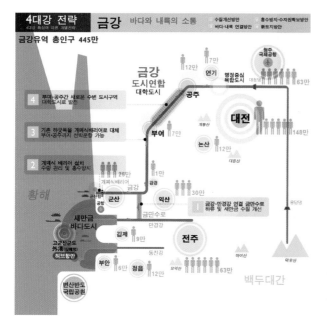

바다와 내륙의 소통을 위한 금강 전략

는 마스터플랜이다.

금강유역에 새로운 도시권역을 이루려면 금강을 중심으로 신산업을 일으켜야 한다. 금강 부활은 금강을 서해안과 한반도 중부권의 물류와 써비스 중심으로 만들고 창조적 신산업이 가능한 인구기반을 조성하는 데서 시작되어야 한다. 금강 수계는 대부분 군산으로 빠져나가고 만경강과 동진강 수계는 새만금으로 빠진다. 금강 수계는 수량이 풍부하고 만경강, 동진강 수계는 수량이 적다. 때문에 새만금은 오염될 수밖에 없다. 새만금의 오염을 감소시키기 위해 금강의 수계와 만경강의 수계를 연결시켜야 한다. 홍수 때문이라는 핑계로 5공화국이 하구언을 건설한 이후 금강은 죽었다. 바다를 부여까지 끌어올리고 금강과 새만금을 관통하게 하면 새만금의 오염문제도 해결되고 바닷배가 들어오게 할 수 있다. 금강 하구와 만경강 하구를 연결하면 금강유역 도시군이 새만금 바다도시로 이어져 신백제의 대공간을 이룰 수 있고, 한반도는 수도권 못지않은 또 하나의 세계화 도시구역을 갖게 될 것이다. 그러기 위해서는 옛 백제의 영역을 한데 모아낼 금강과 새만금을 하나로 연결해야 한다.

수도권 과밀로 국가 불균형발전이 초래되었다고 해서 수도권이 이룬 것을 지방이 나누어 갖자는 것은 실현될 수 없는 일이다. 국토의 불균형발전을 해결하려면 복수의 도시와 농촌이 한 도시권역을 형성하는 도시연합을 만들고, 산업클러스터와 연대하여 세계경제를 상대할 수 있는 어반클러스터를 형성해야 한다. 그럼으로써 수도권과 겨룰 수 있고 세계적으로도 경쟁력을 갖는 지방의 독립적 경제권역화를 꾀해야 한다. 바로 그 방안이 다수의 중소도시와 농촌이 도시연합을 이루고 산업클러스터를 통합하는 어반클라스터의 형성이며, 이것이 바로 지방권 자립화를 위한 길이다.

이제 경제단위는 국가가 아니라 도시권역이다. 경쟁력, 삶의 질 등 중요한 도시지표는 국가나 지방이 아닌 도시권역 단위로 나타나고 있다. 아직까지 서울·수도권과 영남의 산업클러스터 외에는 도시권역이 제대로 만들어지지 못하고 있으며, 영남권도 산업클러스터일 뿐 대도시와 소도시와 농촌이 상생과 조화를 이루지 못하고 있다. 그 점에서는 서울·수도권도 본질적으로 마찬가지다. 소도시와 농촌들은 대도시에 종속되고 농촌은 비자립적이 되었다. 인천, 대구, 대전, 부산, 울산 등 광역시 중심의 경제구조도 결국 대도시 중심으로 주변 도시와 농촌을 아우르지 못한 채 지방권 몰락을 가속화하고 있다.

　세종시와 새만금 바다도시를 계기로 대도시와 경쟁할 수 있는 신개념의 도시권역의 모범을 금강·새만금 일대에서 만들어야 한다. 라인강을 중심으로 도시와 농촌이 산업클러스터를 이룬 라인동맹이나, 이리운하 유역의 도시와 농촌이 도시연합을 형성하면서 내륙의 산업클러스터와 연결된 뉴욕·시카고의 도농집합체가 그런 어반클러스터다. 지금까지 한반도 도시정책은 대도시가 주변도시와 농촌을 병합 종속시킨 공단 제조업과 대도시 써비스산업의 두 축을 기본으로 했다. 그러나 세계경제의 축이 공단 제조업에서 창조적 도시신산업으로 이동하면서 대도시중심 정책의 대전환이 필요하게 되었다. 창조적이고 획기적인 발상의 전환이 필요한 대목이다.

　세종시를 세종시의 문제로만 보는 것은 지금보다 문제가 많아질 뿐 나아지는 점이 없다. 워싱턴D.C.의 정부관련 산업은 국회, 백악관, 사법부, 행정부가 다 있는데도 도시 전체 산업의 20퍼센트밖에 안 되는 점을 유의할 필요가 있다. 그러나 세종시로 행정부를 옮기기로 한 것은 국민적 합의다. 행정부의 상당수가 내려간다는 전제하에 현재 우리 산업의 단계와 능력으로 세계화가 가능한 산업이 무엇일지, 또한 50만 인구를 허용할 수 있는 국제화도시가 어떤 산업으로 가능할지를 생각해내야 한다. 우리가 제일 처음에 이루었던 산업이 철강과 석유화학이다. 두번째가 조선과 자동차, 세번째가 전자

산업이었다. 이제 모두가 세계 최강 산업이 되었다. 그 다음 단계로 우리가 비상할 수 있는 것이 해양산업과 항공산업이다. 철강은 톤당 가격을 매긴다. 자동차는 무게가 아닌 테크놀로지와 디자인으로 가격이 매겨진다. 해양산업과 항공산업이 결합하면 전자산업과 마찬가지로 최고의 부가가치를 지니게 된다. 철강 부가가치의 10배가 자동차, 그것의 10배가 해양·항공산업이다. 현재의 해양산업과 항공산업은 미국과 유럽이 독점하고 있다. 하지만 아시아 해양시장과 항공시장은 그들과 다르다. 아시아 내에서만 움직이는 해양·항공 수요가 빠르게 상승하고 있다. 새만금과 금강과 공주 그리고 대덕의 과학 단지들과 카이스트가 결합해서 실질적으로 우리의 10년 뒤를 이끌어갈 산업이 해양산업과 항공산업이다. 새만금은 내가 안을 발표한 지 10년 만에 일부가 모방적으로 채택되고 있는데 세종시에 관해서는 해양산업과 항공산업의 집합공동체에 대한 나의 복안이 언젠가 수용되지 않을 수 없으리라 믿는다. 이를 위해서는 대통령이 결단하고 미국과 프랑스 등 세계 지도자들의 협력을 얻어야 한다. 50만 인구를 수용하고 그중에 3분의 1은 외국인력이 들어오게 함으로써 아시아의 해양과 항공의 허브도시가 될 수 있는 중심산업을 만들어야 한다. 특단의 계획이 아니면 어떠한 것도 세종시를 성공시킬 수 없다. 새만금 수상도시의 해양산업과 금강의 역사도시화된 대덕과 세종시의 항공산업의 집합에 세종시의 길이 있다.

4. 영산강·다도해·섬진강 바다도시

영산강은 일반적인 의미의 강이 아니다. 영산강은 바다가 밀려들어온 강이라 홍수피해가 제일 컸다. 박정희 대통령 때 서둘러 둑을 쌓아 하구언으로 막았다. 그러다 보니 강과 바다의 중간지대이던 영산강이 영산호라 불리는 거대한 호수가 되어버렸다.

영산강은 다도해의 흐름이 밀려오는 다도해의 강이다. 영산강을 살리기 위해서는 다도해와 함께 가야 한다. 영산강과 섬진강은 다도해의 일부다. 다도해의 물길이 무등산으로 들어온 것이 영산강이고 지리산으로 들어온 것이 섬진강이다. 두 강 사이에 무등산과 지리산이 있어 가깝고도 먼 강이 되었다. 수계가 서로 달라 같은 산의 흐름이 하나는 섬진강이 되고 하나는 서남으로 빠져 영산강이 되어 서로 다른 영역이 되었으나, 영산강과 섬진강은 역사·지리적으로 하나의 공간이다. 두 강을 연결해야 한다. 프랑스 대서양변의 보르도(Bordeau)를 가론강과 미디운하가 지중해로 연결한 것 같이 영산강과 섬진강을 댐으로 오르내리게 하며 지리산에서 연결시켜야 한다. 그리하여 전남 일대를 영산강과 섬진강이 다도해와 함께 하는 거대한 섬으로 만들면 이는 세계 어느 곳에도 없는 명승지가 될 것이다. 다도해가 무등산과 지리산 안으로 들어와 서로 연결되면 바다와 육지, 땅과 하늘이 어우러진 곳을 만들 수 있다. 그것이 '영산강 살리기'의 답이다. 현재 4대강사업의 주목적은 홍수방지, 수자원 확보, 수변공간 개발의 세가지인데 그 모두가 영산강에는 맞지 않다. 영산강과 다도해와 섬진강이 무등산과 지리산을 타고 연결되게만 하면 새로운 세계를 열 수 있다. 그뒤 하구언을 허물면 그리스 에게해 남쪽의 씨클라데스(Cyclades) 제도보다 뛰어난 최고의 자연경관을 연출할 수 있다.

지금 한반도의 반 이상이 공단도시가 되어 있다. 영산강과 섬진강과 다도해가 하나가 되면 천혜의 자연을 가진 창조산업과 관광이 조화를 이룰 수 있다. 이것이 영산강, 다도해, 여수엑스포가 지향해야 하는 방향이다. 여수엑스포에서 섬진강과 영산강을 연결하는 안을 발표하고 현장에 함께 가보게 하면 세계인의 관심을 모으는 국제행사가 될 수 있다. 지구 어디에도 없는, 바다와 산이 함께하는 세상을 보여준다면 세계가 감동할 것이다.

농촌과 도시가 다 잘사는 나라가 강한 나라, 좋은 나라다. 참여정부가 시종일관 해온 정책이 국가균형발전인데 꿈과 비전을 이룰 실천전략을 갖추지 못하고 서두르기만 했다. 국가균형발전의 요체는 지방권의 자립과 세계화이며, 이를 위해 적정 규모의 지역권을 설정하고 각각에 맞는 전략을 수립하는 것이 필요하다.

다도해와 물길을 연결하는
영산강 전략

부산과 대구가 집중적인 투자에도 불구하고 변방의 도시로 남은 것은 인재와 정보와 금융과 권력이 서울에 집중되었기 때문이다. 부산과 대구의 하드웨어는 무시 못할 수준이다. 그러므로 부산과 대구의 자립은 지방분권이 이루어지고 지방정부의 세계화가 성공한다면 가능한 일이지만, 현재 서남해안은 지방자립이 도저히 불가능한 곳이다. 서남해안은 부산과 대구에 비해 거의 투자를 하지 않아 인구도 산업도 없는 사막 같은 곳이 되었다. 대구, 부산의 정체는 상당부분 자기 탓이지만, 서남해안의 정체는 나라 탓이다. 대구, 부산 일원에 집중된 투자가 서남해안 일대에 이루어져야 한다. 그러나 문제는 영남 일원에 투자한 만큼 서남 해안에 투자한다 해도 기존의 방식으로는 아무것도 이룰 수 없는 상황이 되어버렸다는 사실이다.

목포의 대불단지와 광주의 첨단과학단지가 영남 일원의 산업도시나 수도권을 당할 수 없다. 제조업 대부분이 중국에 덜미를 잡힌 상황에서 제조업으로 성공할 수는 없다. 첨단산업을 말하지만 현재의 인구구조로 이 지역에 또 하나의 첨단산업 중심지를 마련한다는 것은 억지 춘향이다. 서남해안에 영남과 수도권에 했던 식의 투자를 반복할 것이 아니라 황해가 신경제권역으로 등장하는 새로운 판을 염두에 둔, 이곳만이 할 수 있는 특유의 산업전략을 수립해야 한다. 미국 서부해안이 동부지역의 성공한 산업을 뒤따르지 않고 새로운 산업을 일으켰기 때문에 미국은 세계국가가 될 수 있었다. 19세기까지 변방이던 프랑스 남부해안이 빠리 중심 수도권 못지않게 잘사는 도시권역이 된 예와 같은 차별화된 도시전략이 필요하다.

한반도와 일본, 중국의 교역이 가장 빈번할 때 소통의 중심이었던 곳이 서남해안이다. 서남해안은 중국과 일본을 상대해야 한다. 수도권보다 중국 동부해안 도시군 그리고 일본열도의 서남해안 도시군과 교류해야 한다. 중국 동부해안은 미국 동부해안 못지않은 경제권이며 일본은 세계 제2의 경제대국이다. 그리고 5000만 화교도 있다. 중국 동북해안과 일본, 그리고 동남아의 화교를 상대로 한 산업을 일으켜야 한다. 단순한 관광이 아니라 그들이 투자하고 와서 살게 하는 창조적 도시를 만들어야 한다. 아드리아해의 달마띠아(Dalmatia), 지중해의 꼬뜨다쥐르(Côte d'Azur, 리비에라)는 관광지라기보다 산업과 휴양이 함께하는 복합도시가 되었다. 서남해안에도 황해 일원의 인구를 대상으로 신산업과 함께하는 신천지를 만들어야 한다.

　서남해안이 산업화되지 않은 것은 오히려 원대한 기회가 남은 것이라 볼 수 있다. 다도해는 세계적 자연유산이다. 해상 공원으로 둘러싸인 서남해안 같은 바다는 세계에 드물고, 제주도도 그 자체로는 자립 가능하지 않은 규모지만 훌륭한 관광지다. 다도해와 서남해안을 연결하고 제주도를 합하면 세계에 유례가 없는 해안링크를 만들 수 있다. 서남해안을 아름답고 살기 좋은 곳으로 만들면 중국과 일본 사람들이 오고 세계인이 찾게 되는 것이다.

　서남해안 일대에 지금처럼 대규모 관광단지를 따로 짓는 것은 미래의 가능성까지 없애는 일이다. 서남해안 마을 하나씩을 모두 세계문화유산급으로 만들어야 한다. 진도에 서남해안 바다오아시스 계획을 세워 세계 자본과 인구가 오게 하는 계획을 제시했으나 지방 정치가와 관료들에 의해 흐지부지되었다. 서남해안에 다섯 오아시스를 만들고 바닷길을 열어 다도해와 제주도, 진도와 완도가 1일 생활권이 되게 하고 적절한 위치에 3~5만 인구의 유토피아를 만들 수 있다. 서남해안에서 이루어야 하는 것은 균형발전이 아니라 21세기 동북아시아의 새로운 형국 속에서 서남해안의 가능성과 잠재력을 조직화한 세계화 전략이다.

글을 마치며

1969년 한강 마스터플랜을 할 때 헬기를 타고 하늘에서 한
강을 내려다보았다. 한강은 거대한 습지였다. 그래서 한강이
한반도의 중심인데도 한강변에 역사도시가 없었다는 것을 알
았다. 런던, 빠리, 뉴욕에 갈 때마다 내가 관심있게 찾아보는
곳은 템즈강, 쎈강, 허드슨강이다. 베네찌아대학과 컬럼비아
대학에서 가르치고 있을 때도 4대강이 머릿속을 떠나지 않았
다. 금강은 가장 한반도다운 강이기에 내가 살아온 낙동강보
다 더 사랑했고 한때 그곳에 살 생각도 했다. 금강은 하늘과
땅이 함께 흐르는 강이고 천년의 기다림과 좌절이 있는 강이
다. 낙동강이 가야와 신라 이래 고려와 조선조를 지나 오늘까
지 살아 있는 강이라면 금강은 천년 동안 죽어지낸 강이다. 영
산강을 처음 가보았을 때 놀랐다. 바다 금강산이 한반도 남단
에 있었다. 나는 금강산 입구 석왕사 앞에서 태어난지라 자연
에 대한 감수성이 남다르다고 생각했는데 영산강과 다도해를
보고 그만 감격을 감출 수 없었다. 금강을 신백제의 수도로,
영산강을 동아시아의 리비에라로 만드는 일이 4대강사업의
주요한 목표가 되어야 한다.

한반도는 실질적으로는 조선조에 와서 확정된 압록강, 두
만강 이남의 반도와 강화도, 거제도, 진도, 제주도 그리고 다

도해가 그 영역이다. 한반도는 이딸리아반도와 다를 바 없는 반도지만 물상적으로는 섬이다. 압록강과 두만강으로 인해 만주대륙과 한반도는 다른 땅이 되어 있기 때문이다.

한반도는 산의 나라가 아니라 강의 나라다. 한반도의 지리와 역사를 하나가 되게 한 가장 큰 요소가 강이다. 이북에서는 압록강, 두만강, 대동강이 한민족 삶의 근원이었고 이남에서는 한강, 금강, 영산강, 낙동강이 그러하였다. 이북의 강은 다산 정약용이 『대동수경(大東水經)』에서 자세히 정리해놓았으나 이남의 강에 대한 연구는 다산만큼 이룬 사람이 없다. 한국학계의 비극이다.

국토기획은 인문학, 사회과학, 자연과학이 집합해야 하는 분야다. 정치권에 발을 내디딘 학자들 말고 여러 분야의 진정한 전문가들이 4대강 논의에 참여하기를 바라며 글을 정리했다. 세상을 잊으면 그뿐이지만 그럴 수 없는 일 아닌가. 4대강은 지금 길을 잃고 있다. 4대강은 남의 일이 아니다. 나보다 더 큰 상상력과 실행력을 가진 우리 젊은이들이 한반도에 대한 사랑을 공유하고 '4대강 제대로 살리기'에 참여하기를 기대하면서 이 글을 썼다. 나의 글이 이명박 대통령에게도 도움이 되기를 진심으로 바란다.

09. 대통령과의 대화

[과학벨트, 신공항, 서해-동해 관통운하]

이명박 대통령과는 그가 서울시장이었을 때 나의 '사대문안 서울 구조개혁'을 통해 서로 알게 되었다. 대선후보 때 한반도대운하를 4대강으로 전환해야 한다는 나의 안들이 공감을 얻어 인수위 때부터 청함을 받았으나 나가지 않았다.

임기가 거의 끝나갈 무렵 지방분권정부와 북한 도시건설에 대해 직접 말할 기회가 있어 임태희 비서실장에게 미리 개요를 설명하고 문건을 만들어 보낸 후 2011년 4월 7일 만나 1시간여 동안 모처럼 마음을 터놓고 대화를 나눴다.

남북공동사업은 의견이 엇갈렸으나 동남권 공항과 과학벨트에 대해서는 서로 통했다. 보람있는 일이었다고 생각한다.

20 07년 대선 직전 이명박 서울시장에게서 연락이
왔다. 토요일 오후 북촌 스튜디오에서 『희망의 한
반도 프로젝트』에 대해 얘기를 듣자고 한다. 그가 현대건설
회장으로 주베일 공사를 할 때 나도 쿠웨이트 신도시를 설계
했던 터라 유대감을 느끼고 있었다. 1992년 정주영 회장의 대
선 출마에 대해 50년에 한번 나올 대기업가인 그분이 해야 할
더 큰 일이 있다고 생각하여 내가 현대 측의 자문 요청을 마다
한 적이 있다. 그때 이명박 시장도 같은 입장이었다는 이야기
를 들은 바 있었다. 정도(定都) 600년을 기해 만든 나의 '사대
문안 서울 구조개혁'을 일부 실현시킨 시장을 만나 나도 이야
기를 듣고 싶었다. 그러나 정작 약속한 토요일, 호흡곤란으로
길에서 쓰러졌다. 구급차에 실려 서울대병원에 가니 심근경

색이나 급성협심증이라 해서 중환자실에 있다가 월요일에 수술을 받았다. 시장과의 약속시간에 연락도 못하고 사무실을 비워둔 셈이 되었다. 마음의 빚을 졌다.

그해 12월 예술의전당에서 나는 40년간의 건축과 도시설계를 정리한 「건축 40년, 도시 40년」전을 열었다. 이명박씨가 한강과 낙동강을 잇는 '한반도대운하'를 공약으로 내걸고 대선 출마를 준비하던 때다. '서울 2000년 비전플랜' '한반도 마스터플랜'이 전시의 주 내용이어서 이명박 후보에게 한반도대운하 공약의 문제점과 돌파구에 대해 말해야겠다는 생각이 들었다.

개막식 날 30여분간 함께 전시장을 둘러본 후 단 둘이 있게 되었을 때 나는 이렇게 말했다. "한강과 낙동강을 잇는 한반도대운하는 불가능하고 무모한 제안입니다. 강은 자연이 만든 수로이고 운하는 인간이 만든 수로입니다. 강에 배를 띄운다고 운하가 되는 것이 아닙니다. 한반도대운하 대신 해방 후 방치해둔 4대강으로 화두를 바꾸어야 합니다. 낙동강, 금강, 영산강의 하구언을 터서 단절된 강과 바다를 통하게 하고 템즈배리어 같은 가동(可動)댐을 만들어야 합니다. 그러나 당장은 어려운 사업이므로 먼저 자연하천으로 방치된 낙동강, 금강, 영산강의 본류와 지류 사이에 댐과 제방을 쌓아 강의 흐름을 제어하면서 상수원 보존과 홍수 예방과 함께 아름다운 강변토지를 확보하는 일을 진행해야 됩니다." 그뒤 이명박 후보의 한반도대운하 공약이 4대강으로 바뀌었다. 그러나 내가 말하고자 한 본의는 실현되지 않았다.

대통령 당선 뒤 인수위원회에서 연락이 왔으나 가지 않았다. 다음해 4대강사업과 세종시 수정안으로 나라가 시끄러울 때 청와대 경제수석실로부터 대통령이 건축정책위원장으로 나를 지명했다며 건강을 걱정한다는 연락이 왔다. 일주일 뒤 담당국장 둘이 찾아왔다. 1년에 몇차례 자문하는 비상임직인 줄 알았더니 두명의 국장과 60명 직원이 있는 상임위원장 자리였다. 그들이 가져온 상임위원 명단을 보니 더욱 아니라는 생각이 들었다. 개인으로는 접근이 어려운 남북 국토인프라 자료에 접근할 수 있고 평생의 원(願)인 남북 공동인프라 계획을 펼칠 수 있을 것 같아 비상임을 전제로 수락한 것인데, 해야 하는 일은 4대강사업에 집중되어 있었다. "상임위원장은 건강상 어렵다. 중요한 사안이 있을 때는 언제든지 개인적으로 돕겠다"며 이미 결재가 난 사안을 고사했다.

다음 해인 2009년 봄 한승수 총리가 4대강과 새만금에 대한 글을 읽었다며 총리실에서 관계부처 장차관들에게 4대강과 새만금 대안을 설명해달라고 부탁을 해왔다. 먼저 4대강의 특성과 상류, 본류, 하류 각각에 대한 지리·인문적 대안을 설명하고 그 다음주에는 새만금에 대해 바다와 육지 모두에 대재앙을 가져올 1억평이 넘는 대간척사업 대신 해수 유통을 전

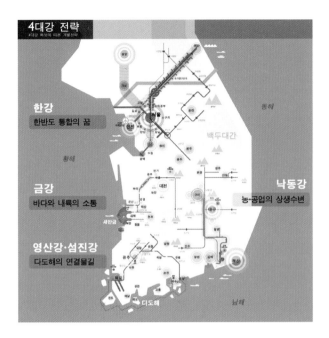

4대강 전략
4대강 특징에 따른 개별전략

한강
한반도 통합의 꿈

금강
바다와 내륙의 소통

영산강·섬진강
다도해의 연결물길

낙동강
농·공업의 상생수변

황해

백두대간

동해

새만금

다도해

남해

4대강 전략안

제로 한 바다도시안을 설명했다. 새만금사업은 정권이 네번 바뀌는 동안 계속 수렁으로 빠져드는 상황이므로 하루 빨리 바다도시화로 대전환해야 한다고 역설했다.

한승수 총리의 부탁으로 두차례 강연을 하면서 강연을 듣는 그들을 보니 이미 집행하고 있는 사업의 대전환은 그들의 일이 아니라는

것을 알 수 있었다. 그들은 얼결에 일을 맡은 것이고 다시 다른 자리로 갈 사람들이었다. 백년을 갈 국토인프라인데 마지막 순간까지 기본을 다시 생각하고 더 나은 방책을 수용할 자세가 된 사람은 총리뿐이었다. 쓸 만한 내용이 있으면 부분적으로 가져다 쓸 생각 정도인 관련부서 차관과 청와대, 총리실 책임자들은 학술회의에서 아이디어나 얻고자 하는 영혼 없는 관료의 모습이었다. 4대강과 새만금을 담당하는 공무원, 거기까지가 그들의 역할이었다. 지난 수십년간 작업을 해온 나로서는 그 자리에서 얻을 것도 줄 것도 없었다. 치산치수를 통해 도농복합체의 중간도시 토지를 창출해야 하는 4대강과 바다

도시로 가야 하는 새만금을 국토경영·도시경영의 관점에서 봐야 하는데 그저 토건사업 벌이는 듯하는 그들에게 답답함을 느꼈다. 국토인프라 개혁은 창조적 방안이 없을 때는 아무것도 하지 않는 것이 상책이다.

두번의 강연 후 총리가 이 이야기를 대통령도 들으셔야겠다며 국무조정실장에게 말해 대통령과 다음주 시간을 잡기로 했는데 그 주에 노무현 전 대통령이 서거하여 일정은 취소되었다.

2010년 가을 임태희 대통령실장이 『희망의 한반도 프로젝트』를 읽고 질문 드릴 것이 많다며 찾아오겠다 한다. 그는 혼자 사무실에 왔다. 4대강과 새만금, 과학벨트와 동남권 신공항에 대해 두시간 동안 이야기를 나눴다. 『희망의 한반도 프로젝트』와 『여의도에서 4대강으로』두 책에 표시해둔 궁금한 점을 물었다. 나로서는 논문 지도교수가 된 듯한 기분좋은 대화였다. 임실장에게서 얼마 뒤 다시 연락이 왔다. 대통령께 말씀드리기 전에 다시 찾아오고 싶다 한다. 2주 후 직접 청와대로 모시고 가겠다고 한다. 대통령에게 말하고자 하는 내용을 원고지 40매에 정리하여 보냈다.

2011년 4월 7일 3가지 안을 7개의 도면으로 정리하여 찾아갔다. 청와대 뒷산이 보이는 아늑한 방이다. 텔레비전에서 본, 박근혜 위원장과 독대하던 방 같다. 구미 생가 개보수 스케치

과학벨트·지방권신공항·낙동운하

과학벨트: 산-학-연 어반링크 카이스트(대전)-경북대(대구)-부산대(양산)
지방권신공항: 1허브공항+3서브공항 1+3공항체제·공항도시와 운하도시의 연계
낙동운하: 구미-부산간 신운하 기반 운하도시 공단폐수처리·도농복합체 창출

국가경쟁력 강화와 국가균형발전 방안

과학벨트
- 산-학-연 KTX기반 어반링크
  산: 주변 산업단지
  학: 카이스트(대전)·경북대(대구)·부산대(양산)
  연: 과학벨트 주요 시설 + 기존 연구시설
- 과학벨트 어반링크 내 주요시설 분포
- 주요시설 모노레일로 KTX와 연결

지방권신공항
- 도시화된 공항, 공항도시
  뒤셀도르프공항의 사례
- 1허브공항 3서브공항 체제
  1허브공항: 신공항 · 3서브공항: 김해공항,무안공항,청주공항
- 과학벨트·고속철도 연계된 허브공항
  과학벨트·경부고속철도·호남고속철도와 연계되는 신공항

낙동강과 낙동운하
- 구미-부산간 신운하 운하도시
  미디운하의 사례
- 구미·대구공단 폐수
- 도농복합체 도시·농촌 창출
- 대구·구미공단과 부산신항만 운하연결

부산신항만
- 북극해항로 개척 후 세계 최고항로 거점
- 배후공단 연계 제2의 로테르담화
- 중국과 일본의 물류허브

과학벨트, 지방권 통합공항, 서낙동강운하, 부산신항을 잇는 국가경쟁력 강화와 국가균형발전 방안 다이어그램

에 면적을 늘리지 말고 새마을사업 때 공사하라는 메모를 준 박정희 대통령 생각이 문득 들었다. 예술의전당 국제현상에 당선하여 청와대에 찾아가 설명했을 때 집무실로 들어가던 전두환 대통령이 돌아나와 "당신은 역사에 남을 거요"하던 생각도 났다. 김대중 대통령이 『희망의 한반도 프로젝트』를 읽은 뒤 "한반도를 3차원으로 보는 관점에 감동했다"고 했다는 이야기를 박명림 교수를 통해 전해들은 생각도 났다. 마침 임실장이 대통령과 함께 들어왔다.

50분에 걸쳐 대통령에게 준비해간 안을 설명했다. 설명에 앞서 약속을 못 지킨 일과 건축위원장을 하겠다 해놓고 고사한 결례를 사과했더니 "아픈 사람한테는 변명이 필요 없습니다. 저도 크게 아파보았기 때문에 잘 알고 있습니다" 한다. 마음 편하게 도면을 펼쳐가며 말했다.

국민적 관심사이던 과학벨트와 동남권 신공항에 대해 다음 주에 대통령의 대국민 담화가 예정되어 있었다. 대선공약을 지키라는 여야의 공격이 번갈아 이어지고 있었다. 과학벨트와 지방권 중심 신공항은 당연한 공약이었는데, 입지 선정에 대해 여론과 정치권 이해가 개입하여 여야를 넘어선 지역이기주의가 여론을 호도하고 있었다.

먼저 어디로 갈 것이냐로 국론이 분열되다시피 한 과학벨트의 입지에 대해 말했다. "과학벨트를 수도권에 두느냐 지방권에 두느냐, 지방권으로 간다면 영남권, 호남권, 충청권 중 어디로 가야 할 것인지는 국토인프라의 기반에 관계된 일이므로 대통령이 결단해야 합니다. 과학벨트의 핵심시설을 이용하는 사람은 대학, 연구소, 산업현장 최고지도자들입니다. 이 시대는 최첨단 실험장치가 대학과 연구소와 산업현장의 필수요소이므로 대학과 연구소와 산업현장이 모여 있는 곳이라야 하고, 중심시설인 중이온 가속기가 놓일 지역이 알바트로스의 머리라면 연관 장치군은 두 날개처럼 동과 서에 분산되어야 합니다. 대전 일대가 알바트로스의 머리가 되면 광주·목포와 대구·부산·울산이 양 날개를 펼친 형상이 되고 몸

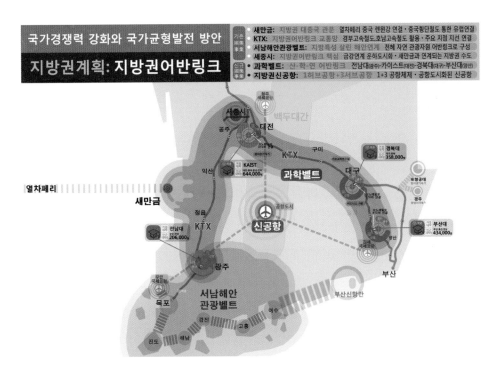

국가경쟁력 강화와 국가균형발전 방안

지방권계획: 지방권어반링크

- **새만금:** 지방권 대중국 관문 열차페리 중국 롄윈강 연결·중국횡단철도 통한 유럽연결
- **KTX:** 지방권어반링크 교통망 경부고속철도·호남고속철도 활용·주요 지점 지선 연결
- **서남해안관광벨트:** 지방특색 살린 해안연계 천혜 자연 관광자원 어반링크로 구성
- **세종시:** 지방권어반링크 수도 금강연계 운하도시화·새만금과 연계되는 지방권 수도
- **과학벨트:** 산·학·연 어반링크 전남대(광주)·카이스트(대전)·경북대(대구)·부산대(영산)
- **지방권신공항:** 1허브공항 + 3서브공항 1+3 공항체제·공항도시화된 신공항

지방권의 균형발전을 위한 지방권 어반링크와 영호남과 충청권을 아우르는 지방권 통합공항안

통 부분에 신공항이 있어 국내의 학자와 전문가들은 KTX로 접근하고 세계의 학자와 전문가 집단은 공항을 통해 직접 연결되게 해야 합니다"라고 말하고 "지방권 세계공항을 만들어 일본과 중국은 물론 동남아시아 학자들도 함께 할 수 있는 국제화된 접근성이 있어야 진정한 과학벨트가 될 것입니다"라고 설명했다.

대통령은 과학벨트는 지방권 이권이 아니라 제2의 국가도약을 위한 국민적 과제이므로 여론을 의식하지 않고 국민을 설득하여 정도로 가겠다며, 그동안 결단하지 못한 것은 전문가들의 견해도 통일되지 않았고 이에 따른 정치적 파장도 고려한 때문이었다며 대통령으로서 중심을 잡고 대국을 끌어가겠다고 했다.

두번째 준비해간 자료는 동남권 신공항이었다. "지방권 공항은 과다 투자되어 있습니다. 양양, 청주, 무안의 국제공항은 무인공항이나 다름없습니다. 지방권 2500만 인구만으로는 연간 3000만이 올 만한 공항을 만들 수 없는데 지방권 중심도 아닌 동남권 신공항은 과잉 중복투자입니다. 신공항은 수도권과 경쟁할 수 있는 지방권 메트로폴리스의 주요 인프라로 생각해야 합니다. 지방권 2500만 인구와 함께, 대공항이 들어서기 어려운 일본 서남해안과 중국 동남해안의 1억 인구의 허브공항으로 만들어야 합니다. 대전, 대구, 광주, 부산에서 고속도로와 철도로 한시간 이내에 닿고 타이완, 큐우슈우, 베트남에서 소형비행기로 바로 닿을 수 있으면서 부산항과 연계되어야 합니다. 그러려면 동남권이 아니라 영호남과 충청의 중앙에 공항이 서야 하고 공항을 중심으로 부산 신항만이 연결되는 공항-항만 선형도시를 만들어 지방권 다섯 광역시와 함께 메트로폴리스를 이루어야 합니다. 그래야만 2500만 지방권이 수도권과 경쟁할 수 있습니다. 그 자리가 어디인지 지금 말씀드릴 수 없지만 분명히 자리가 있습니다"라며 준비해간 도면으로 설명했다.

대통령 얼굴이 환해지면서 "나도 같은 생각입니다. 국가·

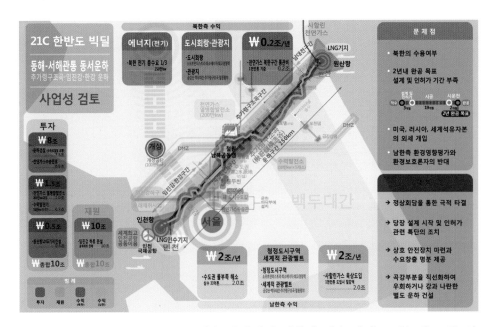

동해-서해 관통 동서운하
의 사업성을 검토한 다이
어그램

국토불균형을 말하면서 명확한 답을 찾지 못했는데 공항-항
만 선형도시와 지방권 다섯 광역도시의 어반링크를 이루게
하여 수도권과 맞서게 한다는 것은 나도 생각이 같습니다. 김
교수 같은 분이 이를 이론적으로 체계화해주면 우리가 실현
할 것입니다"라고 한다. 대통령과 충분한 공감대를 형성할 수
있다는 생각이 들었다. 국토공간전략에 대해서는 뛰어난 감
각이 있으나 주변에 제대로 된 전문가가 없는 것이 문제였던
것 같다. 이번 기자회견 때 과학벨트와 신공항에 대해 공약을
지키지 못하게 된 것을 사과하면서 확신을 갖고 더 큰 단계로
의 진전을 위해서 국민의 이해를 구하겠다 한다.

　마지막으로 동해-서해 관통운하를 말씀드리겠다 하자 대

통령이 두가지 제안만을 기대했는데 의외의 제안이 더 있다니 좋다고 한다. "이번에 설명드릴 안은 미국과 UN까지 관여된 안이라 비전이기보다 드림에 가까워 국가지도자가 세계여론을 설득해야 하는 안입니다. 국가의 장기 마스터플랜의 큰 방향을 제시하는 것이 진정 임기 말에 할 수 있는 일이라고 생각합니다"라며 말을 시작했다. "화해의 길로 들어서던 남북관계가 이번 정권에서 닫혔으므로 새로운 지도자가 나서기 전에 문을 다시 열어야 합니다. 서해와 동해의 두 바다를 연결하여 수도권을 동서로 관통하는 운하는 수에즈운하, 빠나마운하 같은 역할을 할 수 있습니다. 세계 최강의 경제권역인 황해 일대와 한반도, 시베리아, 일본열도 사이 바다를 관통하는 한반도 횡단운하의 지경학적 성과는 상상 이상일 것입니다. 시베리아의 천연가스를 한반도와 중국 동남해안으로 들여오고 백두대간의 물을 수도권에 공급하고 비무장지대를 산상의 수상도시로 만들면 남과 북이 공동으로 이북의 에너지문제를 해결하고 이남의 물문제를 해결하는 시대정신에 맞는 사업이 될 수 있습니다"라고 하자 대통령의 얼굴이 밝아졌다. "김교수 얘기는 들을 게 많아서 문제네요. 이렇게 일목요연하게 그림까지 그려오시니, 국가에 크게 도움이 될 것입니다. 자주 보십시다" 한다. "정치권을 기웃거리는 자는 소인배입니다. 그러나 지식인은 정부를 비판하기도 하지만 정부와 함께 가기도 해야 한다고 생각합니다"라고 화답한 뒤 마침 체력이 달리

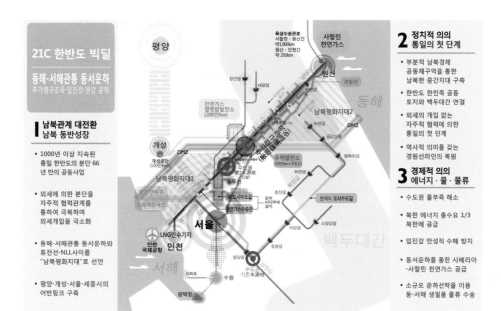

 내부의 지도 및 도표 텍스트:

21C 한반도 빅딜

동해·서해관통 동서운하
주거행구조곡·임진강·한강 운하

| 남북관계 대전환
남북 동반성장

- 1000년 이상 지속된 통일 한반도의 분단 66년 만의 공동사업

- 외세에 의한 분단을 자주적 협력관계를 통하여 극복하며 외세개입을 극소화

- 동해·서해관통 동서운하와 휴전선·NLL사이를 "남북평화지대"로 선언

- 평양·개성·서울·세종시의 어반링크 구축

2 정치적 의의
통일의 첫 단계

- 부분적 남북경제 공동체구역을 통한 남북한 중간지대 구축

- 한반도 한민족 공동 토지와 백두대간 연결

- 외세의 개입 없는 자주적 협력에 의한 통일의 첫 단계

- 역사적 의미를 갖는 경원선라인의 복원

3 경제적 의의
에너지·물·물류

- 수도권 물부족 해소

- 북한 에너지 총수요 1/3 북한에 공급

- 임진강 만성적 수해 방지

- 동서운하를 통한 시베리아·사할린 천연가스 공급

- 소규모 운하선박을 이용 동·서해 생필품 물류 수송

남북 동반성장을 위한 동해-서해 관통 동서운하 다이어그램

고 시간도 되어 자리를 마무리하고자 했다. 대통령도 무슨 말을 하려다 말고 "이러다 김교수 일 나겠습니다. 나랏일도 중요하지만 건강을 먼저 챙겨야 합니다"라고 하며 자리에서 일어났다.

자신이 생각치 못한 비상한 책략을 가진 소하(蕭何), 장량(張良), 한신(韓信)을 휘하에 얻은 유방(劉邦)과, 통어하기에 벅찬 발군의 책사 범려(范蠡)와 자신보다 못한 부하들 사이를 오가던 항우(項羽)에 비해 이 대통령은 자신이 만기총람(萬機總攬)해야 하는 불행한 지도자라는 생각이 들었다. 나름대로 능력을 지녔는데 도덕적으로 국민과 생각의 차이가 크고, 주위에 청렴하고 유능한 동반자가 없는 외로운 지도자 같다는 느낌이 들었다. 한국 최대 건설회사의 사장과 천만도시의 시장을 지낸 사람이 국민과 역사에 자신을 던진 것인데 결과가 민망했다.

열흘 뒤 과학벨트와 신공항에 대한 대통령 담화가 있었고, 국민도 대부분 동의했다. 그러나 세종시와 국토균형발전에 대한 새로운 계획은 나오지 않았고 4대강사업도 내 생각과는 거리가 먼 원안대로 강행되었다. 남북관계의 경색으로 동해-서해 관통 동서운하를 추진할 여지도 물론 없었다. '한반도 그랜드 디자인'의 이름으로 다시 제안하는 연유이기도 하다.

대통령과 지식인, 전문가의 만남에 대해 많은 것을 생각하게 한 대통령과의 대화였다. 도움을 주기 위해 갔지만 나도 많은 것을 배웠다.

10. 한반도 개조론

[일간지 인터뷰: 중앙일보 2011년 7월 23일, 서울경제신문 2012년 7월 12일]

2011년 7월 중앙일보 인터뷰 J Story '도시설계가 김석철 교수가 제안하는 한반도 개조론'과 2012년 7월 서울경제신문 인터뷰 서경이 만난 사람 '"동남권 신공항 공약은 잘못… 국토계획 정치도구화 안돼"'이다. 게재를 허락해준 중앙일보·서울경제신문 그리고 인터뷰를 담당한 기자들께 감사드린다.

도시설계가 김석철 교수가 제안하는
'한반도 개조론'

　김석철 명지대 석좌교수는 한국을 대표하는 건축가다. 경기고·서울대 건축과를 졸업했고, 건축가 김중업·김수근에게 배웠다. 서울 예술의전당이 그의 작품이다. 그는 건축보다 도시계획을 더 많이 했다. 20대에 종묘-남산간 재개발계획, 여의도 마스터플랜을 짰다. 일찍 두각을 드러낸 덕에 세계로 활동무대를 넓혔다. 중국·캄보디아·동유럽·중동의 신도시 설계에 참여했다. 뉴욕·베이징·베네찌아의 건축대학에서 교수도 지냈다. 그는 박학다식하다. 역사·지리·수리철학·양자역학을 폭넓게 공부했다. 경기고 시절부터 '천재 소리'를 들었다. 평생 지인인 조창걸 한샘 명예회장과 함께 나이 스물일곱에 서울대 응용과학연구소를 창설하기도 했다. 비디오아티스트 백남준과 함께 크로아티아 수도 자그레브에서 '백남준-김

석철 2인전'을 연 적도 있다.

2003년 이후 그는 암과 심장질환 때문에 대수술을 서너차례 받았다. 최근 서울 가회동 연구실에서 J(중앙일보 J Story)를 맞이했을 때 그는 매우 수척했다. 하지만 인터뷰하는 그는 열정적이고, 더러는 격정적이었다. 중국의 주자와 마오 쩌둥, 유럽의 레오나르도 다빈치와 나뽈레옹, 미국의 제퍼슨 대통령을 언급하며 도시설계에 대한 그의 포부를 드러냈다.

김교수는 연말을 목표로 『한반도 그랜드 디자인』이라는 책을 집필 중이다. 북한을 아우르는 한반도의 미래 공간전략을 담는다고 한다. 한반도를 중심으로 해서 중국·러시아·일본을 엮는 황해와 동해 도시공동체가 핵심 내용이다. 그는 "서둘러야 한다. 당장이라도 지도자들을 만나 설득하고 싶다"고 했다.

황해도시공동체 구상

김석철 교수는 인터뷰 중 '마스터플랜'과 '책략(策略)'이라는 표현을 섞어 썼다. 마스터플랜이 '이상'이라면 책략은 '생존전략'이다. 그는 "한반도가 중국·일본·러시아 사이의 교량역할을 하는 '황해도시공동체'를 만들어야 한다. 남북을 동서로 가로지르는 남북관통운하를 만들어야 한다"고 말했다.

— 왜 황해도시공동체인가.

"한국문명은 황해를 중심으로 이룩됐다. 삼국시대에도 서로들 황해로 나가는 길을 확보하려고 기를 쓰고 싸우지 않았나. 중국 부(富)의 60퍼센트가 중국 동부해안에 몰려 있다. 황해를 중심으로 세계 최대 인구 국가인 중국, 세계 최대 자원 국가인 러시아, 세계 2대 현금 국가인 일본이 모여 있지 않나. 이런 기회를 놓치면 안 된다."

— 황해도시공동체 속에서 한반도 내의 공간전략은 어떻게 짜게 되나.

"수도권, 이북권, 충청·영남·호남지방권 이렇게 3개의 지방권으로 나눈다. 각각 2500만 인구를 갖는 지방권이다. 현재의 충청·영남·호남은 각각을 경쟁관계로 보지 말고, 2500만의 지방권을 이루는 협력관계로 보아야 한다. 그래야만 경쟁력을 갖는다."

— 남북관통운하는 무엇인가.

"원산에서 추가령구조곡을 따라오면 바로 한강 상류와 만난다. 동해-추가령구조곡-임진강-한강을 잇는 물길을 만들자는 것이다. 러시아·중국·일본을 잇는 최단루트가 된다."

'추가령구조곡'은 원산에서 서울을 지나 서해안까지 전개되는 좁고 긴 골짜기다. 지형·지질학적으로 남북을 가르는 선이다. 김교수는 남북관통운하를 얘기하면서 에너지문제를 꺼냈다.

"한국에 절실한 게 에너지다. 천연가스가 에너지원으로 석유를 대체하고 있다. 천연가스가 세계에서 가장 많은 곳이 시베리아 아닌가. 천연가스는 발굴을 시작하면 중간에 밸브를 닫을 수가 없다. 끊임없이 뿜어져 나온다. 러시아도 천연가스를 팔 곳이 필요하다. 시베리아 가스관은 이미 블라지보스또끄까지 내려와 있다. 남북관통운하에 가스관을 내자는 것이다. 에너지 수입 비용을 현재의 절반으로 줄일 수 있다. 단순히 가스관만 만들지 말고 수로를 내자는 것이다."

── 한반도대운하 때문에 운하에 대한 거부감이 크다.

"대운하로 낙동강과 한강을 연결한다는 구상은 넌센스다. 장차 KTX로 전국토가 다 연결될 텐데 뭐하러 한반도대운하를 하나. 남북관통운하는 차원이 다르다. 동해와 황해를 연결하면 한국을 중심으로 러시아·중국·일본이 이어지는 것이다."

── 아무튼 엄청난 사업 아닌가.

"나뽈레옹이 황제가 되고 나서 대서양과 지중해 사이를 관통하는 미디운하를 만들었다. 남북관통운하는 미디운하의 3분의 1 공정이면 충분히 만든다. 동해는 러시아·중국·북한·일본·남한이 공유하는 바다다. 이런 동해와 세계 최강의 경제권역인 황해를 연결한다면 세계 최고의 운하가 될 수 있다."

── 백두대간을 가로질러야 하는데.

"에너지와 사람만 운하로 다니게 하는 것이다. 미디운하에도 몇천톤짜리 배가 다니진 않는다. 몇백톤짜리 배면 충분하다."

김교수는 운하 얘기를 하다 식수문제를 집어들었다.

"에너지 다음으로 중요한 게 식수다. 수도권 일대가 연간 10억톤의 물이 부족하게 된다. 현재로선 그걸 해결할 길이 없다. 식수가 어디서 나오나. 백두대간에서 오는 것 아닌가. 그걸 북한의 금강산댐이 막고 있다. 백두대간의 물을 이 수로를 통해 수도권으로 바로 갖고 오자는 거다."

── 예산이 엄청 들 것 같은데.

"10조원 정도 든다. 임진강에 60년 동안 쌓인 모래가 있는데, 그걸로 공사비를 충당하고도 남는다."

── 북한이 동의해야 가능한 것 아닌가.

"북한이 지금 제일 필요한 게 에너지다. 밤에 보면 캄캄하지 않은가. 남북이 같이 사는, 상생하는 길을 찾아야 한다. 연말께에 『한반도 그랜드 디자인』이라는 책을 내려 한다. 여기서 이북 도시들을 위한 마스터플랜을 제안하려 한다. 한반도의 엄청난 잠재력을 발휘하려면 북한과 함께 가야 한다. 이명박 대통령에게도 내가 부탁했다. '김정일 위원장을 만나게 해달라고. 내가 설득하겠다고. 이북이 사는 길을 내가 알려줄 수있다'고 말했다."

— 김정일을 설득할 수 있나.

"북한이 망할 때 제일 손해보는 사람이 김정일 아니냐. 그걸 파고들어야 한다. 김정일은 세계 최고 요충지의 지배자다. 나에게 김정일을 설득할 수 있는 강점이 하나 있다. 내가 이북원산에서 태어났다. 하하하."

— 한반도 마스터플랜의 실행이 시급한가.

"지금 북한정권이 무너지면 바로 중국이 들어온다. 중국이100만 대군을 파견한 적이 세번 있다. 그게 다 한반도였다. 수문제, 청 태종이 그랬다. 마오 쩌둥도 그러하지 않았나."

— 지금은 정권 후반기 아닌가.

"정권 초기에는 간신들이 들끓어 순수한 마스터플랜을 만들 수 없다. 정권 말기에 간신들도 사라지고, 대통령도 욕심이줄어든다. 그래서 절호의 찬스다. 임기 중에 한반도 마스터플랜을 선언하고, 다음 정권이 이것을 이어받게 만들어야 한다."

제2의 한양을 만드는 사람

한국사회는 국토에 손을 대는 각종 '마스터플랜' '프로젝트'에 신물 나 있다. 그런 플랜들은 대개 특정 정권이 특정 지역에 특혜를 주는 선물 보따리에 다름 아니었던 까닭이다. 보따리는 지역간 갈등을 불러일으켰고, 자연을 '골병' 들게 했다. 결국 쓸모도 없고 세금만 낭비하게 하는 애물단지로 남은 경우도 많았다. 이런 현상들에 대한 김석철 교수의 평가는 어떨지 궁금해졌다.

―스물여섯살에 여의도 마스터플랜을 했던데.

"20대에 내가 좀 유명했다. 서울대 건축과 다닐 때부터 그랬다. 박정희 대통령 때 여의도 마스터플랜만 만들라 하는데, 한강 마스터플랜이 없었다. 그래서 내가 '한강 플랜 없이 어떻게 여의도 플랜이 나오겠나. 한강 플랜을 같이 만들어야 한다'고 했다. 지금의 한강 선을 내가 그렸다. 원래는 한강이 여의도 안으로 들어왔다 나가게 하려고 계획했다. 그런데 5·16 광장이 여의도 계획에 끼어들고, 내 생각대로만 되진 않았다."

―한국 말고도 베이징, 그리고 공자의 고향인 취푸, 프놈펜의 마스터플랜 작업도 했던데.

"앞으로 아시아에서 10억 인구의 도시화가 이루어진다. 유럽과 미국을 합한 것보다 더 많은 도시가 생겨날 거다. 르네상스·산업혁명 같은 문명사적 변화다. 문제는 아시아가 서구의 근대도시 모델을 따라가고 있다는 것이다."

―서구 근대도시가 왜 문제인가.

"산업혁명 이후 생겨난 도시들을 보라. 인류의 5퍼센트가 전체 에너지의 25퍼센트를 쓰는 구조다. 아시아의 신도시들이 서구모델을 따라가면 인류는 공멸한다. 최소 에너지를 소비하면서 최고의 경쟁력을 갖고 문화를 이끌어가는 도시를 만들어야 한다. 유럽 중세도시들이 그렇다. 그렇기 때문에 1500년 넘게 지속되는 것이다. 로마 인근의 '볼떼라'(Volterra)는 인구가 2만명뿐인데 오페라하우스도 갖고 있다. 그 도시 사람들은 로마에 갈 생각은 꿈에도 안 한다. 세계에서 제일 좋고 아름다운 도시에서 살고 있으니까. 그런 도시설계에 관해 한반도가 인류 최고의 경험을 갖고 있다."

——무슨 뜻인가.

"중세 최고의 도시가 서울이다. 완전히 계획된 도시다. 이데올로기 혁명을 통해 유교국가라는 지식국가를 만들어낸 거다. 그 설계를 정도전이 했다. 말하자면 내가 제2의 한양들을 만들고 있다."

——김교수가 제2의 정도전이란 말인가.

"하하하. 제2의 정도전은 아니다. 정도전 이후에 정약용이 도시설계를 했으니까. 하지만 정약용이 설계한 수원화성에 대해 나는 아주 비판적이다. 당시에 노론이 수도를 다 장악하고 있으니까 정조가 신도시를 만들려고 했던 것이다. 그런데 정약용이 제대로 뒷받침을 못했다."

——과학벨트 입지 선정, 동남권 신공항 문제로 이명박 대통령에게 조언을 했다던데.

"지금 보면 지방들이 서울과 일대일로 붙으려고 한다. 서울을 '블랙홀'이라고 비판하면서도 서울을 따라가려고 한다. 그런 식이면 지방권은 몰락할 수밖에 없다. 지방권이 자립하고 연대하는 차원에서 과학벨트나 신공항 문제를 봐야 한다. 충청·영남·호남을 묶으면 2500만명의 지방권 아닌가. 그것을 위한 '세계공항'을 구상해야지 영남을 위한 신공항을 짓자고 하면 안 된다."

─정치인들이야 자기 지역을 우선하는 게 보통 아닌가.

"그래서 국가인프라는 아무나 관여하는 게 아니다. 지역구만 대변하는 게 국회의원은 아니지 않나. 600년 역사상 초유의 상황인데 자기 지역구만 생각하고 한반도 인프라를 말하지 않는다면 그건 범죄다."

─서남해안에 각별한 관심을 갖고 있는 것 같은데.

"남한이 원래부터 경부선 축으로 개발된 게 아니다. 20세기 초 일본 육군이 쿠데타로 정권을 장악하면서 그 계획이 바뀐 것이다. 우리나라 국도 1호가 목포-서울간 아닌가. 해방 당시 목포 인구 중 한국인이 10퍼센트가 넘지 않았다는 것을 아는 사람이 별로 없다. 그만큼 서남해안은 잠재력이 크다. 중국과 바로 연결되지 않나. 한반도의 숨은 잠재력과 가능성이 거기 있다."

─현재 서남해안은 J프로젝트로 개발 중이다.

"서남해안을 섣불리 손대면 안 된다. 그런데 J프로젝트 보고 내가 아연실색했다. 이건 뭐 그냥 지역구 민원 해결사업이다. 바다를 파괴하는 게 다리다. 베네찌아에선 인근 섬과 잇는 다리 놓는 계획을 100년째 하고 있다. 반대가 많으니까. 그런데 다리 놓고 공단 만드는 게 J프로젝트의 80퍼센트더라."

── 개발이 능사가 아니란 말인가.

"가장 이상적인 도시는 소도시다. 마오 쩌둥이 생각한 중국의 현대화도 소도시화였다. 도시경쟁력을 가지면서도 농촌의 풍요로움과 역사의 품위를 잃지 않는 조그마한 도시는 굉장히 아름답고 힘이 있다. 그런 도시로 한반도를 뒤덮어야 한다. 국가적 차원에서 대도시 경쟁력이라는 것도 필요하긴 하다. 세계와 경쟁하는 도시는 서울 하나면 된다. 왜 한반도의 모든 도시가 세계와 경쟁하려고 하나. 할 필요도 없고, 한다고 되지도 않는 일을. 자기들을 위한 풍요로운 도시를 만들어야 할 것 아닌가."

── '도시계획자'라는 것은 무엇인가.

"도시계획자는 스스로를 성직자라고 생각해야 한다. 도시계획자는 100년, 200년 뒤를 내다보는 책략을 만드는 사람이다."

글 성시윤 기자 | 사진 박종근 기자

"동남권 신공항 공약은 잘못…
국토계획 정치도구화 안돼"

대학로 마로니에공원 뒤편에 자리잡은 사옥에서 기자를 맞은 김석철 아키반 건축도시연구원 대표(명지대 건축학과 석좌교수)는 다소 마르고 지쳐 보였다. 오랜 암 투병의 흔적 탓이리라. 하지만 인터뷰 내내 그의 표정과 말은 힘과 열정으로 가득했다.

"20년 가까이 대학에 몸담고 있다 보니 교수라는 직함이 더맞는 것 같다"는 그는 한국 건축과 도시계획을 얘기할 때 절대 빼놓을 수 없는 인물이다. '한샘 시화공장' '예술의전당'등 건축작품들은 물론 여의도 등 굵직한 도시설계 역시 그의손을 거쳤다. 특히 한샘 시화공장은 서울경제신문과 국토해양부·대한건축사협회가 공동 주최하는 국내 최고 권위의 건축상인 '한국건축문화대상' 초대 대상 수상작이기도 하다.

기자가 방문했을 때 그는 오는 9월 중순에 출간할 예정인 『한반도 그랜드 디자인』이라는 책의 최종 수정본을 꼼꼼히 살피던 중이었다. 내용을 물으니 "12월 대통령선거를 앞두고 도시계획·건축에 대한 제언을 담은 책"이라는 대답이 돌아왔다.

"대선 주자들도 모두 읽겠죠. 그리고 답이 없으면 어쩔 수 없죠. 더이상은 나서지 않을 겁니다. 이 책이 내 마지막 공적 의무가 될 겁니다."

그는 건축가이면서 오히려 도시계획에 많은 시간과 열정을 쏟았다. 굵직한 도시·국토 정책 때마다 그는 늘 직설적이고 거침없는 자기 주장으로 정관계의 주목을 받아왔다. 그를 만나 작품세계와 한국의 도시·국가 인프라, 건축계에 대한 거침없는 얘기를 들었다.

외관만 멋진 건물은 '사기'다

"한샘공장은 건축가가 아닌 휴머니스트와 엔지니어로서 설계했죠. 그 공장 근로자들이 '우리가 세계 최고'라는 자부심을 가질 수 있도록 인간중심의 설계에 신경 썼던 작품이라고 자부합니다."

지난 1992년 제1회 한국건축문화대상 대상 수상작인 한샘

시화공장은 공장이 완벽한 기능을 갖추면서도 얼마나 아름다울 수 있는지 보여준 파격적 실험으로 우리 사회에 큰 반향을 불러일으켰다. 20년이 지난 지금까지 한샘 시화공장은 현대 건축의 기념비적 작품 중 하나로 꼽힌다.

김교수는 "한샘 시화공장은 기술적·인간적으로도 최고의 작품"이라고 말했다.

"20년 전에 이미 '에너지 제로' 건물을 지은 겁니다. 바람과 빛을 이용해 조명과 실내온도를 조절하고 공장에서 나오는 폐자재를 갈아 태워 에너지를 스스로 만들어낼 수 있도록 설계됐죠."

김교수는 건축은 종합예술이어야 한다고 생각한다. 겉만 화려한 건물에 대해 그는 신랄한 비난을 퍼부었다. 에너지와 사람에 대한 고려 없이 겉만 멋지게 꾸민 건물에는 '사기'라는 표현도 서슴지 않았다.

그가 설계한 예술의전당 시공 당시에는 건물 모형을 자비로 만들어 공사장 앞에 뒀다고 한다. "일용직 노동자들도 스스로 무슨 건물을 짓는 데 참여하고 있는지 느낄 수 있어야 한다는 생각에서였습니다."

예술의전당은 내 열망의 무덤

김교수의 작품에는 '원(圓)'의 이미지가 강렬하다. 예술의

예술의전당 오페라하우스
공사 당시 현장에 둔 모형

전당, 밀라노씨티 등이 대표적이다. 원에 대한 집착이 있었던 것일까.

그러고 보니 그의 대표작 중 하나로 꼽히는 예술의전당도 원형의 구조물이다.

"위치 때문이죠. 정북향 건물의 햇볕문제를 해결하기 위해서는 원형건물을 택할 수밖에 없었어요. 원형건물을 세우면 하루종일 빛이 들죠."

우여곡절도 많았다고 한다. 원형극장 세개를 집어넣는 일은 쉬운 일이 아니었기 때문이다. 당시 다들 미쳤다고 할 정도였다.

"직접 대통령을 설득했어요. 대통령이 다 듣고 나가시다가 나를 손가락으로 가리키며 한마디 하시더군요. '당신 역사에 남을 거요'라고."

하지만 이같은 열정을 쏟아부었음에도 김교수는 정작 예술의전당을 "내 열망과 구상이 죽어서 남긴 시체와 같다"고 표현했다. 시공과정에서 공사비 등 현실적인 문제에 맞닥뜨리면서 그가 제시했던 안대로 지어지지 못했다는 것이다.

"건물이 완공된 후 지금까지 단 한번도 그 건물 사진을 안 찍었습니다. 조만간 나올 책 때문에 25년 만에 처음 사진을 찍었죠."

도시계획, 조미료만 제시해선 안 된다

시장이 바뀔 때마다 도시계획이 뒤바뀌는 서울시의 건축·도시 정책에 대해 물으니 작심한 듯 쓴소리를 내놓았다. 서울 시장들이 근본적인 도시역량을 강화시키기보다는 전시성 행정에 치중해온 것을 두고 그는 "밥은 주지 않고 설탕과 조미료만 주는 것"이라고 비판했다.

그는 "서울은 하나의 거대한 유기체다. 강남과 강북 두개의 불완전한 도시가 한강으로 단절돼 서로 마주보고 있다. 그러다 보니 내부에 불필요한 교통량이 그렇게 많을 수밖에 없다"고 지적했다.

'환자'인 서울에 영양소이자 밥은 무엇일까. 그는 서울시장 보궐선거 당시 당장 실행할 수 있는 아이디어부터 중장기 과제까지 다양한 시정안을, 한 매체를 통해 기고로 제시했다.(「서울시장 후보들에게 묻는다」, 『창비주간논평』 2011.10.11)

당시 그는 시민광장과 재래시장을 살릴 것, 개보수 매뉴얼을 만들어 저렴한 비용으로 저소득층의 집을 고칠 것, 초고층 유리건물을 규제할 것, 사대문안을 역사특구로 지정할 것 등을 내놓았다.

9월 정부부처 이전을 앞두고 있는 세종시에 대해서도 김교수는 "과천이 이사하는 것 그 이상도 그 이하도 아니다"라고 비판했다. "지방분산이라고 법석을 떨면서 왜 행정부처만 이전해야 하느냐"는 게 그의 생각이다.

대선주자들도 국토 인프라로 장난 말아야

김교수는 이명박 대통령이 지난해 과학벨트 입지를 선정하기 전, 약 50분간 독대했다고 한다. 그는 당시 대전으로 입지를 선정해야 한다고 조언했다는 것이다.

대선을 앞두고 다시 논란을 빚고 있는 동남권 신공항 건립 문제에 대해서도 정치권을 향해 경고했다. "2500만명 정도의 배후인구가 있으면 신공항이 제 기능을 합니다. 공약에 끌려 건설을 시작한다면 짓는 도중 문 닫아야 하는 사태가 올 것입니다."

그는 "이대통령에게 공약을 파기하라고 자신있게 얘기했다"며 "이번 대선주자들도 국토인프라를 갖고 장난치지 말아야 한다"고 목소리를 높였다.

그는 9월 중순에 내놓을 『한반도 그랜드 디자인』에 상당한 애착을 보였다. 그가 대선주자들에게 던지는 비장한 정책제

언이다. "암으로 입원했을 때도 매달렸던 원고입니다. 통일한국시대에 대비하고 한민족의 미래를 책임질 수 있는 공간전략을 세워야 한다는 신념으로 썼죠."

직설적인 성격 탓일까. 그는 단 한번도 공직이나 건축 관련 단체장을 맡은 적이 없다. 그럼에도 그에게는 이회창, 정동영, 김문수 등 유독 많은 정관계 인사들이 찾아온다.

열의·자격 있는 젊은 건축가 키워야

그의 비판은 그가 몸담고 있는 건축계로도 향했다.

"유능한 후배인데 설계를 못하고 건설사에서 일반 업무를 하고 있더군요. 한때는 대학교 건축학과 진학이 의대보다 어려운 시절이 있었는데 그렇게 어렵게 들어가 공부한 학생들이 심지어 실업자가 돼 있으니……"

그는 대형 건축사사무소의 독점에 강한 비판을 제기했다. "지금은 일의 95퍼센트를 5퍼센트의 사무실이 다 하고 있어요. 공공기관에서 발주하는 설계는 여러 건축가에게 기회가 갈 수 있도록 일종의 '공영제'를 도입해야 합니다. 특히 젊은 건축사들이 참여할 수 있는 길을 터줘야 해요. 실적이 있는 사람이 아니라 열의와 자격이 있는 사람이 참여할 수 있는 방안을 만들어줘야 합니다."

그는 책 출간이 끝나면 작은 건축작품 하나에 매달릴 생각이다. 당대의 인재를 모아 집단창작을 통해 수렁에 빠진 뉴타운의 길을 찾아야 하고 공공기관과 건축가가 함께 공공의 적이 된 공공프로젝트를 국민이 납득할 수 있는 단계까지 끌어올리는 혁신작업을 해야 한다는 것이다. 대통령까지 서명한 건축정책위원장직을 마다한 뒤 일어난 그간의 국정실패에 대해 책임을 지려는 생각이 있지만, 지금은 우선 건축가로서 개별작업에 몰두하고 있다. "20세기 최고로 꼽는 작품 중 하나가 바로 프랑스의 롱샹(Ronchamp)교회입니다. 300제곱미터 미만의 작은 건축물이지만 전세계 사람들을 흔들어놓았습니다. 그런 작품을 하나 남기고 싶습니다."

제주도 서귀포 인근을 건축 대상지로 꼽고 있다고 한다. "작은 미술관이나 박물관이 될 겁니다. 하지만 그 안에 들어오면 삶에 대한 근본적인 질문을 다시 하는 명상의 공간이 될 수 있는 건축물을 만들고 싶어요"

대형 공공건축물과 도시, 그리고 한반도를 고민하는 대가가 결국 다시 돌아온 곳은 '작은 건축물'인 셈이다.

□ 김교수의 평생지기 조창걸 회장과 백낙청 서울대 교수

김석철 교수에게는 평생의 지기(知己) 둘이 있다. 조창걸 한샘 명예회장과 백낙청 서울대 명예교수다. 김교수는 두 사람을 지금도 일주일에 한번씩 만난다고 한다.

조회장은 서울대 건축과 시절 선후배로 만났다. 조회장은

경영의 길로 들어서면서 진로가 갈렸다. 그러나 조회장은 줄곧 김교수의 후원자이자 엄한 감시자 역할을 해왔다. "조회장은 내게 세계를 압도할 만한 건축을 하라고 항상 격려합니다. 내가 한눈 파는 것을 용납하지 않는 덕분에 상업건축 대신 공공건축, 그리고 도시설계에 집중할 수 있었습니다."

한샘 시화공장은 조회장이라는 건축주가 있었기에 가능한 작품이기도 했다. 김교수와 조회장은 이 공장을 설계하기 전, 독일과 스웨덴의 가구공장들을 직접 다니며 작품을 함께 고민했다.

백교수와의 우정은 세간의 관심사이기도 하다. 언뜻 스스로 '보수'라고 말하는 김교수와 '진보'의 대명사인 백교수의 우정이 이해가 가지 않는다.

"백교수님은 보수의 가치를 이해하면서 좌파, 우파 모두가 존경하는 진보이고 저는 보수적 집안에서 자라고 할아버지로부터 보수적 교육을 받았으나 진보적 작가, 학자 들과 더 가깝습니다. 그러나 백교수님과 저는 진보와 보수의 원류로서 각자의 길을 비교적 타협없이 걸어왔다고 생각합니다."

그가 백교수의 해직교수 시절에 그의 집을 설계해준 이야기를 들려줬다. "그분이 좋은 집 짓는 것을 그렇게 미안해 하시더군요. 대한민국 진보가 얼마나 맑고 깨끗하게 사는지 알게 됐습니다."

김교수는 어린이대공원에 세우려 하는 박정희대통령 기념

2006년 예술의전당에서
가진 저자의 '건축 40년,
도시 40년' 기념전시회를
위해 출판한 책의 표지

관 기본설계도 했지만 다른 한편으로는 문선명기념관을 통일
교로부터, 문익환 목사의 기념관 설계를 큰아들 문호근씨로
부터 부탁받기도 했다. 세 기념관 모두 이런저런 이유로 완성
을 보지는 못했지만 좌우를 넉넉히 품어내는 대가의 품을 가
늠케 하는 일례다.

대담 정두환 부동산부 부장
정리 이혜진 기자 | 사진 김동호 기자

힐링파크

암병동에서 힐링파크로

천년 넘도록 하나이던 나라가 강제로 분단된 사례는 인류역사상 우리 말고는 없다. 세계가 우리를 우습게 본 것이다. 정의롭지 않은 국제정치의 피해자인 남과 북이 세계사의 새로운 지평을 보여줄 때가 되었다. 그것이 정의(正義)다.

이즈음 자주 대한제국을 생각한다. 500년 지속해온 조선왕조가 세계열강에 의해 흔들리던 1897년, 고종은 대한제국을 선포하고 열강의 틈바구니 속에서 국가개혁을 시작했다. 서울로부터 지방으로 뻗어나가는 다섯 철도망과 항만을 연결해 한반도 인프라를 구축하고 서울을 시청 중심의 방사형 도시로 바꾸는 구조개혁을 이루고 국가경영제도를 일신하여 주요 토지를 국유화하고 외교적 자주독자노선을 선언했다. 그러나 대한제국은 개국 8년 만인 1905년 일본의 보호국이 되고

1910년 자멸하다시피 일제에 강점된다. 일제는 대한제국이 시작한 한반도 인프라를 36년 동안 식민통치에 유리한 방향으로 왜곡했다. 이후 일본이 패망했으나 한반도는 원상 회복되지 못하고 소련과 미국의 분할점령에 의해 적대관계의 두 나라가 되었다. 6·25전쟁으로 분단이 고착화되고 비무장지대를 사이로 백만대군이 마주한 채 60년이 흐르는 사이 남한은 세계 10대 경제강국이 되고 북한은 핵무기를 가졌거나 혹은 가지려 하는 가난한 나라가 되었다.

『한반도 그랜드 디자인』은 대한제국을 선포하던 때와 같은 개혁이 필요한 지금 추진해야 하는 '대통령 프로젝트'다. 2012년 대선에서 당선될 대통령이 이를 받아들여 21세기 대한제국을 선언하기를 바라며 책을 만들었다. '지방권 통합공항과 농수축산 집합도시'와 '세종시 제3의 길'은 5년 안에 이룰 수 있는 사업이다. '수도권 산업도시회랑'과 '뉴타운'은 국민이 나라에 희망을 갖게 할 수 있는 일이다. '두만강 하구 다국적도시' '동서관통운하와 백두대간 에너지도시'는 남북 공동으로 해야 하는 어려움이 있지만 우리 대통령이 북의 지도자와 함께 나서 세계 여론과 자본을 설득하면 의외의 길이 열릴 수 있는 프로젝트다.

국민이 대통령 후보를 시험하고 제대로 선택해야 한다. 2013년은 대한민국이 다시 웅비할 수 있는 때다. 대한제국이 망한 것은 일본이 아니라 우리 탓이었다.

『희망의 한반도 프로젝트』『SEOUL 2000』등 8권의 도시·국토계획서를 출간한 이후, '지방분권정부' '수도권 혁신' '북한 도시건설'을 큰 주제로 하여 아홉번째 책을 만들면서 느낀 좌절과 회한을 말하지 않을 수 없다.

지난 40년 동안 수학과 건축의 길을 넘어 한반도 국토경영에 대한 나름의 창조적 도시설계안을 만들었다.

1969년 여의도 마스터플랜을 할 때는 서측에 국회를, 동측에 대법원과 시청을 두고 두 축 사이 지하에 통과교통을 담당하는 지하광장을 제안했고 서울대 종합화계획 때는 관악산-과천을 잇는 대학도시를 제안했다.

1994년 정도(定都) 600주년 때는 경복궁과 남대문을 잇는 서울 일번가로, 북촌 역사구역, 청계천 복원, 종묘-남산간 브로드웨이, 동대문 디자인씨티의 다섯 안을 담은 '사대문안 구조개혁'을 만들고 2000년 베네찌아비엔날레에서 발표했다.

『조선일보』1995년 1월 1일자를 시작으로 다섯차례에 걸쳐 연재한 「꿈꾸는 한강」은 한강을 중심으로 서울을 재조직하려는 안이다. 강남과 강북을 한강과 연결하는 보행전용 다리를 설치하고 중간에 인공 섬을 만들어 서울 일번가로와 연결되는 축이 예술의전당까지 이어지는 서울상징가로를 제안했다.

새만금에 대해서 3년여에 걸쳐 '새만금 바다도시'안을 만들어 책으로도 출간했고 세종시에 대해서는 반대안, 수정안,

발전안 등 5년 동안 끊임없이 대안을 제시했다.

그러나 40년 집념의 궤적은 보람되지 않았다.

1970년 여의도 마스터플랜의 핵심인 보행중심도시는 중간에 들어선 5·16광장으로 사라지고, 대학원 중심의 연구산업 대학도시를 만들고자 했던 관악산 서울대 마스터플랜은 아직도 실현되지 않았다. '사대문안 구조개혁'의 핵심 다섯 안 중 '서울 일번가로'는 시청광장, 광화문광장, 숭례문광장으로 삼분되고, 600년 전 정도 당시의 도시원리를 살리고자 한 청계천 복원은 내실 없는 외형으로만 남았으며, 종묘-남산간 브로드웨이는 아직 시작도 못하고 있고, 동대문 디자인씨티는 흉물이 되었다.

'꿈꾸는 한강'은 노들섬 오페라하우스와 새빛둥둥섬으로 왜곡·변조되었고, 새만금은 한때 '새만금 바다도시'가 표절되더니 이제는 33킬로미터의 방조제를 모두 막고 지속불가능한 미래로 가고 있으며, 세종시 대안은 정치권의 꽃놀이패가 되었다. 서울·수도권 산업도시회랑은 많은 정치·행정가들이 동의하면서도 실행하지 않고 있다.

평생 한반도 인프라를 연구한 사람의 마지막 제안인 '한반도 그랜드 디자인'의 뜻을 살리려는 노력은 좋다. 그러나 창조적 안을 만든 사람의 철학을 이해하고 정신을 받아들이지 않고 자기 식으로 구체화하는 모방은 안 된다. 모방은 창조의 면역력을 약화시킨다. 밀라노 사람들은 뽀(Po)강의 물을 끌어들여 밀라노를 운하도시로 만들려 한 레오나르도 다빈치의 창조적 제안을 수백년이 지난 지금까지도 실현하려 하며 아직도 그 정신을 이어받고 있다. 〈최후의 만찬〉은 다빈치 혼자 만든 작품이지만 밀라노는 다빈치와 후대의 사람들이 함께 만든 도시다.

43년 전 대통령에게 보고한 '여의도 및 한강연안 개발계획'의 도면과 마스터플랜을 이 책 제2부에 넣은 것은 그런 안타까움과 아쉬움을 보이려 한 것이다. 1969년 여의도와 한강 마스터플랜 때부터 구상하기 시작한 『한반도 그랜드 디자인』을 출간한 후 두만강 하구 다국적도시 안을 더 발전시켜 러시아, 중국, 일본 그리고 무엇보다 북한 주민과 우리를 설득할 수 있는 최고의 도시설계를 완성하고 싶다.

지난 40여년 많은 분들로부터 큰 도움을 받았다. '종로-남산간 개발계획'을 하면서 종묘까지 이어온 북한산의 흐름을 남산에 닿게 하고 명동까지 이어보겠다고 했을 때 "바로 그것이 핵심이다. 해보라" 하고 "건축은 공간이다. 한국 현대건축에는 공간이 없다. 자네는 해낼 것이다" 하신 김수근 선생의 믿음을 잊을 수 없다. '여의도 마스터플랜' 때 후배를 도와 실시설계를 완성케 해준 정명식 전 포항제철 회장과 '서울대학교 마스터플랜' 때 학내의 반대를 무릅쓰고 '서울대학 도시화계획'을 끝까지 밀어준 이훈섭 건설본부장, 그리고 '쿠웨이트 신도시 국제현상' 당시 중동도시 설계를 도맡던 미국의 벡텔을 제치고 일할 수 있게 한 강병기 도시계획학회 초대회장 등을 잊을 수 없다.

당대의 석학과 국가지도자들의 성원도 있었다. 예술의전당이 20세기 최고의 아트센터가 될 것이라며 정부를 적극 설득한 뽕삐두센터 공동설계자 네명 중 한 사람인 마이클 토드, 그리고 당선자가 주건물만 설계하고 콘서트홀, 미술관, 자료관, 예술종합학교는 하바드대학 교수팀, 바비칸센터 설계자와의 공동작품이 되게 하려던 건축계를 설득해낸 이진희 당시 문화공보부 장관 등이 없었다면 오늘의 예술의전당은 없었다.

류 지 중국사회과학원 부원장은 황해도시공동체와 취푸 신도시에 대해 "김교수가 중국 과거의 진체와 미래의 구체를 알게 하여 잃어버린 중국의 역사와 미래를 찾아주었다"며 두 도시설계안을 지지하고 중국 고위층 인사를 소개시켜주었다.

1999년 '인천공항 바다도시'를 주제로 한 베네찌아시와 베네찌아대학, 조선일보의 공동회의에 참여한 까치아리(M. Cacciari) 베네찌아 시장은 "인천은 베네찌아보다 뛰어난 입지를 갖고 있다. 인천공항 바다도시를 중심으로 이루어진 황해도시공동체는 아시아의 진주가 될 것이다"라며 한반도의 지경학적 중요성에 대해 공감하고 중국과 아르헨띠나를 제치고 베네찌아비엔날레 마지막 국가관으로 한국관이 들어설 수 있도록 시의회를 설득했다.

밀라노디자인씨티는 모라띠 밀라노 시장의 도움이 없었다면 불가능한 일이었다. 알레산드로 멘디니(Alessandro Mendini) 선생은 르꼬르뷔지에, 루이스 칸과 비견하며 우리의 안을 모라띠 시장에게 강력히 설득했다. 나는 "밀라노디자인씨티를 인천에 세우면 당신은 21세기의 이사벨라 여왕이 되고 나는 콜럼버스가 된다"며 설득했다. 나뽈리따노 대통령은 2009년 9월 15일 밀라노디자인씨티 전시관 개관식에 참석하여 "마르꼬 뽈로 이후 당신이 동양과 서양을 다시 만나게 했다. 당신은 기적을 만들고 있다"는 찬사를 아끼지 않았다.

랴오닝성과 한반도의 공동경제특구 'CHINA-KOREA PAIR F.E.Z'의 보 시라이 성장, 칭화대학교 대학원 석박사과정에서 '취푸 구조개혁과 신도시'를 지도한 우 량룽 교수 등은 공동작업자이기도 하다.

『희망의 한반도 프로젝트』를 읽고 이회창 후보를 북촌스튜디오로 모셔와 3시간여 함께해준 윤여준 선배, '국가개혁과 프놈펜 마스터플랜'을 보고 안이 너무 좋아 이를 위해 연임해야겠다는 말까지 한 캄보디아 훈센(Hun Sen) 총리, '바꾸 신도시' 프레젠테이션 당시 "당신은 도시설계가 이전에 위대한 인문학자다"라던 아제르바이잔 신행정수도 장관과 파트너였던 이종상 전 토지공사 사장, 전문가도 읽기 힘든 600쪽의 도시계획서 『여의도에서 4대강으로』를 출간한 박광성 생각의 나무 사장 등 많은 분들의 후원이 없었으면 나도 좌절했을 것이다.

　싸르트르가 생이 거의 끝나갈 무렵 쏘르본대학의 초청연설 중 한 말이 가슴이 와 닿는다. "나는 이제 여러분 곁을 떠날 것입니다. 피곤하군요. 내가 지금 가지 않으면 나는 결국 바보 같은 말을 많이 하게 될 것입니다."

Pair F.E.Z 두 나라의 경제특구가 하나의 자유무역지대(Free Eco-
nomic Zone)를 형성하는 곳으로 인천경제특구와 진저우 항만공단
이 처음 시도함.

강북 르네상스 600년 역사도시권인 사대문안을 중심으로 한강 동서
와 강북 지역의 구서울을 현대화된 도시구역으로 만드는 계획.

공항-항만도시 로테르담과 스키폴공항같이 공항과 항만이 하나의
도시구역을 형성하고 있는 특별도시.

꿈꾸는 한강 필자가 1995년 1월 1일부터 6회에 걸쳐 조선일보에 연
재한 한강 중심의 서울 구조개혁 플랜.

도농복합체 계절에 의존하는 농어촌에 공장·시장·학교·주거시설
등 도시적 요소를 더해 사계절 산업기지로 만들어 도시화한 신공동

체로, 농어촌 다수가 모여 이루는 복합농어촌.

도시산업회랑 도시 내 산업군이 연결되어 산업도시화된 것으로 서울 구로디지털공단, 인천 남동공단, 부천공단 등 어반인프라로 연결된 도시화 구역.

만인성채(萬人城砦) 야간인구 1만, 주간인구 10만의 소프트 인더스트리와 농수축산 공장, 그리고 시장이 관광도시화된 성채.

밀라노디자인씨티 인천공항 동쪽 4킬로미터, 인천대교와 공항대로의 삼각지 해안에 위치한 디자인 메카. 밀라노의 피에라 밀라노, 트리엔날레 레오나르도 다빈치 뮤지엄 등 주요 디자인 요소와 라스베이거스의 컨벤션씨티가 들어설 대지 120만평, 총 200만평 규모의 공항도시.

바꾸 신도시 카스피해의 중심국가 아제르바이잔의 수도 바꾸의 새로운 행정수도.

바다도시 바다가 도시 안으로 들어와 바닷물이 도시 인프라의 기반이 된 베네찌아 같은 수상도시.

베이징 경제특구 BDA 베이징 남쪽 5순환선에 건설하고 있는 20만 인구의 신과학 경제특별도시.

사대문안 서울 구조개혁 510년 역사도시 한양의 성곽 안 도시를 역사도시구역으로 지정한 도시개혁플랜.

산업도시회랑 대도시 내부의 산업기능군이 도시교통의 흐름과 일체화된 선형산업도시군.

소프트 인더스트리 대규모 장치산업이 필요하지 않은 IT(정보통신), BT(생명공학) 분야 등 창조산업을 중심으로 하는 신산업.

시장형 공단 공장과 시장이 하나의 공간공동체인 아랍세계의 바자르(Bazaar) 같은 공단시장.

신공항 4+1씨스템 기존 4개의 지방공항을 동아시아와 국내 전용공항으로 하고, 이들을 묶는 1개의 신공항이 지방권 농수축산물 공장·시장도시와 유럽·미대륙 간 장거리 국제공항 기능을 담당하는 공항연합체.

아덴 신도시 남예멘의 수도 아덴 서측에 계획 중인 40만 인구의 석유화학과 농축산 중심의 이슬람식 도시로 쿠웨이트펀드가 지원한 중동의 신도시.

어반링크 일군의 도시가 농촌을 기반으로 도시간 산업과 인구, 교육과 문화를 연계한 도시형식.

어반클러스터 일군의 도시가 유기적으로 집합된 도시연합.

에너지씨티 화석에너지와 대체에너지를 주산업으로 하고 최소 에너지로 최고 효율을 이룬 도시.

여의도 마스터플랜　1969년 완성되어 45년 만에 오늘의 여의도를 이루는 데 토대가 된 기본계획서.

운하도시　17세기 프랑스에서 완성된 미디운하와 뚤루즈 사이의 도농복합체같이 호수와 강과 운하를 따라 이루어진 수상도시.

제2수도　수도 다음의 영향력을 가진 도시로 실질적 국가수도 기능의 일정 부분을 담당하는 도시.

중간도시　도시와 농촌 사이의 도농복합체.

지방권 통합공항　지방권 국제공항의 중심공항으로 지방권 도시산업과 연계된 장거리 국제선 전용공항.

지방분권정부　수도권과 대응하여 자립경제하에 정치적·경제적 반독립상태를 이룬 지방권 정부.

진저우 항만도시　랴오닝성 다롄항이 과밀하여 보하이만의 중심도시 진저우에 만든, 항만과 공단이 결합한 도시.

창조적 신산업　1·2·3차의 기존 산업분류와 다른 차원의 산업분류로 하드 인더스트리와 소프트 인더스트리 다음 단계의 문화예술 기반의 신산업.

청해　시베리아, 한반도, 일본 열도 사이의 바다를 동해, 일본해, 이베리아해 등으로 부르는 것을 역해석한 새로운 이름의 바다. 황해와 대응하는 뜻도 있고, 아프리카와 아라비아 반도 사이의 홍해와 중국 동부해안과 한반도 사이의 황해와 삼합을 이루는 바다라는 뜻으로 Blue Sea, 청해라 제창함.

청해도시공동체 황해도시공동체와 같은 개념으로 청해(동해)를 중심으로 한 블라지보스또끄, 나홋까, 라선, 원산, 니이가따, 후꾸오까, 울산, 부산 등의 도시간 공동체.

취푸 신도시 중국의 삼황오제와 유학의 발상지인 3000년 도시 취푸 남방에 세우고자 하는 50만 인구의 신도시.

쿠웨이트 신도시 중동 최초의 신도시로 1975년 국제현상에 한국안이 당선되어 한국건설업체가 시공한 쿠웨이트 수도 부근의 자라 신도시.

하드 인더스트리 조선, 기계, 철강 등 대규모 장치산업이 주가 되는 산업.

황해도시공동체 황해에 접한 중국 동부해안과 한국 서해안, 그리고 일본의 일부 도시들을 포함하는 지역도시들의 상징적·선언적 단계에서의 문화적·경제적 협력체.

황해도시연합 황해 주변도시들의 정치·경제 연합체로 정치와 경제 조약 또는 협약에 따라 서로 협력하여 하나의 거대한 도시권역으로 발전해나가는 단계.

WORLD PROJECTS & SPECIAL WORKS

크로아티아

자그레브 백남준-김석철
2인전 (1993)

이딸리아

베네찌아 비엔날레 한국관 (1994)
베네찌아 "서울과 건축"전 (1993)
베네찌아 "스카이빌리지"전 (1994)
베로나 "Abitare Il Tempo 2001"전 (2001)
베네찌아 비엔날레 전시 (2000, 2004)
밀라노 BUILD-UP EXPO 전시 (2006)
밀라노 BIT 전시 (2009)
베네찌아대학 초빙교수 (1998~)

스페인

바르셀로나 "스카이빌리지"전 (1996)

이집트

알렉산드리아 도서관 (1991)

쿠웨이트

자라 주거단지 마스터플랜 (1975)

사우디아라비아

리야드 압둘 아지즈 메디컬센터
마스터플랜 (1979)

지부티

지부티 신도시 마스터플랜 (2008)

아제르바이잔

뉴 바꾸 신행정수도 마스터플랜
(2009)

예멘

아덴 신도시 마스터플랜 (2008)

국

교-남산 재개발계획 (1967)
|도 마스터플랜 (1969)
악산 서울대학교 마스터플랜 (1970)
주 보문단지 마스터플랜 (1972)
술의전당 도시화계획 (1982)

본

샘디자인센터 전시회 (1996)

국

이징 경제개발특구 마스터플랜 (2000)
푸 신도시 마스터플랜 (2000)
저우 한중합동공단 마스터플랜 (2003)
칭 난후리조트 마스터플랜 (2005)
칭 아이타워 (2005)
이나하우징 전시회 (2000)
화대 초빙교수 (2004~)
칭대 초빙교수 (2005~)

보디아

놈펜 비전플랜 (2005)

미국

미주 원불교 총본부 (2005)
하버드대학교 초청 전시회 (1997)
뉴욕 컬럼비아 건축대학원
객좌교수 (2000~2003)

1:150,000,000

0   3000km

472

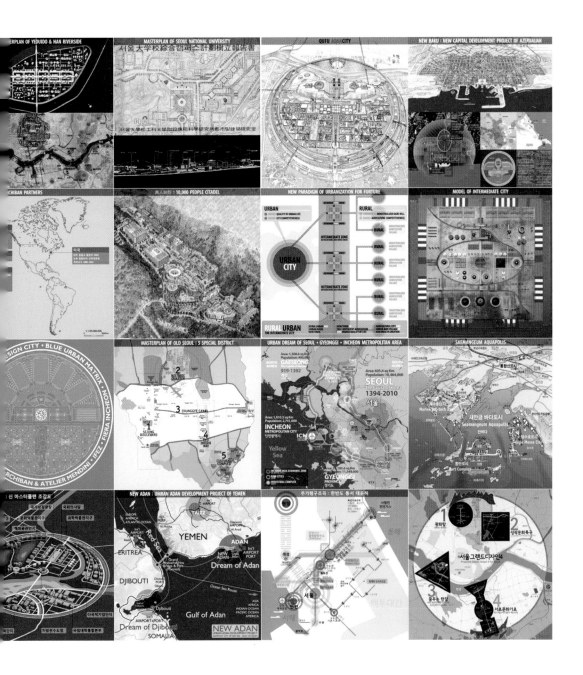